普通高等院校创新创业教育规划教材

创业融资管理

李爱华　曹灵芝　杜金玲　主　编

周　杰　李克民　副主编

清华大学出版社

北　京

内 容 简 介

在国家大力提倡大学生进行"双创"的大背景下，在校大学生的创新意识和创业热情越来越强烈。大学生的创新创业活动中，一些可行性较高的项目由于缺少资金导致无法落地或者无法进一步开展，从而半途而废。本书是普通高等院校创新创业教育规划教材之一，全书共分 8 章，详细地介绍了大学生创新创业适用的融资渠道，以及每一种融资渠道的具体融资操作方法。同时，为了尽可能地避免大学生在融资过程中上当、受骗、掉入融资陷阱，本书还详细介绍了融资过程中可能存在的风险、骗局及其防范方法。

本书可作为普通高等院校大学生创新创业课程的指导教材，也可作为在校大学生进行创业融资的指导书。

图书在版编目(CIP)数据

创业融资管理 / 李爱华，曹灵芝，杜金玲主编. —北京：清华大学出版社，2021.8（2025.1重印）
普通高等院校创新创业教育规划教材
ISBN 978-7-302-57873-4

Ⅰ. ①创… Ⅱ. ①李… ②曹… ③杜… Ⅲ. ①企业融资—高等学校—教材 Ⅳ. ①F275.1

中国版本图书馆 CIP 数据核字(2021)第 056492 号

责任编辑：王　定
封面设计：周晓亮
版式设计：孔祥峰
责任校对：马遥遥
责任印制：丛怀宇

出版发行：清华大学出版社
　　　　网　　址：https://www.tup.com.cn, https://www.wqxuetang.com
　　　　地　　址：北京清华大学学研大厦 A 座　　　　　　邮　　编：100084
　　　　社 总 机：010-83470000　　　　　　　　　　　　邮　　购：010-62786544
　　　　投稿与读者服务：010-62776969，c-service@tup.tsinghua.edu.cn
　　　　质 量 反 馈：010-62772015，zhiliang@tup.tsinghua.edu.cn
印 装 者：天津安泰印刷有限公司
经　　销：全国新华书店
开　　本：185mm×260mm　　　　印　　张：14.75　　　　字　　数：284 千字
版　　次：2021 年 8 月第 1 版　　　　印　　次：2025 年 1 月第 3 次印刷
定　　价：58.00 元

产品编号：089056-01

前　言

习近平总书记在《致 2013 年全球创业周中国站活动组委会的贺信》中指出，青年是国家和民族的希望，创新是社会进步的灵魂，创业是推动经济社会发展、改善民生的重要途径。青年学生富有想象力和创造力，是创新创业的有生力量。希望广大青年学生把自己的人生追求同国家发展进步、人民伟大实践紧密结合起来，刻苦学习，脚踏实地，锐意进取，在创新创业中展示才华、服务社会。2014 年 9 月，李克强总理在夏季达沃斯论坛上提出，要在 960 万平方公里土地上掀起一个"大众创业""草根创业"的新浪潮，形成"万众创新""人人创新"的新势态。教育部在 2014 年 6 月 11 日颁布《2014 年国家鼓励高校毕业生就业创业新政策》，旨在促进大学生就业与创业工作。后来，教育部又陆续推出大学生创新创业大赛等活动。

青年，特别是在校大学生，本身就是最富有激情、最富有创造力的一个群体，这也注定了大学生与生俱来就是创新创业的主角。麦可思发布的《2020 年中国大学生就业报告》中的数据显示，大学毕业生自主创业人群收入优势明显。2019 届本科毕业生毕业半年后自主创业人群的平均月收入为 6257 元，比 2019 届本科毕业生毕业半年后平均月收入 5440 元高 817 元。同时，毕业 5 年后，创业人群的薪金优势进一步扩大，自主创业人群平均月收入达到 16 328 元，比本科毕业生总体平均水平 9841 元高 6487 元。

不过，创业失败的风险也不容忽视，《2020 年中国大学生就业报告》中的数据显示，毕业3 年内，超过一半创业人群退出创业市场。机会(收益)与风险同在。在大学生创新创业伊始，面临的最普遍的，也是最大的难题就是融资渠道单一、融资困难；而在创新创业过程中，资金链的断裂则是致命的危机。掌握一定的融资方法和技巧，拥有一定的资金管理能力，是创新创业成功的基本保障。

本书着重介绍大学生创新创业适用的融资模式及资金管理方式，并通过丰富的案例帮助大学生认识融资市场的现状和各种融资行为，有助于大学生开启创新创业之路。

本书由山东建筑大学李爱华、曹灵芝、杜金玲任主编，山东职业学院周杰和中国工商银行济南分行信贷业务主管李克民任副主编，共同完成编写工作。具体分工为：李爱华编写第 1 章、第 2 章、第 3 章和第 6 章；杜金玲编写第 4 章和第 5 章；曹灵芝编写第 7 章和第 8 章；周杰负责带领学生进行市场调研、搜集并编写案例资料；李克民负责融资基本常识的把关并提供银行常见业务的案例、合同。本书由李爱华统筹、校对和定稿。

　　在本书编写过程中，山东建筑大学管理工程学院在校本科生李心怡、纪鑫雨、梁瑾仪、刘鸿铭、赵俊翔、矫翔旭、徐一帆为本书案例的搜集、整理和文字修改等做了大量工作，李依帆同学为本书策划了插图和漫画；计算机学院的曹家伟同学绘制了本书所有插图和漫画。在此，对这些同学表示感谢。

　　山东建筑大学吴斌副校长多次为本书的编写提出意见和建议。本书的出版得到山东建筑大学招生就业工作处领导的大力支持，得到了清华大学出版社王定老师的全力支持与帮助。在此，向所有关心与支持本书编写、出版及发行的各方人士表示诚挚的感谢。

　　本书作为面向大学生进行创新创业融资指导的教材，尚处于尝试和探索阶段，肯定有很多不足之处。依托互联网，金融市场的发展日新月异，肯定有新颖的融资渠道和融资方式不断出现，所以，本书仅属于一个阶段性融资知识和融资研究成果的展示，期待广大读者提出修改建议，以利于再版时进行修正。

　　本书免费提供教学课件和习题参考答案，读者可扫码下载。

教学课件　　　　　　　　习题参考答案

编　者

2021 年 3 月

目 录

第 1 章
创新融资与创业融资概述

创新和创业是两个意义不同的概念。创新活动和创业活动都离不开资金的支持，同样，创新融资与创业融资既有区别又有联系。

1.1　创新与创业

在"大众创业、万众创新"的今天，创新、创业显得尤为重要。那么，什么是创新与创业呢？按照《现代汉语词典》给出的解释，创新，就是抛开旧的，创造新的；创业，就是创办事业，如图 1-1 所示。

图1-1　创新与创业的含义不同

1.1.1　创新

这里，我们首先来具体定义一下创新。

创新有一种"破茧而出"的韵味，也就是说，在原有事物的基础上，对原有事物的突破或替代。创新可以是技术、产品、思想等任何方式。最早提出创新理论的是美籍奥匈经济学家约瑟夫·熊彼特，他提出创新就是建立一个新的生产函数，是将原始生产要素重新排列组合为新的生产方式，以求提高效率、降低成本的经济过程。他认为创新主要包含 5 种类型：一是创造、开发一种新产品，即产品创新；二是采用一种新的生产技术，即技术创新；三是开辟一个新的市场，即市场创新；四是在产品生产中采取一种新材料或新的半成品，即产品内涵创新；五是采用新的生产经营组织形式，即组织创新或管理创新。熊彼特认为，创新是一种创造性的破坏，是一种生产要素的重新组合。在熊彼特经济模型中，能够成功创新的人就能够摆脱利润递减的困境而生存下来，而那些不能够成功地重新组合生产要素的人会最先被市场淘汰。熊彼特提出，创新可以使企业获取暂时的垄断权，并因此获得超额利润，这种因创新获得的超额利润被称为"熊彼特利润"。

⏰ 拓展阅读 1-1

苹果公司的成功源自创新

作为世界最具价值的品牌之一，苹果公司到目前为止无疑是非常成功的，而苹果公司的成功恰恰来源于创新。它将硬件、软件、服务融为一体，既进行了技术创新，又开创了一种全新的商业模式。

苹果公司成立于 1976 年 4 月 1 日，于 1977 年 1 月正式注册，当时的公司名称是美国苹果电脑公司(Apple Computer Inc.)，2007 年 1 月 9 日更名为苹果公司。公司创立之初，主要开发和销售个人计算机，1977 年 4 月，苹果公司创新地推出人类历史上第一台个人计算机 Apple Ⅱ，Apple Ⅱ 首度拥有输出单声道声音的架构，使个人计算机不再是"哑巴"。1983 年，苹果公司推出以 CEO 史蒂夫·乔布斯女儿的名字命名的全球首款将图形用户界面和鼠标结合起来的个人新型计算机 Apple Lisa。诸如此类的创新产品，苹果公司几乎一两年就会推出一款，比如 2001 年 10 月，苹果公司推出的 iPod 数码音乐播放器，配合其独家的 iTunes 网络付费音乐下载系统，成为全球占有率第一的便携式音乐播放器，随后推出的数个 iPod 系列产品更加巩固了苹果公司在商业数字音乐市场上不可动摇的地位。再比如苹果公司 2007 年推出的 iPhone，它的核心功能就是一个通信和数码终端，融合了手机、相机、音乐播放器和掌上电脑的功能，也是一个很好的上网工具和移动计算机。2010 年 1 月，苹果又推出了 iPad。

2011 年 10 月 5 日，乔布斯逝世，苹果公司进入后乔布斯时代。库克领导下的苹果公司给人的感觉似乎创新的步伐减慢了一些，但实际上苹果公司所坚持的技术创新一直没有停止，仅从 iPhone 来看，基本的解锁功能就从密码解锁发展到指纹解锁，又发展到人脸识别，创新并未停止。另外，库克强调，创新不等同于改变、颠覆，苹果公司的创新体现在将任何产品都努力做到最好，比如苹果公司不是第一个做无线耳机的公司，但 AirPods 一经推出就成为无数消费者追捧的无线耳机。

强大、持续的创新能力，使苹果公司始终位于 500 强排行榜前列。在 2020 年《财富》美国 500 强排行榜中，苹果公司位列第 4 位；在 2020 年《财富》世界 500 强排行榜中，苹果公司位列第 11 位。

分析、总结苹果公司成功的根源，不难发现，其成功最关键的因素有两个：一是拥有善于创新的 CEO 乔布斯；二是拥有具有超强创新能力的产品设计和开发人员。创新，既创造并满足了客户需求，又为公司创造了价值，实现了超额利润，可谓一箭双雕！

(资料来源：作者根据互联网资料整理编写)

1.1.2　创业

我们再来看看什么是创业。

创业其实就是创办一项事业，不仅包括学习、模仿或者重复别人或其他企业的生产经营模式，也包括在创新的基础上创办一个全新的事业。通俗地说，创业既可以是一个从业者刚刚进入工作状态，独立开创属于自己的企业，不论这一企业经营什么；也可以是从事一种现有企业从未涉足的领域，即创新型创业。当然，也有学者提出创业可以分为两个层次：一是创办新企业，就是之前讲的创业的概念；二是企业内创业，也就是二次创业，即在现有企业的框架内，通过在技术、市场、管理、制度等方面的创新，创造新的价值，从而使企业通过二次创业激发出更大的活力，实现发展壮大或转型。其实对于大学生来说，面临的主要问题是如何创办一个属于自己的新企业。

1.1.3　创新与创业的比较

创新和创业是两个不同的概念。企业内部的产品创新、技术创新、服务创新等因为发生于原有企业内部，所以仅仅是一种创新，而非创业。个人首创一个企业，无论是模仿、学习别人还是开创一个全新的、前人没有涉及的领域的企业，都属于创业，只不过开创一个全新的、前人没有涉及的领域的企业也属于创新，属于创新型创业。如果把制作冰激凌比作创业的话，仅仅改变口味和形状则还是冰激凌，但是，如果把冰激凌和蛋糕组合在一起，变成冰激凌蛋糕，就属于产品创新了。总而言之，创业的本质可以视为一种创新，尤其是对个人而言，改变原有的生活方式或者改变原有的工作都是一种创新。同时，创业需要创新的支撑，创业过程中或多或少会有创新，创新可以提高创业成功的概率。

总之，创新可以独立于创业而存在，但创业一般都与创新相伴。所以创业者一般都是具有创新精神的人。

拓展阅读1-2

创新型创业的典范：商业巨人马云和阿里巴巴

谈到创新，必然提到马云。2019年9月10日，马云正式卸任阿里集团董事局主席。从1999年阿里巴巴网站正式上线到2019年整整20年间，马云不仅开创了中国第一个互联网商业网站，并且和他的团队创造了中国互联网商务领域众多的第一。其中，1999年阿里巴巴商业网站的创立可以称为创新型创业的典范。

我们回顾一下马云艰苦创业的故事，不难发现，马云的创业是伴随创新而来的。

1988年，大学毕业的马云到杭州电子工业学院教外语，这成为他的第一份工作。工作之余，马云找了不少兼职，比如利用课余时间为到杭州观光的外国游客担任导游。还搞了一些活动，比如西湖边的第一个英语角就是马云发起的。后来，马云和朋友一起成立了杭州最早的专业翻译社——海博翻译社，课余时间接翻译业务。最初，翻译社的经营特别艰难，一个月的营业额只有200多元，连成本都不够，后来实在承受不住了，马云就背着口袋到义乌、广州去进货，卖礼品、包、鲜花，用这些钱养了翻译社3年，这才开始收支平衡。

1995年，没赚多少钱的马云却凭借超强的活动能力为自己带来了不小的名气。一家和美商合作承包建设项目的中国公司聘马云为翻译，到美国收账。对马云触动很大的是，回国前，在美国西雅图，他让朋友在搜索引擎上输入单词"啤酒"，结果只找到了美国和德国的品牌。他灵机一动，发现这是一个商机。

于是，马云从杭州电子工业学院辞职，自己拿出六七千元钱，向妹妹、妹夫借了一万多元钱，凑足了2万元，正式走上创业之路。1995年4月，中国第一家互联网商业公司杭州海博电脑服务有限公司成立。后来，中国黄页正式上线。中国黄页的业务是把国内单位的资料放到互联网上去，让外国人能找到它。但那时候国内还没有互联网，需要团队把资料翻译成英文，然后快递给美国合作方做成网页——要为看不到的东西心甘情愿付钱，哪个老板都不会信啊！因此，马云团队要证明世界上有互联网这种东西。马云不懂技术，能做的事情就是每天出门对人讲互联网的神奇。因为老板们不相信，所以马云除了打印网页之外，他还请老板打免费越洋电话，咨询在美国的亲戚朋友，让美国人上网查证。1995 年，上海终于开通了互联网。中国黄页团队还提供额外的服务——打长途电话到上海，再接入互联网，花三个半小时才看到互联网的照片，证明什么是互联网，如何通过互联网将老板们的产品、业务推广到全球，这样老板们才相信了中国黄页。

后来，杭州电信也做了一个中国黄页分食市场，马云决定和杭州电信合并。中国黄页占 30% 的股份，杭州电信投入现金占 70% 的股份。在得到外经贸部进京成立中国国际电子商务中心的邀请后，马云决定放弃中国黄页。他将中国黄页贱卖了，拿回 10 多万元，然后和他的团队在北京开发了外经贸部官方网站、网上中国商品交易市场、网上中国技术出口交易会、中国招商、网上广交会和中国外经贸等一系列网站。

不过由于许多原因，马云最后决定放弃这些在北京的生意，他拒绝了雅虎、新浪的高薪邀请，决定回到杭州创办一家能为全世界中小企业服务的电子商务网站。"从我外婆到我儿子，他们都会读阿里巴巴"，于是马云从别人手里买下了阿里巴巴这个域名。除了马云外，包括马云的妻子、当老师时的同事和学生、患难朋友，当然还有被他的人格魅力吸引来的业界精英(如阿里巴巴首席财务官蔡崇信，当初辞去一家投资公司年薪 75 万美元的副总裁职位，来到马云的公司领几百元的薪水)，一共 18 位"创业罗汉"在不向亲戚朋友借钱的前提下，筹集了 50 万元本钱，开启了中国电商的新纪元。

其后的几年里，阿里巴巴的故事世人皆知：马云用 6 分钟说服软银 CEO 孙正义，拿到第一笔风险投资 2000 万美元；数以百万计的全球商人在阿里巴巴上交换信息；2003 年，推出为消费者服务的淘宝网；2004 年，推出网络交易支付工具支付宝；2005 年，收购了雅虎中国的全部资产，同时得到雅虎 10 亿美元投资。

从马云的创业历程可以看到，马云具有创业者所拥有的越挫越勇、不言放弃的精神，拥有极强的创新意识和极其敏锐的商业思维、市场嗅觉。同时，他的创业成功也是基于对一种商业模式的创新，在他并不懂互联网具体技术的情况下，他意识到并开创了一个利用互联网实现商品销售的新的市场领域。恰恰是这种创新型的创业为其带来巨大的成功，也极大地改变了中国人的消费方式。

(资料来源：作者根据互联网资料整理编写)

1.2　创新融资与创业融资

不论是在创新中还是在创业中，资金都起着举足轻重的作用。

1.2.1 基本概念

首先我们来看看什么是创新融资，什么是创业融资。

创新融资就是指企业为创新筹钱。同样，创业融资是指为了创业而筹钱，包括创业之初资金的注入和创业过程中资金的追加，筹措的资金主要用于创业过程中。

1.2.2 创新融资与创业融资的比较

创新融资与创业融资的风险性不同，如图 1-2 所示。

图1-2 创新融资与创业融资风险性的区别

(1) 风险控制能力不同。创新一般是对原有产品、技术等进行的突破，因为有之前积累的经验、技术等，创新融资的风控能力一般会大于创业融资；创业融资因为企业正在创立，既没有生产经验也没有市场基础，一切都是从零开始，不确定性较大，资金的风控能力一般较弱。

(2) 化解风险的能力不同。原有企业内部的创新融资，融资风险可以被企业内部消化；而创业一旦失败，其风险很难转移，投资者或贷款人风险更高。

(3) 融资难度不同。创新融资可以依赖原有企业与金融或其他投资部门的持续合作，资金的获得相对容易；而创业融资需要运用创业计划书去说服银行或风投机构，难度显而易见。

(4) 资金投入的节点和需求不同。创新融资对资金的需求往往是长期的、循序渐进的；而创业融资更关键的是初始资金的投入。

正所谓"万事开头难"，创业企业在创业伊始，多多少少都会因为自身综合实力弱，或者在市场、产品、客户、营销等方面均存在较多的不确定性，以及创业方案也存在不断变化的可能等，导致融资风险更大。总之，与创新融资相比，创业融资风险更大，则融资难度也更大。

1.2.3 创新融资、创业融资与其他融资的区别

创新融资、创业融资与其他融资行为的区别也主要体现在融资风险不同。

(1) 无论是创新融资还是创业融资，由于创新和创业活动本身的不确定性，资金使用的风险会高于其他融资行为(普通的生产融资或个人消费融资)。

(2) 由于资金使用中的信息不对称问题，导致创新融资与创业融资产生道德风险的概率也要高于其他融资行为。

(3) 创新融资、创业融资与普通生产生活经常采用的融资方式有所不同，因为创新创业风险高，也意味着可能产生高收益，所以创新融资、创业融资行为更容易吸引一些直接投资和风险投资。据相关研究显示，创新融资与创业融资主要有两个资金来源：一个是资本市场，尤其是股票市场；另一个是企业内部融资，即更多地表现为一种企业内部股权式融资。而普通的生产融资或个人消费融资则较多地表现为债权融资。

1.2.4 创业企业发展阶段与融资轮次

创业企业从萌芽到发展壮大，会经历不同阶段，对应的融资轮次也不同。

1. 创业企业发展阶段

(1) 种子期。此时创业企业处于发展的雏形阶段，此时投入的资金主要用于研发。因为此时创业企业还没有生产出具体的产品或服务，也没有成型而稳定的生产系统，只有脑海中的设想或者对未来企业的蓝图。一般情况下，金融机构没有把握和信心将自己的资金交给种子期的企业来使用，创业者往往举步维艰。

(2) 初创期。此时企业开始正式起步，创业企业处于将技术上的新发明、新设想用于产品开发至生产的阶段，拥有了相对完整的创业团队，但创业团队还不稳定。这一时期，投入的资金主要用于购置设备、产品开发和市场营销。

(3) 成长期。此时企业进入了正常经营运作阶段，企业开始有了经营业绩并有了完整、详细的商业模式及盈利模式，在行业内有了一定的知名度，逐步实现正规的公司制运营。这一时期，为了进一步提高产品开发能力、扩大市场占有份额，需要投入更多的资金。

(4) 成熟期。此时企业已经进入成熟的盈利阶段，企业的商业模式、盈利模式都已经成熟，并能够推出新业务、拓展新领域，已经可以做上市的预期了。这一时期，可以逐步推动在公开的市场上筹集资金。

2. 融资轮次

企业创业资金不足时，就需要对外融资。融资的轮次顺序一般为种子轮融资、A 轮融资、B 轮融资、C 轮融资等，如图 1-3 所示。

图1-3　融资的轮次顺序

其中，A 轮、B 轮、C 轮融资指的是创业公司过了种子期，从发展早期开始的第一次、第二次、第三次融资。

(1) 种子轮融资。种子轮融资一般发生于处于种子期和初创期的企业。此轮融资的资金主要来源于亲朋、创业团队成员集资，政策性扶持资金，天使投资人或天使投资机构。随着资本市场的日益发展，种子轮融资越来越多地通过天使投资获得，因此有些学者也将此轮融资称为天使融资。

(2) A 轮融资。A 轮融资主要面向成长期的企业。此时的企业虽然有了一定的经营业绩，但不是很稳定，与种子期相比风险降低不少，但对投资人而言还是有较大的投资风险，争取银行贷款等间接融资仍然有极大难度，所以此轮融资还是以直接融资为主，主要是寻求风险投资机构的资金。

(3) B 轮融资。企业进入快速扩张阶段后，即由成长期向成熟期迈进的时候，企业已经开始盈利，并且具有稳定、向好的市场前景，这个阶段可以运用的融资手段是多种多样的。

(4) C 轮及后续轮次融资。C 轮融资一般发生在企业上市之前，此轮融资的投资者主要是为了获得融资企业上市后的溢价。当然，无论企业是否上市，为了未来的发展，企业也可能会面临 D 轮、E 轮等融资。

⏰ 拓展阅读1-3

国家大力扶持大学生创新创业

国家历来重视大学生的创新创业活动。例如从 1989 年就开始举办"挑战杯"全国大学生系列科技学术竞赛，包括"挑战杯"全国大学生课外学术科技作品竞赛和"挑战杯"中国大学生创业计划竞赛。从 2014 年开始，每两年举办一次"创青春"全国大学生创业大赛。这些比赛不仅吸引着许许多多高校学生积极参加、积极发挥自己的想象，同时也通过奖励创业奖金的方式为勇于创新的大学生提供一笔创新创业的启动资金。例如，山东建筑大学网络工程专业的一名学生，在"大众创新、万众创业"的感召下，组建了一支创业团队，通过学校报名积极参加各类大学生创业比赛。他们团队的成员都具有一定的农村生活经验，于是，他们结合所学专业开始涉足既环保又无污染的生态养殖业(即种植和养殖相结合)，在当时，种植业和养殖业都是政府支持的创业好项目。团队成员合伙成立了一家农产品养殖公司，走访村民、调研市场，慢慢积累了生产经验和市场基础。经过多次的历练，该团队终于在"创青春"全国大学生创业大赛上获得了大奖，拿到了 10 万元的启动资金。

通过这个例子可以看到，同学们参加这类比赛，既获得了丰厚的创业奖金，积累了创业经验，还展现了激昂的创业精神，争取到了天使投资。在各类资金的支持下，创业团队获得了长足的发展。

我们把近年来国家对大学生创新创业给予的各方面的扶持政策总结如下。

(1) 税收优惠：持人力资源和社会保障部核发的《就业创业证》的高校毕业生，在毕业年度内(指毕业所在自然年，即 1 月 1 日至 12 月 31 日)创办个体工商户、个人独资企业的，3 年内以每户每年 8000 元为限额依次扣减其当年实际应缴纳的城市维护建设税、教育费附加和个人所得税。高校毕业生创办的小型微利企业，按国家规定享受相关税收支持政策。

(2) 创业担保贷款和贴息：符合条件的大学生自主创业的，可在创业地按规定申请创业担保贷款，贷款额度为 10 万元。鼓励金融机构参照贷款基础利率，结合风险分担情况，合理确定贷款利率水平，对个人发放的创业担保贷款，在贷款基础利率的基础上上浮 3 个百分点以内的，由财政给予贴息。

(3) 免收有关行政事业性收费：毕业 2 年以内的普通高校学生从事个体经营(除国家限制的行业外)的，自其在工商部门首次注册登记之日起 3 年内，免收管理类、登记类和证照类等有关行政事业性收费。

(4) 享受培训补贴：大学生创办的小微企业新招用毕业年度高校毕业生，签订 1 年以上劳动合同并缴纳社会保险费的，给予 1 年社会保险补贴。大学生在毕业学年(即从毕业前一年 7 月 1 日起的 12 个月)内参加创业培训的，根据其获得创业培训合格证书或就业、创业情况，按规定给予培训补贴。

(5) 免费创业服务：有创业意愿的大学生，可免费获得公共就业和人才服务机构提供的创业指导服务，包括政策咨询、信息服务、项目开发、风险评估、开业指导、融资服务、跟踪扶持等"一条龙"创业服务。

(6) 取消高校毕业生落户限制：高校毕业生可在创业地办理落户手续(直辖市按有关规定执行)。

(7) 创新人才培养：创业大学生可享受各地各高校实施的系列"卓越计划"、科教结合协同育人行动计划等的扶持，同时可参与跨学科、跨专业开设的交叉课程、创新创业教育实验班等的学习，以及享受跨院系、跨学科、跨专业交叉培养创新创业人才的新机制。

(8) 开设创新创业教育课程：自主创业大学生可享受各高校开发的各类专业课程和创新创业教育资源，以及面向全体学生开发、开设的研究方法、学科前沿、创业基础、就业创业指导等方面的必修课和选修课；同时可享受各地区、各高校推出的资源共享的慕课、视频公开课等在线开放课程，以及在线开放课程学习认证和学分认定制度。

(9) 强化创新创业实践：自主创业大学生可共享学校面向全体学生开放的大学科技园、创业园、创业孵化基地、教育部工程研究中心、各类实验室、教学仪器设备等科技创新资源和实验教学平台，参加全国大学生创新创业大赛，全国高职院校技能大赛，各类科技创新、创意设计、创业计划等专题竞赛，以及高校学生成立的创新创业协会、创业俱乐部等社团，提升创新创业实践能力。

(10) 改革教学制度：自主创业大学生可享受各高校建立的自主创业大学生创新创业学分累计与转换制度；可享受将开展创新实验、发表论文、获得专利和自主创业等情况折算为学分，将学生参与课题研究、项目实验等活动认定为课堂学习的新探索；可享受为有意愿、有潜质的学生制订的创新创业能力培养计划，并提供创新创业档案和成绩单等客观记录，量化评价学生开展创新创业教学实践活动的情况。高校应优先支持参与创业的学生转入相关专业学习。

(11) 完善学籍管理规定：有自主创业意愿的大学生可享受高校实施的弹性学制，放宽学生修业年限，允许调整学业进程、保留学籍休学创新创业。

(12) 大学生创业指导服务：自主创业大学生可享受各地各高校对自主创业大学生实行的持续帮扶、全程指导、一站式服务，以及地方、高校两级信息服务平台为学生实时提供的国家政策、市场动向等信息和创业项目对接、知识产权交易等服务；可享受各地在充分发挥各类创业孵化基地作用的基础上，因地制宜建设的大学生创业孵化基地，以及各地提供的相关培训、指导服务等扶持政策。

(资料来源：http://www.xuexila.com/chuangyee/zhengce/c225972.html)

复习思考题

1. 什么是创新？什么是创业？请搜集一下身边同学创新或创业的案例，总结一下他们的创新或创业行为有哪些经验值得借鉴，有哪些教训需要汲取。

2. 创新融资和创业融资的区别有哪些？

3. 企业创业一般分哪几个阶段？

4. 请描述企业创业融资的不同轮次与企业发展阶段的对应关系。

第 2 章
债 权 融 资

债权融资就是用借钱的方式获得创新创业的资金，这是最传统、最常用的融资方式之一。通过债权融资获得的资金，融资人在资金使用期内要按照借贷双方的约定承担资金的利息，在借款到期后要向债权人偿还资金的本金。通过债权融资方式筹措的资金更多地适合解决短期资金不足的问题，例如周转资金不足。

2.1　银行贷款

银行贷款是债权融资中占比最高、最常用的融资方式之一。对融资人而言，和其他债权融资方式相比，银行贷款也是相对成本最低、最安全的融资方式之一。

2.1.1　银行贷款的概念及分类

银行贷款指商业银行根据国家政策和中央银行的相关规定，以一定的利率将钱借给有需求的个人或企业，并约定期限归还的一种经济行为。

银行贷款根据不同的分类标准，又可以分为多种贷款种类，比较常见的分类形式有以下4种。

1. 按照贷款期限分类

按照贷款期限的长短，银行贷款分为短期贷款、中期贷款和长期贷款。

(1) 短期贷款是指贷款期限小于等于 1 年的贷款。短期贷款一般用于借款人生产、经营中的流动资金需要。

短期贷款的币种包括人民币和其他国际流通货币。短期贷款的期限一般在半年左右，最长不超过 1 年；短期贷款只能延长一次还款日期，专业术语叫展期，按照规定，一般展期不能超过原定期限，所以短期贷款最长资金使用期限就是 2 年。

短期贷款的优点是利率比较低，资金供给和偿还比较稳定。缺点是不能满足企业长久资金的需要；同时，由于短期贷款采用固定利率，企业的利益可能会受利率波动的影响。

(2) 中期贷款一般指贷款期限在 1 年以上，5 年(含 5 年)以内的贷款。

(3) 长期贷款是指贷款期限在 5 年以上的贷款。

不过，很多银行在操作贷款业务时已经不再这样细分，而是更简单地将贷款以 1 年为限进行划分，贷款期限小于等于 1 年即为短期贷款，1 年以上的一律视为长期贷款。

现在，一般的小额贷款都是短期贷款或者中期贷款。中长期贷款一般用于借款人新建、扩建、改造、开发、购置等固定资产投资项目，且金额比较大，比如房贷就属于长期贷款。

目前大学生创新创业能申请到的银行贷款，大都是短期贷款或中期贷款。

2. 按照贷款担保条件分类

按照贷款担保条件，银行贷款分为信用贷款和担保贷款。

(1) 信用贷款是凭借借款人的信誉发放的贷款，借款人不需要提供担保。信用贷款的特征就是借款人无须提供抵押品或第三方担保，仅凭自己的信誉就能取得贷款，并以借款人信用程度作为还款保证。由于这种贷款方式风险较大，一般银行要对借款方的经济效益、经营管理水平、发展前景等情况进行详细的考察，以降低风险。

⏰ **拓展阅读2-1**

工商银行与税务联手推出"税务贷"信贷产品
扫清小微企业融资障碍

"税务贷"是工商银行基于企业经营及纳税数据，面向小微企业客户提供的信用贷款业务。只要是诚信经营、依法纳税，拥有良好的信用记录的小微企业即可获得准入。

在具体实施过程中，不同分行的贷款额度、操作办法略有差异，不过总体上都规定了单户融资最高额度、单笔借据最长时间及循环额度最长时间，同时一般都执行普惠贷款优惠利率。

并且，税务贷产品都具有纯信用贷款、无须抵押，全线上操作、一触即贷，按需求融资、随借随还的特点。

① 纯信用贷款、无须抵押。通过大数据技术，依托企业纳税、征信、工商、涉诉等多维度数据建立客户准入及额度测算模型，为借款人提供主动授信，借款人无须提供抵(质)押担保。

② 全线上操作、"一触即贷"。贷款申请及税务数据授权均通过工商银行手机银行发起，由系统自动审批，实现贷款全流程不落地。在获取借款人税务数据授权后，通过模型测算即时反馈可贷额度，实现"一触即贷"。

③ 按需求融资、随借随还。在授信有效期内，借款人可根据资金使用需求，随借随还，有效降低企业融资成本。

例如，工商银行天津分行对接总行网络融资中心及天津市银税互动平台，在 2020 年 2 月正式投放线上税务贷产品，并于 2020 年 3 月实现首笔税务贷的贷款落地。截至 2020 年 5 月底，天津分行税务贷产品已发放税务贷的客户为 255 户，发放贷款额度为 3.53 亿元。

工商银行山东省分行则在 2019 年通过与国家税务总局山东省税务局合作，在系统对接、信息共享的基础上，基于企业增值税发票数据和纳税申报数据等，为经营稳定、发展前景良好的小微企业主发放税务贷。该行规定的税务贷产品融资额度最高为 200 万元，期限最长为 1 年。工商银行山东省分行下属的济南分行在 2020 年 3 月正式启动税务贷在线贷款，截至 2020 年 5 月末，新增税务贷客户 49 户，实现贷款余额 6315 万元。

可以说，税务贷产品的落地，有效缓解了小微企业融资难、融资贵的问题。工商银行的这一产品满足了小微企业客户小额、高频、经营性等融资需求，能够切实地助力小微企业发展，也体现出大行的担当。

(资料来源：作者根据互联网资料整理编写)

(2) 担保贷款是指由借款人或第三方依法提供担保而发放的贷款。担保贷款具体又包括保证贷款、抵押贷款、质押贷款 3 种。

① 保证贷款是指借款人不能足额提供抵押(质押)时，应由贷款人认可的第三方提供承担连带责任的保证。保证人是法人的，必须具有代为偿还全部贷款本息的能力，且在银行开立有存款账户。保证人为自然人的，必须有固定经济来源，具有足够偿债能力，并且在贷款银行存有一定数额的保证金。保证人与债权人应当以书面形式订立保证合同。当保证人发生变更时，必须按照规定办理变更担保手续，未经贷款人认可，原保证合同是不能够被撤销的。

② 抵押贷款是指以借款人或第三人的财产作为抵押物发放的贷款。抵押贷款的优点是贷款额度较高、期限较长、利率较低，比如商品抵押贷款、房地产抵押贷款等。抵押贷款的缺点

是放款速度慢、办理流程复杂。

③ 质押贷款是指以借款人或第三人的动产或权利作为质物发放的贷款。质押贷款的优点是容易通过贷款审核，获得的贷款利率也比较低，比如存单质押贷款、保单质押贷款等。质押贷款的缺点是借款人会暂时失去质押物品的使用权。例如大学生创业之初需要资金，但新时代的一些大学生又不愿意接受父母直接的援助，这时就可以使用父母的定期存单作为质押物，只需要向银行提供存单所有人的有效身份证原件和存单，再提供存单所有人同意质押的书面文件即可。

🕐 拓展阅读2-2

银企合作，免担保贷款实现创业梦

现代社会中，创业是一种潮流。大学生想创业，资金是保障。在众多融资途径中，银行贷款是大部分创业者首先想到的获取资金的方式。一般人认为，向银行贷款必须提供担保或者抵押，这对于大多数大学生来说是一大融资困境。目前，很多银行为了拓宽信贷业务，充分考虑了年轻创业者寻找担保的实际困难，纷纷主动寻找担保方，为有意创业的人提供免担保贷款。

例如，上海浦东发展银行与联华便利签约，推出了面向创业者的"投资七万元，做个小老板"的特许免担保贷款业务，由联华便利作为合作方为创业者提供集体担保，这样创业者自己就不必再提供担保，浦发银行可向每位通过资格审查的申请者提供7万元的创业贷款。

小周是一位刚刚走出大学校园的创业者，他大学毕业后回到老家上海后，一直没找到称心的工作。这时他注意到自己居住的小区内有一家小型超市生意非常红火，小周心想：不如开个小型超市自己给自己干。仔细一打听，开个小超市起码投资六七万元，他一下子泄了气。后来，当小周获悉浦发银行和联华便利推出的免担保创业贷款项目后，立即递交了贷款申请并如愿以偿地获得了7万元创业贷款，在控江路上开起了自己的小超市。

随着银行推出各种融资帮扶政策，免担保贷款帮助一个个年轻的创业者实现了自己的创业梦想。我们也可以像小周一样向银行贷款，获得创业的第一笔资金，开启自己的创业梦想，在社会上闯出一片天地。

(资料来源：作者根据互联网资料整理编写)

3. 按照贷款用途或贷款对象分类

按照贷款用途或贷款对象的不同，银行贷款分为工商业贷款、农业贷款、消费贷款等。

(1) 工商业贷款是指商业银行向城市工商业户发放的贷款。

(2) 农业贷款是指商业银行面向农村、农业或农民发放的涉农贷款，资金主要用于农业生产等。

(3) 消费贷款是指商业银行向消费者个人提供的贷款，主要用于个人消费。随着我国经济的长足发展和消费观念的逐步改变，消费贷款越来越为国民所熟悉并使用。常见的个人消费贷款主要有以下几种。

① 个人短期信用贷款，是贷款人为解决由本行办理代发工资业务的借款人临时性需要而发放的，期限为 1 年以内，额度为 2000 元至 2 万元且不超过借款人月均工资性收入 6 倍的、无须提供担保的人民币信用贷款。该贷款一般不能展期。

② 个人综合消费贷款，是贷款人向借款人发放的不限定具体消费用途，以贷款人认可的有效权利质押担保或能以合法有效房产作抵押担保，借款金额为 2000 元至 50 万元，期限为 6 个月至 3 年的人民币贷款。

③ 个人旅游贷款，是贷款人向借款人发放的用于支付旅游费用，以贷款人认可的有效权利作质押担保或者由具有代偿能力的单位或个人作为偿还贷款本息并承担连带责任的保证人提供保证，借款金额为 2000 元至 5 万元，期限为 6 个月至 2 年，且提供不少于旅游项目实际报价 30%首期付款的人民币贷款。

④ 国家助学贷款，又分为一般助学贷款和特困生贷款，是贷款人向全日制高等学校中经济困难的本、专科在校学生发放的用于支付学费和生活费，并由教育部门设立助学贷款专户资金给予贴息的人民币专项贷款。

⑤ 个人汽车贷款，是贷款人向在特约经销商处购买汽车的借款人发放的用于购买汽车，以贷款人认可的权利质押或者由具有代偿能力的单位或个人作为偿还贷款本息并承担连带责任的保证人提供保证，借款金额最高为车款的 70%，期限最长不超过 5 年的专项人民币贷款。借款人应在贷款银行存入首期车款。

⑥ 个人住房贷款，是贷款人向借款人发放的用于购买自用普通住房或者城镇居民修房、自建住房，以贷款人认可的抵押、质押或者保证，借款金额最高为房款的 70%，期限最长为 30 年的人民币专项贷款。借款人应在银行存入首期房款。个人住房贷款又分为自营性个人住房贷款、委托性个人住房贷款和个人住房组合贷款 3 种。

4. 其他贷款品种

为了鼓励创业和下岗人员再就业，近年来，很多商业银行特别是中小商业银行又推出了创业贷款、小额贷款等贷款品种。

(1) 创业贷款是指具有一定生产经营能力或已经从事生产经营活动的个人，因创业或再创业提出资金需求申请，经商业银行认可有效担保后而发放的一种专项贷款。符合条件的借款人根据个人的资源状况和偿还能力，最高可获得单笔50万元的贷款支持。其中，大学生创业贷款是商业银行等资金发放机构对各高校学生(大专生、本科生、硕士研究生、博士研究生等)发放的无抵押、无担保的大学生信用贷款。

⏰ 拓展阅读2-3

创业担保贷款助力高校毕业生创业成功

王凯出生在山东省临沂市的一个普通家庭，于2011年以优异的成绩考取了山东农业大学，经过四年的学习，王凯毕业后毅然选择了回乡自主创业。由于王凯自幼对农业有着浓厚的兴趣，加之大学时学的是农业科技相关的专业，他经过慎重的考虑后，决定到蔬菜之乡山东寿光市学习蔬菜大棚种植。经过一年多的深入学习，他掌握了蔬菜大棚种植的各项技术，于是准备回乡建一个属于自己的蔬菜大棚。

准备创业时，王凯资金比较紧张，自己只能拿出4万元，后来，亲戚、朋友和同学帮忙又筹集了3万元。2017年10月，王凯在山东省临沂市平邑县建起了自己的钢结构蔬菜大棚，大棚里种植了新品种的西红柿。大棚建立之初，资金所剩无几，勉强维持日常的正常运转，但随着时间的推移，天气越来越冷，如不加盖棉被，西红柿会被冻伤、冻死，届时一切的努力都会付诸东流，可是买棉被的钱到哪去筹措呢？

正在走投无路之际，王凯通过正在田间地头走访客户的村镇银行客户经理了解到，平邑县有扶持高校毕业生自主创业的创业担保贷款政策，对符合条件的借款人，政府还给予一定的贴息，最高贷款额度可达到10万元。抱着试试看的心态，他拨通了承办创业担保贷款业务的平邑县人力资源和社会保障局的电话，工作人员热情、详细地介绍了现行的小额担保贷款政策，并发放了小额担保贷款需提供的材料清单。

2017年10月12日，平邑县财政小额贷款担保中心工作人员、平邑县人社局及村镇银行客户经理共同对王凯经营的项目进行现场调查。根据实际调查情况，经办银行和担保中心分别召开例会，同意为王凯提供创业担保贷款6万元，用于购买蔬菜大棚的过冬棉被，并给予贷款期限内财政贴息(第一年全额贴息，第二年贴息2/3，第三年贴息1/3)。

王凯收到6万元创业担保贷款后，购置了蔬菜大棚过冬用的棉被和卷帘机，资金周转困难得到缓解，大棚里的西红柿也得以安全地过冬。

随着经营规模越来越大，王凯的蔬菜大棚年净利润能达到 10 余万元。王凯在自己成功创业的基础上还带动本村的贫困户建起了各自的蔬菜大棚，更具有实践性地实现了脱贫帮扶。

(资料来源：作者根据实地调研资料编写)

(2) 广义的小额贷款泛指贷款额度低的贷款。本书所讲的小额贷款主要指面向再就业、自谋职业或自主创业者发放的具有一定优惠性质的小额度贷款。例如，年龄在 60 岁以内、身体健康、诚实信用、具备一定劳动技能的下岗失业人员，如果这些人自谋职业、自主创业或合伙经营与组织起来就业的，可以持社会保障部门核发的《再就业优惠证》向商业银行或其分支机构申请小额担保贷款。创业者聘用下岗失业的人员，可凭《再就业优惠证》申请办理失业贷款，每个人最高贷款 2 万元，且利息是当地银行贷款的最低利率，也就是说，如果企业聘用 10 名下岗失业的人员，则可享受最高为 20 万元的低利率贷款。

拓展阅读2-4

支持创新创业，建设银行推出个人助业贷款

为了支持创新创业，推动经济发展，有效解决个人客户融资需求，建设银行于 2012 年开始推出个人助业贷款。

个人助业贷款是指向个人发放的用于满足人们生产经营资金需求的人民币贷款。

建设银行的个人助业贷款的基本规定如下。

(1) 贷款对象：年满 18 周岁、不超过 60 周岁的具有完全民事行为能力的中华人民共和国公民，且属于从事合法生产经营的个人独资企业出资人、个人合伙企业合伙人和个体工商户；或依据《中华人民共和国公司法》规定设立的有限责任公司、股份有限公司的控股股东或实际控制人。

(2) 贷款用途：用于满足借款人及其所经营实体的日常生产经营资金周转，包括备品备料、进货采购、支付水电气暖费用以及其他合理开支等。

(3) 担保方式：采取抵押、质押、保证、信用方式。

(4) 贷款金额：单户贷款额度不超过 1000 万元。

(5) 贷款期限：非循环类贷款期限最长不超过 3 年；循环类贷款期限最高 10 年，单笔期限不超过 1 年。

(6) 贷款利率：按照建设银行的贷款利率规定执行。

（7）还款方式：等额本息法、等额本金法、到期一次还本付息法、按期付息任意还本法等。

建设银行的个人助业贷款的办理流程如下。

第一，客户申请。客户向银行提出申请，书面填写申请表，同时提交相关资料。

第二，签订合同。银行对借款人提交的申请资料调查、审批通过后，双方签订借款合同、担保合同，视情况办理相关公证、抵押登记手续等。

第三，发放贷款。经银行审批同意并办妥所有手续后，银行按合同约定发放贷款。

第四，按期还款。借款人按借款合同约定的还款计划、还款方式偿还贷款本金和利息。

第五，贷款结清。贷款结清包括正常结清和提前结清两种。

① 正常结清：在贷款到期日(一次性还本付息类)或贷款最后一期(分期偿还类)结清贷款。

② 提前结清：在贷款到期日前，借款人如提前部分或全部结清贷款，须按借款合同约定，提前向银行提出申请，经银行审批后到指定会计柜台进行还款。

贷款结清后，借款人应持本人有效身份证件和银行出具的贷款结清凭证领回由银行收押的法律凭证和有关证明文件，并持贷款结清凭证到原抵押登记部门办理抵押登记注销手续。

个人助业贷款指向明确，为创新创业的民营企业和个人带来了极大的便利。例如，根据信阳日报的报道，河南省信阳市李先生与几个好友合伙成立了一家机械加工公司，注册资金500万元。公司运营效益较好，每年均有盈利。不过，2011年原材料涨价与企业扩大规模正好碰到了一起，导致企业发展遇到了资金瓶颈。由于资金短缺，2012年年初企业发展举步维艰。李先生与几个合伙人在了解了多家银行的贷款品种和条件后，认为建设银行2012年新推出的个人助业贷款具有融资成本低、贷款额度高(最高可达1000万元)的特点，而且可以同时采用循环支用的灵活方式，循环类期限最长可达10年，非常适合小型民营企业解决生产中的临时资金周转需求。所以，几个合伙人用各自的住房向银行申请了抵押贷款，很快获批。企业由此走向了更快的发展通道。

各大银行都有个人助业贷款业务，每家银行的条件、最低和最高贷款额度等略有不同。对个人的创业类贷款而言，商业银行的个人助业贷款额度相对而言还是较高的。

(资料来源：http://www.ccb.com/cn/personal/credit/helploan.html；信阳日报，2012-06-19，第03版，有删改)

2.1.2　银行贷款的办理

在各种融资方式中，银行贷款属于较安全、成本较低的一种选择。但银行对贷款的审批比较严格，中小企业和个人申请贷款都必须满足银行的流动性、安全性、营利性的要求。因此，要想成功并尽可能以较低成本获取商业银行贷款，在申请贷款时需要尽可能做好如下准备。

(1) 清晰说明贷款用途及个人(或企业)还贷的优势或能力。贷款用途要有真实的生产或贸易背景，而创业贷款则要写清项目的可行性报告，用清晰的贷款用途、可行性和贷款项目本身的盈利预期打动银行，使之放款。对个人而言，个人的职业、良好的信用记录或资产证明均能作为还款优势来进行陈述。

(2) 确定贷款额度及还款计划。贷款额度要依据贷款的用途及个人还款能力确定，对企业而言要有真实的生产或贸易背景材料作为支撑，对个人则要有真实的、符合市场价格的使用用途作为佐证。既不能夸大事实盲目追求多借一些钱，也不要因为担心银行不批贷款而刻意缩小资金需求额度，导致需要反复、多次申请贷款或到多家银行申请贷款，反而增加了交易成本。当然，对于个人借款而言，额度的大小与申请成功率成反比，一般额度越低，申请成功、款项能快速到账的概率越高。

(3) 贷款方式和期限的选择。商业银行贷款有信用贷款和担保贷款两大类，担保又具体分为保证、抵押、质押三种形式。目前，各个商业银行对贷款利率均有在基准利率基础上上下浮动的权利，因此，同样是申请期限一样长、数额相同的贷款，如果选择的担保方式不同，贷款利率的浮动也会有所不同，所以借款人承担的贷款利息是不一样的。例如，商业银行执行利率最低的贷款有票据贴现和质押贷款，如果自己条件允许，通过这两种形式进行贷款，利息支出将最低。与此同时，贷款期限不同，利率也不同。以短期贷款为例，现行短期贷款利率分为半年和一年两个档次，并规定贷款期限半年以内的执行半年期档次利率，超过半年不足一年的就要执行一年期档次利率。例如，如果借款人贷款期限为 7 个月，虽然只超过半年期 1 个月，但按照现行贷款计息的规定，就必须执行一年期贷款利率，这无疑增加了借款人的贷款利息负担。

(4) 对贷款银行的选择。1992 年商业银行市场化改革后，无论是四大国有商业银行还是新兴的诸多中小型股份制商业银行，它们之间都展开了激烈的竞争。这些竞争主要体现在贷款业务上，在执行央行制定的基准贷款利率的基础上，各个商业银行拥有一定的浮动权利，同时配合贷款提供的各种服务也各有特色。因此，在决定贷款时可以货比三家，选择最适合自己需要的或者贷款利率最低的，从而实现贷款效率最优化。

2.2　民间借贷

虽然银行贷款是债权融资的主要形式，但是对于众多的中小微企业和大学生初创企业来说，获取银行贷款的难度还是很大的，而民间借贷则成为这类企业获取债权融资的一个重要途径。

2.2.1　民间借贷的产生及发展

民间借贷，是指自然人、法人、其他组织之间及其相互之间进行资金融通的行为。

我国民间借贷古已有之，其产生远远早于银行贷款。早在 3000 多年前的西周时期，民间借贷已经崭露头角。西周时《周礼》有记载"听称责以傅别"，意思就是官员在审理借贷纠纷时要有凭据、证据，这个记载从侧面说明当时民间借贷已经出现。不过，古代的民间借贷通常具有高利贷的性质，属于官员和富户获取收益的一种手段。民间借贷的对象有金钱也有实物，利率有时会超过年利 100%。

新中国成立伊始，高利贷性质的民间借贷被禁止，但政府提倡"恢复和发展农村私人借贷关系"，并在此基础上把分散的小农经济组合成了农村信用合作社。改革开放以后，随着我国经济的发展，民间借贷又逐步兴起并迅速发展，日益成为中小微企业和个人筹措资金的重要手段，极大缓解了中小微企业和个人融资难的问题。

民间借贷是一种非常灵活、便捷的融资方式，既可以解决借款人短期应急资金需求，也可以解决由于不符合向银行贷款的各种条件而通过民间借贷手段获取投资所需的长期资金，使借贷双方实现共赢。

民间借贷与银行贷款一样，除了有借贷双方，一般也会有抵押、质押、第三人作为保证人等措施来保障债权人的资金安全。

⏰ 拓展阅读2-5

民间借贷成就了几位创造奇迹的"牛人"

李嘉诚、马云、任正非、宗庆后等这些大家耳熟能详的企业家，他们的创业起步资金均来自民间借贷。

李嘉诚，华人首富，他的第一桶金来自他创办的长江塑胶厂的盈利。20 世纪四五十年代，塑胶花非常时髦，当时在一家塑胶厂做过几年推销员的李嘉诚敏锐地意识到塑胶花潜在的巨大利益，于是他向他的叔父及堂弟借了 4 万多港元，连同他自己 7000 港元的积蓄，创办了长江塑胶厂，也因此赚到了人生中的第一桶金。

马云，被称为中国"创业的教父"，他的第一次创业就是创办中国黄页。当时他向自己的妹妹、妹夫借了 1 万多元钱，加上自己的积蓄 7000 多元，创办了杭州海博电脑服务有限公司，中国黄页诞生。

华为的创始人任正非，军人出身，转业后担任国企南油集团高管，因被诈骗 200 万元而被南油集团开除。在走投无路的情况下，他向朋友借了 21 000 元，在 44 岁时开启创业之路，创造了今天举世闻名的华为。

娃哈哈创始人宗庆后，从家人、朋友处借入 14 万元，在 42 岁时承包了一家校办工厂的经销部，从卖冰棍、卖汽水开始了创业之路。

上面这些"牛人"拥有的财富可能会令我们每个人向往，而他们起步之初都是通过民间借贷获取的资金。这也说明创业融资具有较大的不确定性，会导致较高风险，所以从银行等官方渠道筹措资金难度较大，民间借贷则是对银行贷款的有益补充。

(资料来源：作者根据互联网资料整理编写)

2.2.2　民间借贷利率的特点及政府对民间借贷的管制

1. 民间借贷利率的特点

(1) 民间借贷的利率有可能是低息或无息的，这种情况一般发生于亲戚、朋友之间；

(2) 多数民间借贷的利率水平都高于正规金融机构的同期贷款利率；

(3) 民间借贷的利率水平与正规金融机构的利率水平不存在同步联动关系；

(4) 民间借贷的实际利率水平由借贷双方协商后缔约决定。

拓展阅读2-6

民间借贷也是在校大学生创业的主要融资方式

山东建筑大学 2017 级的学生小胡来自广东省，家人和邻居都有自己的企业或商铺，他就在这样一个环境中长大。他家的邻居做手机销售和维修生意，他从上小学起，每天下午放学后都去这家手机店玩，经常摆弄各种手机，学着拆和修，渐渐对手机的维修兴趣大增并且掌握了娴熟的手机维修技能。2017 年考入山东建筑大学后，他发现大学校园里大学生手机的使用量巨大，维修量当然也很大，销售和维修手机、提供手机贴膜等服务有极大的市场需求。于是，他向父母借了 2 万元，又拿出自己多年积攒的 1 万元，用这 3 万元资金购买了维修手机专用的压屏机等维修设备和各种品牌、各种型号的手机套、手机膜、耳机、数据线、适配器等，在学校附近租了一间房子作为工作室，开始了自主创业之路。从 2018 年 9 月开始租房成立工作室，每天利用课余时间修手机、卖手机、卖配件，到当年 12 月，仅 4 个月时间，修理手机上百台，每台收入 80 元左右。

掌握一门技术，加之亲朋的小额资金支持，是大学生创业的有效渠道之一。

(资料来源：作者根据实际调研资料编写)

在我国目前的经济环境和社会环境、民间习俗的情境下，个人创业的初始资金一般都不大，其主要来源是自己的积蓄和身边的亲戚、朋友。这种来源于亲戚、朋友的融资方式一般表现为额度相对较小，缺少正规的借款合同，缺少抵押担保方式，更多的是基于亲情、友谊和相互信任。

当然，随着国民经济的发展，民间借贷市场规模也越来越庞大，单笔贷款额度逐步提高，借贷双方也不再仅仅局限于亲戚、朋友，一些非官方的民间借贷中介也出现了。以民营经济较发达的城市温州为例，早在 2012 年就在工商局注册登记成立了温州民间借贷登记服务有限公司，这是温州市，乃至浙江省的首家民间借贷登记服务中心。这家公司的核心业务就是对民间借贷交易信息进行登记备案，相当于一个平台。

当然民间借贷市场也存在一些近似于高利贷性质的高息民间借款行为。例如，据东方网东方财经栏目报道，2011 年 9 月，温州著名的民营企业信泰集团老板胡福林跑路失踪，他留给企业的是 20 亿元债务，其中 12 亿元债务是民间高利贷，利率高达 180%。高利贷行为严重损害了民间借贷市场的正常发展。此后，政府出手对民间借贷市场进行整顿，温州市民间借贷市场一度萎缩。不过，随着经济形势逐步好转，温州民间借贷市场快速恢复活力，大量市场主体转型做资金"过桥"业务，重点为企业和个人银行贷款提供临时周转资金，周转天数一般在3～7 天，但资金价格非常高，折算成年化利率超过 50%的不在少数，甚至个别超过 100%。例如，某小额贷款公司 2018 年累计投放贷款较上年下降 12%，但利润反而增长 15%，侧面反映出以"过桥"为形态的高利贷正普遍存在着。

2. 政府对民间借贷的管制

民间借贷的利率一般高于银行贷款利率，为了杜绝高利贷，我国现行法律对民间借贷行为也出台了相关的法律条文进行约束。

2015 年 8 月 6 日，最高人民法院发布了《关于审理民间借贷案件适用法律若干问题的规定》，其中对于民间借贷的利率，基本遵从"两条线"的规定：一是借贷双方自行约定的最高年利率红线是年利 36%，不得超过年利 36%；二是如果借贷双方因还款问题发生纠纷，法院判决只保护年利 24%以及 24%之内的利率约定。就是说，法律保护的是年利等于或低于 24%的借贷，而借贷双方自愿约定的年利超过 24%而不超过年利 36%的部分，法律不予干预，双方自愿履行合同。如图 2-1 所示，如果借款人按照年利 36% 支付了利息，但事后又想要回高于年利 24% 的部分，法院不予支持，借款人无法从法律角度要回已经支付的利息。同样的道理，如果贷款人认为借款人没有按照约定支付年利 36% 而告到法院，法院也不会支持贷款人的请求。法律保护的民间借贷利息偿付纠纷，以年利 24% 为限。

图2-1　民间借贷的利率管制

同时，因为民间借贷属于民间个人、法人或其他组织之间进行的较为直接的资金融通行为，缺乏有效的监管，所以也容易出现各种纠纷甚至欺诈行为，为此，最高人民法院发布的《关于审理民间借贷案件适用法律若干问题的规定》中还明确指出：民间借贷必须签订正式合同，明确借贷双方的权利和义务，有了合同，法院才会受理借贷纠纷。

随着我国利率市场化改革，目前商业银行的存贷款利率已经采用LPR(loan prime rate，贷款市场报价利率)形式，贷款利率越来越多地取决于货币市场供求双方的状况。针对银行业的这种变化，2020年8月20日，最高人民法院正式发布新修订的《关于审理民间借贷案件适用法律若干问题的规定》，这个规定中，关于民间借贷利率的上限没有提2015年的"以24%和36%为基准的两线三区"的规定，取而代之的是"以中国人民银行授权全国银行间同业拆借中心每月20日发布的一年期贷款市场报价利率(LPR)的4倍为标准确定民间借贷利率的司法保护上限"。因为LPR是一个不断变动的数字，因此按照最高人民法院最新的规定，意味着未来民间借贷的利率上限也将随着借贷合同发生时的LPR的不同而不同。例如，目前受全球经济低迷的影响，2020年8月20日发布的一年期LRP为3.85%，那么对应的民间借贷利率的司法保护上限就是15.4%，显然相较于此前的固定利率24%和36%大幅度降低了。随着经济形势的好转和LRP的提高，在经济发展的繁荣时期，民间借贷利率水平的司法保护上限也完全有可能突破24%。

无论怎样，在目前国内金融市场环境下，对于创业的个人来讲，民间借贷还是一种较常用的融资方式。

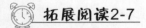 拓展阅读2-7

民间借贷中介公司架起借贷双方融通资金的桥梁

某年5月份，长期经营服装批发生意的章先生从广东订了一批价值40万元的新款夏装，厂家要求必须全额付款，而他手头仅有20万元的流动资金可使用。章先生已向银行申请贷款，不过即使他之前贷过款的银行可以缩短审批时间，也需要至少半个月的时间，难解燃眉之急，而且通过亲戚、朋友一时也筹不到这么多钱。就在此时，一个好友推荐他去某融资中介公司咨询一下。经过和融资咨询顾问的交谈，中介公司了解了章先生的需求，并针对章先生提供的资料进行了实地考察，认为此笔业务可以操作。随即，章先生与理财咨询客户王女士进行了对接，王女士了解情况后表示愿意接受该笔业务，提供资金。经双方协商一致同意，章先生将他名下的商铺经营权质押给王女士，办理完相关手续之后，当天章先生就拿到了急需的资金。之后，在还有半个月就到合同约定日期时，章先生提出先还一部分款项，剩余的展期三个月，经过与王女士协商后，王女士同意展期。后来展期的时间到了，章先生表示暂时不能归还本金，但没有说清理由。中介公司准备协助王女士处理章先生质押的商铺，却发现此商铺早已因违规经营被市场强制收回了。中介公司找到章先生了解商铺事宜，章先生承认商铺因为未按《商铺经营权买卖合同》规定经营，已被商场强制收回，章先生没有了服装销售的窗口，他自己的住处囤积了满屋的服装，服装卖不出去，也就没有了还款的来源。

此时章先生还有 12 万元的本金未偿还，章先生除了价值近 30 万元的货物外，已身无分文。王女士听到这个消息就急了。经过沟通发现，只有让章先生积压的货物尽快变现，才能偿还王女士的本金。章先生的好友出面并垫付 5 万元租金，在其他市场租了一个铺面，让章先生继续经销服装。中介公司又与债权人王女士沟通：如果直接逼着章先生归还本金，他不仅归还不了，而且还会因为心理负担过重导致无法经营；如果不支持章先生，直接走法律程序，则只会困住章先生，使他无法还款，也可能会使王女士的 12 万元本金更难收回。如果能再展期一次，也许就能盘活起来。

王女士认可了中介公司的分析，同意继续展期。因为正值服装销售旺季，也是回款的好时候，经过一段时间的经营，章先生不仅提前半个月归还了王女士的本金，而且还把好友垫付的租赁店面的租金也归还了。

该笔业务到此算有了一个完美的结局。民间借贷中介公司的存在使民间借贷运行更为流畅，使民间借贷市场有更好的发展前景。

(资料来源：作者根据互联网资料整理编写)

拓展阅读2-8

民间借款合同格式范本(一)

甲方(借款人)：_____ 身份证号码：_____

乙方(贷款人)：_____ 身份证号码：_____

甲乙双方就下列事宜达成一致意见，签订本合同。

一、乙方贷给甲方人民币(大写)_____，于_____前交付甲方。

二、贷款利息：

三、借款期限：

四、还款日期和方式：

五、违约责任：

六、本合同自生效。本合同一式两份，双方各执一份。

甲方(签字、盖章): _____

乙方(签字、盖章): _____

合同签订日期: _____

民间借款合同格式范本(二)

贷款方: _____

借款方: _____

一、借款用途

_____要从事个体经营,急需一笔资金。

二、借款金额

借款方向贷款方借款人民币_____万元。

三、借款利息

自支用贷款之日起,按实际支用数计算利息,并计算复利。在合同规定的借款期内,年利为_____%。借款方如果不按期归还款,逾期部分加收利率_____%。

四、借款期限

借款方保证从_____年_____月_____日起至_____年_____月_____日止,按本合同规定的利息偿还借款。贷款逾期不还的部分,贷款方有权限期追回贷款。

五、条款变更

因国家变更利率,需要变更合同条款时,由双方签订变更合同的文件,作为本合同的组成部分。

六、权利和义务

贷款方有权监督贷款的使用情况,了解借款方的偿债能力等情况。借款方应如实提供有关的资料。借款方如不按合同规定使用贷款,贷款方有权收回部分贷款,并对违约部分参照银行规定加收罚息。贷款方提前还款的,应按规定减收利息。

七、保证条款

(一) 借款方用_____(比如:自有住房一套,面积96平方米)做抵押,到期不能归还贷款方的贷款,贷款方有权处理抵押品。借款方到期如数归还贷款的,抵押权消灭。

(二) 借款方必须按照借款合同规定的用途使用借款,不得挪作他用,不得用借款进行违法活动。

（三）借款方必须按合同规定的期限还本付息。

（四）借款方有义务接受贷款方的检查、监督贷款的使用情况，了解借款方的计划执行、经营管理、财务活动、物资库存等情况。

（五）需要有保证人担保时，保证人履行连带责任后，有向借款方追偿的权利，借款方有义务对保证人进行偿还。

八、合同争议的解决方式

本合同在履行过程中发生的争议，由当事人双方友好协商解决，也可由第三人调解。协商或调解不成的，可由任意一方依法向人民法院起诉。

九、本合同未做约定的，按照《中华人民共和国合同法》的有关规定执行。

本合同一式 2 份，双方各执 1 份。

贷款人：＿＿＿＿＿＿＿

借款人：＿＿＿＿＿＿＿

合同签订日期：＿＿＿＿＿＿＿

民间借款合同格式范本(三)

立合同人：＿＿＿＿＿＿＿(以下简称甲方)、＿＿＿＿＿＿＿(以下简称乙方)，双方兹因借款事宜，订立本件契约，条款如下。

一、甲方愿贷与乙方人民币＿＿＿＿＿元整，于订立本约之同时，由甲方给付乙方，不另立据。

二、借贷期限为＿＿＿＿年，自＿＿＿年＿＿＿月＿＿＿日起至＿＿＿年＿＿＿月＿＿＿日止。

三、利息为每万元月息＿＿＿＿＿元，乙应于每月＿＿＿＿＿日给付甲方，不得拖欠。

四、届期未能返还，乙方除照付利息外，并按利率一倍加计的违约金给付甲方。

五、本契约书的债权，甲方可自由让与他人，乙方不得异议。

六、乙方应觅保证人一名，确保本契约的履行。保证人愿与乙方负连带返还本利的责任，并放弃先诉抗辩权。

甲方：＿＿＿＿＿＿＿

乙方：＿＿＿＿＿＿＿

连带保证人：＿＿＿＿＿＿＿

合同签订日期：＿＿＿年＿＿＿月＿＿＿日

2.3　金融租赁融资

金融租赁融资是一种以融物代替融资，融物与融资密切相关的信用形式。它以融通资金为直接目的，以技术设备等动产为租赁对象，以经济法人——企业为承租人，同样属于一种债权融资。

2.3.1　金融租赁融资的概念

从定义和业务操作角度来看，金融租赁融资与融资租赁是同义词，金融租赁融资和融资租赁的英文均是 financial lease，都是指由出租人根据承租人的要求和对供货人的选择，按双方的合同事先约定，购买承租人指定的租赁物品，在租赁期内，出租人拥有该租赁物品所有权，承租人支付租金，并拥有租赁物品的使用权。金融租赁融资或融资租赁实质上都是由出租人将资产所有权上的一切风险和报酬都转移给了承租人。租赁期满后，根据双方约定，承租人可以向出租人支付一定的产权转让费，从而获得租赁物品的所有权。当然，双方也可以对租赁物品的所有权做出其他选择。

2.3.2　金融租赁融资的发展

金融租赁融资是集融资与融物、贸易与技术更新于一体的新型金融产业。由于其具有融资与融物相结合的特点，出现问题时租赁公司可以回收、处理租赁物，因而在办理融资时对企业资信和担保的要求不高，所以非常适合中小企业。

现代金融租赁产生于"二战"后的美国，为美国战后经济发展发挥了巨大作用。"二战"以后，美国工业化生产出现过剩现象，生产厂商为了推销自己生产的设备，开始为用户提供金融服务，即以分期付款、寄售、赊销等方式销售自己的设备。但是由于所有权和使用权同时转移，资金回收的风险比较大，于是有人开始借用传统租赁的做法，即把销售物品的所有权保留在出租方，承租人只享有使用权，直到出租人融通的资金全部以租金的方式收回后，才将所有权以象征性的价格转移给承租人。金融租赁既把生产厂商生产的过剩产品成功推入市场，又解决了承租人因资金短缺而无法购买生产设备的难题，极大地促进了美国经济发展。这种融资方式被其他西方国家迅速引进并加以应用，使得西方国家的经济在资金短缺的情况下得以快速发展，并逐渐在世界上确立了领先地位。目前在西方发达国家，金融租赁融资已经成为仅次于银行贷款的第二大融资渠道，其市场渗透率已达到17%～30%，租赁物品更是涉及方方面面，大到飞机、轮船，小到汽车、计算机都可以进行融资租赁。改革开放后，金融租赁融资被引入我国，目前，按照全国固定资产投资总额计算，我国金融租赁融资渗透率大约为 4.14%。

2.3.3　金融租赁融资的操作规范

(1) 租赁物品由承租人决定，出租人出资购买并租赁给承租人使用，并且在租赁期间内只能租给一个承租人使用。

(2) 承租人负责检查、验收制造商所提供的租赁物品，对该租赁物品的质量与技术条件，出租人不向承租人做出担保。

(3) 出租人保留租赁物品的所有权，承租人在租赁期间支付租金而享有使用权，并负责租赁期间租赁物品的管理、维修和保养。

(4) 租赁合同一经签订，在租赁期间任何一方均无权单方面撤销合同。只有租赁物品毁坏或被证明为已丧失使用价值的情况下方能中止执行合同，无故毁约则要支付相当重的罚金。

(5) 租期结束后，承租人一般对租赁物有留购和退租两种选择，若要留购，购买价格可由租赁双方协商确定。

2.3.4　金融租赁融资的作用

金融租赁是现代化大生产条件下产生的实物信用与银行信用相结合的新型金融服务形式，是集金融、贸易、服务为一体的跨领域、跨部门的交叉行业。

金融租赁融资具有方式灵活、融资期限长、还款方式灵活、压力小等特点。中小企业通过金融租赁所享有资金的期限可达 3 年，远远高于一般银行贷款期限。在还款方面，中小企业可根据自身条件选择分期还款，极大地减轻了短期资金压力。

虽然金融租赁具有门槛低、形式灵活等特点，非常适合中小企业解决自身融资难题，但是它却不适合所有的中小企业。这种资金融通方式更适合生产型、加工型中小企业，特别是那些有良好销售渠道，市场前景广阔，但是资金周转暂时出现困难或者需要及时购买设备扩大生产规模的中小企业。

2.3.5　金融租赁的具体分类

金融租赁具体可分为以下 6 类。

1. 直接融资租赁

直接融资租赁是指由承租人指定设备及生产厂家，委托出租人融通资金购买并提供设备，由承租人使用并支付租金，租赁期满由出租人向承租人转移设备所有权。直接融资租赁以出租人保留租赁物所有权和收取租金为条件，使承租人在租赁期内对租赁物品取得占有、使用和收益的权利，是一种最典型的融资租赁方式。

拓展阅读2-9

融资租赁助力中小企业发展

某印刷厂成立于 2011 年，注册资金 300 万元，截至 2018 年，总资产为 1300 万元，净资产 800 万元，年销售收入 1200 万元，年利润 180 万元。为了扩大业务，公司计划引进一台日本三菱产的四色四开胶印机，价格为 360 万元左右，企业拟投自有资金 120 万元，其余需要寻求外源资金支持。不过，由于公司经营规模和状况不符合要求，没能争取到银行贷款。公司向当地一家金融租赁公司提出贷款申请，金融租赁公司了解到这家印刷厂产品质量可靠，客户稳定，财务状况无重大缺陷，目前的现金流能够偿还租金。于是，金融租赁公司按照印刷厂的需求购入一台胶印机，该印刷厂以自有资金投入 140 万元，三年共支付 73.97 万元的利息成本，按月支付租金的方式引进了价值 360 万元的胶印机。

(资料来源：作者根据互联网资料整理编写)

2. 经营性租赁

经营性租赁由出租人承担与租赁物品相关的风险与收益。采用经营性租赁融资方式的承租人不以最终拥有租赁物品为目的，在其财务报表中不反映为固定资产。承租人为了规避设备风险或者需要表外融资，或需要利用一些税收优惠政策时，可以选择经营性租赁方式。

3. 出售回租

出售回租又称售后回租、回租赁等，是指物品的所有权人首先与租赁公司签订《买卖合同》，将物品卖给租赁公司，取得现金；然后由物品的原所有权人作为承租人，与该租赁公司签订《回租合同》，将该物品租回；最后承租人按《回租合同》还完全部租金，并付清物品的残值以后，重新取得物品的所有权。

 **拓展阅读2-10**

出售回租 一举多得

某加盟店老板小张购买了一台价值140万元的辉腾轿车,因为经营中急需资金,而且生活和工作中还需要使用轿车,所以他找到某金融租赁公司,与租赁公司签订了出售回租协议,将轿车过户给金融租赁公司。这样操作后,小张依然拥有这台轿车的使用权,同时获得了100万元的流动资金,只是轿车的所有权归属于金融租赁公司,同时小张要按期归还本金及租息。

(资料来源:作者根据实际调研编写)

4. 转租赁

转租赁是指以同一物品为标的物的多次融资租赁业务。在转租赁业务中,上一租赁合同的承租人同时又是下一租赁合同的出租人,称为转租人。转租人向其他出租人租入租赁物品再转租给第三人,转租人以收取租金差为目的。租赁物品的所有权归第一出租人。

5. 委托租赁

委托租赁是指出租人接受委托人的资金或租赁物品,根据委托人的书面委托,向委托人指定的承租人办理融资租赁业务。在租赁期内,租赁物品的所有权归委托人,出租人只收取手续费,不承担风险。

6. 分成租赁

分成租赁是结合了投资的某些特点的创新性租赁形式。租赁公司与承租人之间在确定租金水平时,是以租赁设备的生产量与租赁设备相关收益来确定租金,而不是以固定或者浮动的利率来确定租金,设备生产量大或与租赁设备相关的收益高,租金就高;反之,则低。

2.3.6 金融租赁与融资租赁在我国使用中的差异

如前所述,金融租赁与融资租赁的英文均为 financial lease,两者的法律定义、会计定义、税务部门定义以及租赁双方操作原理都是一样的。但在我国,由于开办这两种业务的公司的监管部门不同、财税政策不同,所以两者还是存在一些差异。

金融租赁公司由银监会审批和监管,并规定只有银监会审批设立的租赁公司才可冠以"金融"二字。实际上,融资租赁公司只能作为一个信用销售公司,由商务部审批和监管。因此,金融租赁公司是金融机构、放款单位；融资租赁公司是非金融机构，属于借款单位，这是两者的本质区别。因此，金融租赁的资金销售不等于融资租赁的物品销售。

与此同时，因为金融租赁公司属于金融机构，可以享受财政部关于印发《金融企业呆账准备提取管理办法》的通知的政策待遇，即金融企业应当于每年年度终了根据承担风险和损失的资产余额的一定比例提取一般准备。原则上一般准备余额不低于风险资产期末余额的 1%。金融机构资产按照风险从低到高可以分为正常类、关注类、次级类、可疑类和损失类五个等级。金融租赁公司一旦出现风险，则关注类计提比例为 2%、次级类计提比例为 25%、可疑类计提比例为 50%、损失类计提比例为 100%。其中，次级和可疑类资产的损失准备、计提比例可以上下浮动 20%。而融资租赁公司因为不是金融机构，不能享有上述待遇，所有问题都由自己承担。

不同的监管方式也导致租赁公司的经营定位有所不同。金融租赁公司在信贷监管体系下侧重于租赁规模，注重依据信贷标准经营租赁，忽视对租赁物品本身的重视。融资租赁公司对物的关注远大于金融租赁公司，尤其是厂商租赁，更显突出。在信贷监管体系下，金融租赁公司主要的客户群是大型国企、央企和承担政府基本建设的部门。而融资租赁公司受限于融资成本高和融资规模的现实，更多收益来自贸易、服务和资产管理环节，因此主要客户群是优质的中小企业。

2.4　典当融资

典当行业是现代金融业的鼻祖，至今已有 1600 多年的历史，产生于两汉时期。新中国成立后，典当行业逐渐销声匿迹，1987 年 12 月，新中国的第一家典当行——成都市华茂典当服务商行成立。此后，典当行的兴办大潮席卷全国，发展至今。成都市华茂典当服务商行成立时归属于央行管理，到 2000 年划归商务部管理，同前面提及的融资租赁公司一样，不再属于金融机构。

2.4.1　典当融资的相关概念及特点

作为一个古老的行业，现代的典当行是如何定义的，又有哪些特点呢？

1. 相关概念

(1) 典当是指当户将其动产、财产权利作为当物质押或者将其房地产作为当物抵押给典当行，交付一定比例费用，取得当金并在约定期限内支付当金利息、偿还当金、赎回典当物的行为。

(2) 典当行又称当铺，是专门发放质押贷款的非正规边缘性金融机构，是以货币借贷为主和商品销售为辅的市场中介组织。

(3) 当户指典当东西的人或企业。

(4) 绝当指典当的物品到了当期而当户无力续当或赎当，典当之物即会成为绝当。

(5) 典当融资是指中小企业或个人在短期资金需求中利用典当行救急的特点，以质押或抵押的方式，从典当行获得资金的一种快速、便捷的融资方式。

2. 典当融资的特点

(1) 融资性。典当是一种融资手段，它是以借贷为基础，以质押为条件，将当物转移到典当行占有，从而换取当金，达到融通资金的目的。

(2) 短期性。典当行向当户发放当金的期限往往较短，一般不超过半年。

(3) 便捷性。与其他融资方式相比，典当手续灵活、简单。

(4) 费用高。典当借贷的费率较高。典当融资，除承担贷款月利率外，还需要缴纳较高的综合费用，包括保管费、保险费、典当交易的成本支出等，因此典当融资的成本高于银行贷款。

(5) 营利性。典当行作为典当的经营主体，盈利必然是其所追求的目标。

2.4.2　典当融资的优势

因为典当有其独有的特点，也使得典当融资拥有自身独有的优势，适合中小企业和个人短期的或临时性的融资。

(1) 灵活性强。多种融资方式中，典当融资是最快速、最便捷、最灵活的融资形式之一。这种灵活性具体体现在：一是当物的灵活性。典当行一般接受的抵押、质押的范围包括金银饰品、古玩珠宝、家用电器、机动车辆、生活资料、生产资料、商品房产、有价证券等，这就为中小企业的融资提供了广阔的当物范围。二是当期的灵活性。典当的期限最长可以半年，在典当期限内，当户可以提前赎当，经双方同意可以续当。三是当费的灵活性。典当的利息率和费率往往要根据淡旺季节、期限长短、资金供求状况、通货膨胀率的高低、当物风险大小，以及债权人与债务人的交流次数和关系来制定。四是手续的灵活性。对于一些明确无误、货真价实的当物，典当的手续可以十分简便，当物当场付款；对于一些需要鉴定、试验的当物，典当行则会争取最快的速度来为出当人解决问题。

(2) 对客户的融资限制条件少。对客户所提供的当物限制条件较少。中小企业或个人只要有值钱的东西，一般就能从典当行获得质押贷款。我国 2001 年 8 月正式实施的《典当行管理办法》对典当行收当财产的限制较少，具体规定的不得收当的财产包括 4 个方面：依法被查封、扣押或者已被采取其他保全措施的财产；易燃、易爆、剧毒、放射性物品及其容器；赃物和来源不明物品或者其他财物、财产权利；法律、法规及国家有关规定禁止买卖的自然资源或者其他财物。中小企业所拥有的财产，只要不在上述范围之内，经与典当行协商，经后者同意，便可作为当物获得典当行提供的质押贷款。

此外，典当融资对企业或个人的信用要求和贷款用途的限制较少。通常，典当行对客户的信用要求几乎为零，对贷款用途的要求很少过问，只注重典当物品是否货真价实。一般商业银行只做不动产抵押，而典当行则可以动产与不动产质押两者兼为。典当行向企业提供质押贷款的风险较小，如果企业不能按期赎当和交付利息及有关费用，典当行可以通过拍卖当物来避免损失，这与银行贷款情况截然不同。银行对中小企业贷款的运作成本太高，对中小企业贷款的信用条件和贷款用途的限制较为严格。

(3) 主要为中小客户服务。到典当行典当物品的起点低，千元、百元的物品都可以当。与商业银行相反，典当行更注重对个人客户和中小企业提供服务。

⏰ 拓展阅读2-11

典当融资，缓解了燃眉之急

李先生和妻子开了一家装修公司，生意不温不火，维持温饱有余。一日，公司接到一个给某国有商业银行北京路支行进行工装的大订单，但是公司的现有设备和人员数量少，无法完成这笔业务，而且设备已经陈旧，原本要陆续进行更新。如果一下子采购一批装修设备并雇佣需要日结工资的装修工人，大约需要资金 17 万元。夫妻俩的资金大都买了理财产品，无法及时取出。于是，李先生夫妻用自己家的房产到某典当行做质押，轻松获得了 17 万元资金，使得工装工程顺利开工。装修进行到一半时，银行支付了 60%的装修款后，李先生夫妻结清了当金和利息，办理了赎当手续。

(资料来源：作者根据实际调研编写)

2.4.3　典当融资的基本操作程序

典当融资一般包括审当、验当、收当、赎当四步，如果需要延期，则再进行续当。

1. 审当

审当环节的主要工作是验明当物的归属权。当户必须提供当品合法、有效的归属证件,以证明物品归当户所有,其次提交当户身份证明证件(企业提交营业执照、法人代码证等)进行审核建档。

按照规定,来源合法、产权明确,可以依法流通的有价值物品或者财产权利,而且必须是典当人有权处置,能保存并可以转让的生产、生活资料都可以典当。但不同典当行具体开展的业务有所不同,对典当物的要求也会有所不同。一般来讲,房产、股票、企业债券、大额存单、车辆、金银饰品、珠宝钻石、电子产品、钟表、照相机、批量物资都可以典当。

2. 验当

核对当物的发票、单据,由专业典当评估人员(古称"朝奉")或是评估机构对当物进行估值,最终确定当金额度、典当折算率、综合费率、当期(不超过 6 个月)及利率。我国《典当行管理办法》规定:典当利率不能超过同期银行标准利率的四倍。典当金额也是根据当品的变现能力进行折算,一般来说会按照当品价值的四至六成进行折算,若当品变现能力强,如贵金属等,也有可能给予九成的折算率。

典当融资不等同于卖东西。典当融资主要是以动产、不动产、权利质押为基础的短期贷款,不是把东西卖给典当行,当金不等同于所当物品的价格。当金一般为物品二次流通价的50%～80%,二次流通价格不是商品原来的售价,它低于实物价值。其实,当金少,当户并不一定吃亏,这是因为当金少,相应的还款也少,当户的还款压力也就小很多。

3. 收当

签订当票、典当协议书后,典当行将当品收当入库,扣除综合费后支付当金。至此,企业或个人就能获得流动现金了。根据现行管理办法,典当的综合费用由典当行从当金中扣除。

4. 赎当

当户在当票到期后需凭当票到典当行办理赎当手续,在赎当之前必须结清当金及利息才能办理出库手续,将当品及发票归还当户。

典当融资不是想当多久就可以当多久。根据《典当行管理办法》有关规定,典当时间最短为 5 天,不足 5 天按照 5 天计算,最长期限为 6 个月。典当到期后,5 天内,客户可以选择赎当，也可以根据自己需要选择续当，最好及时赎当。期满后赎当实在有困难的还可以续当，但是续当的时间越长，所要支付的综合手续费就越多，所以当期不宜过长。如果逾期不赎当或续当而成为绝当之后，当物估价金额不足 3 万元的，典当行就可以自行变卖或折价处理，损益自负；当物估价金额在 3 万元以上的，既可以按照《中华人民共和国担保法》有关规定处理，也可以根据双方事先约定，在绝当后由典当行委托拍卖公司公开拍卖。拍卖收入在扣除拍卖费用及当金本息后，剩余部分当退还给当户，不足部分向当户追索。

5. 续当

当票到期后，若当户暂时不归还当金，需凭当票至典当行办理续当手续，同时必须支付本期当金利息，再对当物进行再次查验，签订续当合同及协议。续当期间的利率、费率不发生改变，但是续当期不能超过原当期。

拓展阅读2-12

典当行成了保险柜——聪明的大学生的典当业务

典当以其灵活、方便、限制少的特点，极大方便了中小客户获取应急资金。不过，走进典当行的人也有一些并非为了获得应急资金。据华西都市报 2016 年 1 月 18 日的报道，在成都读大学的大三学生小马发掘出了典当行的一个新的功效：保险柜。他有一台价值 6800 元的笔记本电脑，放假带回家很麻烦，放在宿舍又担心被盗。于是，他跑了成都市几家典当行，发现有一家典当行可以接受这种日用品典当。典当行评估师检验了电脑后认为可以典当 2800 元，但是小马立即说只需要当 500 元，并且利落地与典当行办理了典当手续，拿到了 500 元钱和一张当票。根据《典当行管理办法》，电脑这类动产质押典当的月综合费率不超过当金的 4.2%，这样算下来，一个月后，小马取回电脑时，只需要交 21 元，相当于保管费。现在，已经有不少大学生像小马一样把典当行当成临时保险柜了。需要注意的是，这个"保险柜"是有期限限制的，由于数码产品更新换代快，贬值较快，所以典当期一般不超过 3 个月。

不过，如果有同学在 2020 年 1 月的寒假采用了典当方式保管自己的电脑，恐怕会因为突发的新冠肺炎疫情无法返校而导致不得不一再续当，从而付出较大的"保管"成本。如果不续当，那么待到秋季开学返校，电脑恐怕就变成 500 元现金了，如图 2-2 所示。

(资料来源：https://news.qq.com/a/20160118/004979.htm，有删改)

图2-2　典当、赎当与续当

2.5　网络贷款

随着网络的兴起，互联网金融近年来得到快速的发展，网络贷款成为一种新型的贷款方式。

2.5.1　互联网金融和网络贷款

互联网金融和网络贷款属于两个不同的概念。

1. 互联网金融

互联网金融就是网络金融，是一个宽口径的概念，泛指利用互联网开展的金融业务，包括支付宝、微信红包、网上银行、网上证券交易、网上保险、P2P 等业务。

互联网金融兴起于 20 世纪 90 年代。世界上第一家网络金融机构诞生于 1995 年 10 月 18 日，是在美国亚特兰大开办的美国安全第一网络银行(Security First Network Bank，SFNB)。开业后的短短几个月，就有近千万人次上网浏览，给金融界带来极大震撼。于是，更多的银行开始仿效着在网上开设银行。目前，我国的商业银行也都开设有网络银行，大大提高了业务办理效率，给银行的客户提供了便利。互联网金融在生活中扮演着越来越重要的角色，给传统的金融业带来了极大的冲击。

2. 网络贷款

网络贷款是指借助网络平台实现借贷双方交易的一种融资行为。本书探讨的网络贷款是一个窄口径的概念，确切地说，是绕开了商业银行体系，仅仅借助互联网交易平台，实现了借贷双方直接融资的一种资金融通行为，不包括目前的各大商业银行在各自的网络银行上推出的诸如房屋贷款、汽车贷款、家装贷款之类的贷款业务。

网络贷款仅仅是以网络作为一个交易的平台，不需要其他第三方中介人，直接实现债权人和债务人的对接。

2.5.2　网络贷款的产生

首先，互联网的发展为网络贷款的产生和发展提供了技术支持与交易的平台。

其次，随着经济的发展和人与人之间关系的微妙变化，网络贷款有潜在的市场需求。随着互联网的发展，借贷行为也延伸到了网络平台上。对于小额资金需求者，特别是个人，急需资金时，传统的筹资方式就是私人之间的借贷或向银行申请贷款，私人之间借贷不仅会暴露个人的隐私，还需要欠下一份人情；向银行贷款，不仅手续烦琐、批贷困难，而且往往需要严苛的抵押、质押或保证条件。相比较而言，网络借贷中介平台为借贷双方提供从信息发布、资料审核到转账借款、利率计算、按期还款的"一站式"服务。网友只需注册成为网络个人借贷平台的会员，在一系列身份验证后，就可以在网站上申请借钱，身份证、户口本、工作证明、生活照片、劳动合同、固定电话账单、手机详单、工资卡最近 3 个月的银行流水、营业执照、房屋租赁合同等相关证件都可以成为信用评价的依据，根据提供的证明获得相应的借款额度。与银行贷款复杂的手续相比，这种交易就像网上购物一样自由，对放贷者和借款人而言都比较方便。

此外，网络贷款为个人理财提供了新的渠道，受到市场认可，有充足的资金供给。相对于股市、不动产、黄金等投资品种来说，网络借贷中介平均年收益率为 10%～20%，最高可达近30%，投资收益丰厚，无疑具有相当的诱惑力；而且，投资的门槛低，并无资金上的限额要求，

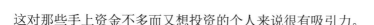

这对那些手上资金不多而又想投资的个人来说很有吸引力。

贷款者个人既能够亲自挑选借款人，还能获得灵活的、比银行高的利息；同时对于贷款人来说，可以将自己出借的资金进行拆分，一笔资金分散后可以同时以小额的方式借给不同借款人，既能帮助更多的人，也能降低风险。在投资回报率、投资门槛、投资自由度方面，这种通过网络借贷平台实施的借贷都有相当大的优势。

2.5.3 网络贷款的形式

P2P 贷款(peer to peer lending)即个人对个人贷款，又称点对点网络贷款，是借助网络平台，以支付一定的中介费为代价，在基于信用的基础上进行的个人之间的信用活动。P2P 贷款的实质就是将债权人(理财投资人)的小额资金聚集起来，借给有资金需求人群的一种民间小额借贷模式。

1. P2P的兴起和发展

P2P 兴起于欧美。2005 年 3 月，全球第一家网络借贷平台 Zopa 网站在英国推出了 P2P 网上互助借贷业务，给资金需求者和有闲置资金的人提供了一个互惠交易平台，他们之间可以完成特定利率下的借贷行为。2006 年，美国最大的 P2P 网络借贷平台 Prosper 正式运营，借贷双方可以在平台上发布信息，互相匹配。当时，每个贷款人提供的资金大多为 50～200 美元，这种小额度操作降低了贷款人放款的风险。Prosper 作为中介平台，收取中介费。

2007 年，国内开始出现 P2P 网络贷款平台，比较著名的有人人贷、宜人贷、微贷网、陆金服、拍拍贷等，一度发展得异常迅猛。截至 2017 年，全国 P2P 网络贷款平台累计超过 6000 家，但实际运营的只有 2240 家。由于平台运营风险逐步暴露，国家密集出台了一系列备案、整顿、清理政策，到 2018 年年底，实际运营的网络借贷平台数量下降至 1021 家。2018 年 12月 19 日，中国人民银行和银保监会领导下的互联网金融风险专项整治工作领导小组办公室、P2P 网络借贷风险专项整治工作领导小组办公室联合发文(整治办函〔2018〕175 号)，首次明确提出“坚持以机构退出为主要工作方向”，奠定了 2019 年整个行业清退转型的主基调。这样，到 2019 年年底，网贷行业正常运营平台数量下降至 343 家。

2. P2P在我国的运营状况

发展至今，我国的 P2P 网络借贷平台可以简单地分为银行系、民营系、国资系、风投系、上市公司系 5 个派系，其中个人接触最多的是银行系和民营系。

(1) 银行系 P2P 网络借贷平台。银行系 P2P 网络借贷平台就是由商业银行本身或银行子公司投资入股设立的 P2P 网络借贷平台，例如国家开发银行的开鑫贷、浙商银行的小微钱铺、苏州银行的小苏帮客、兰州银行的 e 融 e 贷等。

在这类平台上，按照 P2P 运营的原则，商业银行充当的仅仅是一个中介的角色，获取的是中间业务的服务费。不过，即使银行仅仅是借贷双方的中介，但因为这类平台有商业银行的背景，所以更为借贷双方所信赖。作为资金供给方，在这类平台上提供资金就相当于买一个非保本的理财产品，一般借款人给出的利率水平大部分会略高于同期银行理财。而借款人则可以通过此平台获得比其他民间贷款利率略低一些的资金。

与民营系 P2P 网络借贷平台相比，银行系 P2P 网络借贷平台最大优点就是可信赖度高，平台自身跑路的风险低，所以表现为质量较为优秀。但是在 5 个派系的 P2P 网络借贷平台中，这类平台运营效率最低。作为银行系的 P2P 网络借贷平台，业务开展与银行其他业务一样，很注重资金的安全性和平台的安全性，因此对借款人的资格审核比较烦琐，要求借款人信息完备，有些还要实地查看借款人情况，既增加了银行的运营成本，也延长了借款人获取资金的时间，从而无法很好地满足借款人通过网络平台快速获取资金这一最核心的需求。所以，银行系 P2P 网络借贷平台更受既想获得较高收益，又不想承担更大风险的小额投资者欢迎，但对于资金需求者，特别是急需资金的借款人，其吸引力并不比其他派系的 P2P 网络借贷平台强。

(2) 民营系 P2P 网络借贷平台。民营系 P2P 网络借贷平台是指由民营企业或民营资本发起设立的 P2P 网络借贷平台。民营系 P2P 网络借贷平台属于 P2P 网络借贷平台的绝对主力，虽然由于缺乏有效监管和资金实力不雄厚这些天然的缺点导致近年来跑路的 P2P 网络借贷平台中，民营系 P2P 网络借贷平台数量最多，但无论是从平台数量、成交数量，还是从投资人数和借款人数来看，民营系 P2P 网络借贷平台的占比都是最高的，超过了银行系、国资系、风投系、上市公司系 P2P 网络借贷平台的总和。

民营系 P2P 网络借贷平台投资门槛低，很多民营系 P2P 网络借贷平台起投金额为 100 元，大众基本都有能力介入这一平台进行交易。相比较而言，民营系 P2P 网络借贷平台自身风控能力最低，资金不雄厚，放款利率最高，但放款速度最快，审批手续最简单，其运营效率和风投系 P2P 网络借贷平台并列第一，因此也受到绝大多数资金需求者的青睐，弥补了正规金融市场的空白。

(3) 国资系 P2P 网络借贷平台。国资系 P2P 网络借贷平台是国有企业或国有企业旗下的子公司投资设立的网络借贷平台。例如，开鑫贷既属于银行系 P2P 网络借贷平台也属于国资系 P2P 网络借贷平台，并且是我国第一家国资系 P2P 网络借贷平台，此外还有三峡担保集团投资的金宝保、陕西金融控股集团旗下的金开贷等。这类国资系 P2P 网络借贷平台的主要特点是利率低，但投资起点高，一般起投额度是 1 万元，有些甚至 3 万元、5 万元起投。

(4) 风投系 P2P 网络借贷平台。风投系 P2P 网络借贷平台就是由风险投资公司控股的 P2P 网络借贷平台，很多规模较大的民营系 P2P 网络借贷平台都属于风投系，例如人人贷、拍拍贷、微贷网等，都获得了风投的介入。这类平台因为风投的介入，市场敏感度高、投资效率高，不过贷款利率并不偏高。

(5) 上市公司系 P2P 网络借贷平台。上市公司系 P2P 网络借贷平台是指由上市公司投资控股的 P2P 网络借贷平台，例如熊猫烟花控股 51% 的你我贷。因为上市公司资金实力较强，并且对所在的特定行业的发展有较为深刻的理解和预见，它们在品牌信誉、行业人脉、运营经验、开拓市场等方面更有优势。

⏰ 拓展阅读2-13

网络与银行的合作：网络信用贷款使小微企业迎来融资的"春天"

与民营系 P2P 网络借贷平台相比，银行系 P2P 网络借贷平台的最大优点就是可信赖度高。特别是在 2018 年年底，中国人民银行和银保监会大力整治互联网金融，以机构退出作为主要工作方向以后，网络与银行的合作更彰显其服务小微企业的优势。

比较早的网络信用贷款当数阿里巴巴联手建设银行共同推出的小企业贷款——网络联保贷款。这款贷款于 2007 年 5 月推出，贷款的对象是在阿里巴巴平台从事电子商务的企业。这是一款不需要任何抵押的贷款产品，只需由 3 家或 3 家以上企业借助阿里巴巴网站组成一个联合体，共同向银行申请贷款，同时企业之间实现风险共担。具备阿里巴巴诚信通会员或中国供应商会员资格，工商注册年限已满 18 个月或企业法人代表从事当前行业 5 年以上的企业就可申请该项贷款。

贷款申请在阿里巴巴网络平台上进行，贷款流程中的客户报名、联保体组建、信息填报、合同申请、合同签订、贷款支用和归还申请等均为自助环节，全部依托网络银行系统完成，各环节间全流程网络化衔接。

建设银行引入了网络平台的分销、聚集、管理功能，并建立了新的客户识别标准，"网络商户""注册用户""网络信誉"等虚拟元素首次成为客户分类、准入的标准。对于大多数苦于无法提供抵押担保的小企业客户来说，终于可以突破瓶颈，获得大银行的金融支持。

建设银行和阿里巴巴建立了一套专门针对网络商务客户的评级方法，将网络商务信用纳入评价指标体系，并创建了"e系列"客户评级评价办法，更注重其网络商务信用以及成长性的指标。阿里巴巴凭借强大的客户信用评价体系与信用数据库，对申请贷款的客户进行数据提取和分析，全面提取企业在阿里巴巴的行为和积累的相关交易数据、信用记录等，初步筛选后提供给银行，确保申请的企业符合贷款规定，保障联合体内其他成员的利益。因为这项贷款主要用于企业的扩大再生产，阿里巴巴会依据合约，向银行提供获贷企业的电子商务应用状况、企业经营情况以及企业信用积累情况，并且关注经营是否有变更。

建设银行则根据联合体成员企业的资质、信誉、综合实力及征信系统中的信用状况等多方面因素综合审查企业，以此确定贷款额度和利率，也就是说，不同的企业申请同样期限的贷款，利率会有所不同。

在网络联保项目中，每家企业贷款额度最高为200万元，三家企业具有担负连带偿还责任和互相监督的责任。贷后管理引入网络平台参与，对企业全程控制，督促企业按照合约准时全额归还贷款和利息。阿里巴巴受建设银行委托，依据贷款企业与建设银行的贷款合同和相关协议对违约企业进行曝光，实行网络信息披露，以网络公示和终止服务手段提高企业违约成本。网络信息披露是指对到期无法归还贷款的企业进行欠贷信息曝光，包括但不限于关闭企业在阿里巴巴的账户、消除企业在阿里巴巴上的一切商业信息，并对企业欠贷信息进行互联网曝光，曝光的场所包括但不限于阿里巴巴网站、淘宝网站、中国雅虎等。

此后，工商银行、浦东发展银行、邮政储蓄银行和泰隆商业银行等也陆续开始与阿里巴巴开展此类业务合作。

在此基础上，各个银行纷纷推出各具特色的网络贷款，充分利用网络大数据的优势，与传统的银行贷款相结合。例如，2016年10月，华夏银行武汉分行在武汉发放了第一笔电商贷。这笔100万元的电商贷是华夏银行依托互联网平台，以各主流电商交易平台上的经营商户为授信对象，利用大数据技术对电商经营户进行筛选，在2个工作日内就完成了客户资料的收集上报、授信审批、项目落地的全流程，向符合条件的商户在线发放网络信用贷款，无须抵押资产，颠覆了传统的银行授信模式。再比如，2017年民生银行济南分行推出了网乐贷，这也是一款无须抵押和担保的信用贷款，是通过大数据分析对现有的优质结算客户发放的经营性贷款。有需求的客户只需要用手机登录民生小微手机银行，进入贷款服务界面，选择其中的贷款申请，然后按照提示的相关步骤完成个人信息录入，系统会自动进行审批，客户根据提示进行合同自助签约，自助放款，提出贷款申请5分钟后就能知道贷款额度。

（资料来源：作者根据吕士伟的论文、中国人民银行网站资料整理编写）

2.5.4 网络贷款的操作

申请网络贷款，需要了解 P2P 网络借贷平台的一般业务流程，并提供贷款所需资料。

1. P2P网络借贷平台业务的一般流程

P2P 网络借贷平台在借贷过程中扮演信息中介的角色，其一般业务流程为：首先，借贷双方都需要在 P2P 网络借贷平台上进行注册并建立账号。平台对上传的个人信息进行认证，并利用一定的信用评级标准对借贷双方进行信用评级。然后，借款人申请借款，提供平台要求的一些信息资料，由平台审核。审核通过后，平台方发布借款信息，由贷款人以投标方式将自己的闲置资金在平台贷出，满标后平台放款给借款人。

2. 借款人需要准备的资料

(1) 填写申请表。借款人在借款之前需要填写平台提供的借款申请表，写清借款的用途及金额，并按规定亲笔签名。

(2) 提供身份证件。提交本人身份证的正面和反面复印件。

(3) 提交信用报告。不管是自然人、法人或其他组织，向网络贷款平台借款时，均需提供借款人收入及负债情况、借款人征信报告情况。对于自然人借款，还需说明自己的工作性质，平台以此来判断是否放款以及放款的额度。借款人征信报告情况，是指经借款人授权由中国人民银行征信系统或中国人民银行依法批准成立的征信机构出具的征信报告。若借款人无法提供，则需进行说明。例如，人人贷官网的借款页面中，已要求申请者提交由中国人民银行征信中心出具的《个人信用报告》。

(4) 提交银行流水。提交借款人最近 6 个月的银行流水，平台借以判断借款人的还款能力。

(5) 其他资料。有些平台还要求提供房产证、购房合同、购房发票等资料。

2.5.5 大学生校园网络贷款的现状与风险

目前，网络贷款也成为一些大学生获得资金的重要途径。

1. 大学生网络贷款现状

大学生对新事物充满好奇，接受新事物的能力也比较强。在 P2P 走进百姓生活的时候，在校大学生也成为网络贷款的重要参与人。从 2015 年京东推出面向大学生的"京东白条"，随后支付宝就推出"蚂蚁花呗"，此后诸如分期乐、爱又米、投投乐、分期贷等诸多校园网络贷款向在校生开放。根据速途研究院分析师侯长海撰写的《2015年大学生分期消费调查报告》显示，有将近60%的学生认同网络贷款和分期消费的消费模式，并且有67.5%的大学生使用过京东白条等网络贷款。有数据显示，全国2325所高校2500多万在校大学生中，仅2018年，就有约35%的学生使用过校园网贷平台。

目前社会上用"校园贷"来专门指代大学生网络贷款。

大学生进行网络贷款主要用于消费。

2. 大学生网络贷款的风险

大学生网络贷款的风险，无论是从借款大学生自身角度来说，还是从提供服务的校园网络贷款平台角度来说，都存在一些问题，导致风险叠加。

(1) 信息不对称，盲目贷款。参与校园贷的大学生对网络贷款认知不全，一些调查结果显示，从整体来看，大学生对"校园贷"的了解程度并不高，仅有50.3%的学生对校园贷有一定的认知。无论是校园代理推销业务时的介绍还是简洁的宣传单上，几乎都未详细列出贷款的具体信息，并不详细说明收费项目、标准和存在的风险。

(2) 大学生易受诱惑、自控力低。大学生群体的消费极易受到身边其他同学的影响，盲目攀比和虚荣心都导致大学生一窝蜂地去选择网络贷款进行消费。另外，大学生的自控力较低也导致容易受到网络贷款的诱惑，进行冲动性消费。

(3) 对还款能力认识不足，高估自身还款能力，形成违约风险。很多参与校园贷的学生往往高估了自己的还款能力，在贷款到期后无力偿还，从而导致高额的滞纳金或罚息，使得还款负担成倍增加。

(4) 面向学生的一些网络贷款平台自身风控能力低，隐患较大。一些校园贷平台在向学生推销业务时，只有不到20%的平台会要求学生提供银行流水、个人征信报告等资料，其余绝大多数的平台只要学生提供身份证、学生证、家庭地址及父母电话。这些信息显然并不能保证平台控制住放款的风险。而一旦出现学生还不上借款，则恶意催收等比比皆是，因此带来的悲剧也时有发生。

拓展阅读2-14

大学生之死与失控的校园贷

2016年3月9日，郑某某，河南某学院大二学生，在青岛一家宾馆楼顶跳下，结束了年轻的生命。他自杀的原因就是在网络平台借款数额巨大，无力偿还。

郑某某出生在河南农村一个贫穷的家庭，通过努力学习，于 2014 年考入河南某学院并担任班长。2015 年 1 月，他在网上接触了足彩，购买后竟然中奖了。从此，他开始赌球，最高一次获利 7000 多元，这使他进一步沉醉于赌球，并开始参与境外赌球。不过，赌球输的概率远远高于获利，在输光了身上所有的钱后，郑某某开始利用贷款赌球，从最开始用蚂蚁花呗套现，一步步发展到在 14 家网络平台贷款 58.95 万元去赌球。郑某某之所以能获得这么巨大额度的贷款，就是利用自己是班长，掌握着全班同学的学信网、身份证、学生证等信息，他盗用了 20 多个同学的信息，分别在名校贷、分期乐、优分期、趣分期等 14 个平台贷款，而网络贷款平台并未认真核实借款人的身份。

郑某某的悲剧根源于他个人陷入赌博，无论是大学生还是其他人，赌博都是不能触碰的。而造成悲剧的直接原因则是校园贷的诱惑及随意性。

实际上，近年来关于大学生因校园贷、套路贷发生的自杀行为、犯罪行为报道时常见诸各类媒体上。《每日经济新闻》报道，2019 年 8 月 31 日，在这个全国高校陆续开学的日子，刚刚大四毕业走出校园的南京某 211 大学学生小许从南京商业广场 28 楼跳下。他去世后数天时间内，其家人不断收到数个网络平台的催款电话，还有一些是机器人催款电话。据《每日经济新闻》记者调查得知，小许于 2018 年 7 月 1 日从重庆度小满小额贷款有限公司获得首笔 1000 元的个人消费贷款，此后一年的时间里，小许一共从 10 家网贷机构贷款 36 次，累计贷款金额 7.2 万余元。2019 年 4 月，小许才给父亲发微信说他借了校园贷，在学校里拆东墙补西墙，压力实在太大，确实还不了，请爸爸妈妈原谅，帮忙把钱还掉。他父亲给他打了 9 万多元，其中 8 万元还了当时到期的贷款。截至其跳楼时，还有 9 笔共 21 543 元贷款未还清。

与河南某学院的郑某某不同，小许借钱都是用于日常的消费，如买衣服、泡吧等。他们的共同之处都是在校大学生，依靠父母供给读书，父母给他们的钱完全被消费掉了，却没有资金来源用于还贷。而校园贷利率相对较高，于是陷入不断的借新还旧、债务负担越来越重的窘境。作为尚未真正走进社会的在校大学生，持续的或不断加重的债务负担致使其心理压力过大，最终导致悲剧的发生。

这些染血的事实一再提示我们，校园贷似乎已经成为影响校园安全的一个副作用很大的信贷行为。最高人民检察院 2019 年工作报告中的数据显示：2018 年全国检察机关惩治套路贷、校园贷所涉诈骗、敲诈勒索等犯罪，起诉 2973 人。因此，在校的大学生创业时，如果确实需要资金，既要正确估量创业项目的成本和收益，进行科学、合理的可行性研究，同时也要对校园贷进行甄别，选择正规的网络金融机构。

（资料来源：作者根据互联网资料整理编写）

2.6 几种适合大学生的贷款

2.6.1 国家助学贷款

国家助学贷款是由政府主导，由金融机构向高校中家庭经济困难学生提供的信用助学贷款，帮助大学生解决在校期间的学费和住宿费问题。国家助学贷款利率执行中国人民银行同期公布的同档次基准利率，不上浮。借款学生在校期间的国家助学贷款利息全部由财政支付，毕业后的利息由借款人全额支付。为激发金融机构承办国家助学贷款的积极性，建立贷款风险分担机制，财政(高校)对经办银行给予一定的风险补偿。国家助学贷款是信用贷款，学生不需要办理贷款担保或抵押，但需要承诺按期还款，并承担相关法律责任。根据学生申办地点及工作流程的不同，国家助学贷款分为校园地国家助学贷款与生源地信用助学贷款两种模式。全日制普通本专科生在同一学年不得重复申请获得校园地国家助学贷款和生源地信用助学贷款，只能选择申请办理其中一种贷款。全日制研究生原则上申请办理校园地国家助学贷款。

1. 校园地国家助学贷款

校园地国家助学贷款是家庭经济困难的全日制普通高校本专科生(含高职生)、第二学士学位学生和研究生，通过本校学生资助部门向经办银行申请办理的国家助学贷款。

(1) 申请条件。普通高等学校全日制本专科生(含高职生)、第二学士学位学生和研究生，具备以下条件可以申请国家助学贷款：

① 家庭经济困难；

② 具有中华人民共和国国籍，年满 16 周岁的需持有中华人民共和国居民身份证；

③ 具有完全民事行为能力(未成年人申请国家助学贷款须由其法定监护人书面同意)；

④ 诚实守信，遵纪守法，无违法违纪行为；

⑤ 学习努力，能够正常完成学业。

(2) 申请材料。学生在新学年开学后通过学校向银行提出贷款申请，需要提供以下材料：

① 国家助学贷款申请书；

② 本人学生证和居民身份证复印件(未成年人提供法定监护人的有效身份证明和书面同意申请贷款的证明)；

③ 本人对家庭经济困难情况的说明；

④ 学生家庭所在地有关部门出具的家庭经济困难证明。

(3) 申请金额。本、专科生每人每年最高不超过 8000 元，年度学费和住宿费标准总和低于 8000 元的，贷款额度可按照学费和住宿费标准总和确定；全日制研究生每人每年申请贷款额度不超过 12 000 元，年度学费和住宿费标准总和低于 12 000 元的，贷款额度可按照学费和住宿费标准总和确定。

(4) 贷款审批。学校的学生资助等部门负责对学生提交的国家助学贷款申请进行资格审查，并核查学生提交材料的真实性和完整性；银行负责最终审批学生的贷款申请。

(5) 贷款发放。国家助学贷款实行一次申请、一次授信、分期发放的方式，即学生可以与银行一次性签订多个学年的贷款合同，但银行要分年发放。一个学年内的学费、住宿费贷款，银行应一次性发放。

(6) 贷款利息。校园地国家助学贷款利率执行中国人民银行同期公布的同档次基准利率。2020 年 1 月 1 日起，新签订合同的助学贷款利率按照同期同档次贷款市场报价利率减 30 个基点执行。借款学生在校学习期间的利息全部由财政补贴，毕业后的利息由借款学生本人全额支付。若借款学生在校期间因患病等原因休学的，应向经办机构提供书面证明，由经办机构向经办银行提出申请，休学期间的贷款利息由财政全额贴息。借款学生毕业后，在还款期内继续攻读学位的，可申请继续贴息，应及时向组织办理校园地国家助学贷款的原高校提供书面证明，经办机构审核后，报经办银行确认，继续攻读学位期间发生的贷款利息，由原贴息财政部门继续全额贴息。

(7) 还款期限和还款方式。校园地国家助学贷款的期限原则上按学制加 15 年确定，最长不超过 22 年。学生在校及毕业后 5 年期间为偿还本金宽限期，偿还本金宽限期结束后，由学生按借款合同约定，分期偿还贷款本息。

(8) 违约后果：

① 国家助学贷款的借款学生如未按照与经办银行签订的还款协议约定的期限、数额偿还贷款，经办银行将对其违约还款金额计收罚息。

② 经办银行将违约情况录入中国人民银行的金融信用信息基础数据库，供全国各金融机构依法查询。对恶意拖欠贷款的违约借款人采取限制措施，不予提供住房贷款、汽车贷款等金融服务。

③ 对于连续拖欠还款行为严重的借款人，有关行政管理部门和银行将通过新闻媒体和网络等信息渠道公布其姓名、公民身份号码、毕业学校及具体违约行为等信息。

④ 严重违约的借款人还将承担相关法律责任。

⏰ **拓展阅读2-15**

完善贷款政策，切实减轻借款学生经济负担

教育部、财政部、中国人民银行和银监会2020年7月3日联合发文，对大学生助学贷款的实施提出了具体的调整完善政策。

(1) 助学贷款还本宽限期。助学贷款还本宽限期从3年延长至5年。

(2) 助学贷款期限。助学贷款期限从学制加13年、最长不超过20年调整为学制加15年、最长不超过22年。

(3) 助学贷款利率。2020年1月1日起，新签订合同的助学贷款利率按照同期同档次贷款市场报价利率减30个基点执行。

在此前的2015年7月13日，教育部、财政部、中国人民银行和银监会就曾联合发文，对大学生助学贷款的实施提出了包括延长宽限期、延长贷款期限在内的一些完善政策。

(一) 学生在读期间的利息全部由财政补贴。国家助学贷款利率执行中国人民银行同期公布的同档次基准利率，不上浮。借款学生在读期间的贷款利息由财政全额补贴。借款学生毕业后，在还款期内继续攻读学位的，可申请继续贴息，应及时向组织办理校园地国家助学贷款的高校或组织办理生源地信用助学贷款的县级教育部门(以下简称经办机构)提供书面证明，经办机构审核后，报经办银行确认，继续攻读学位期间发生的贷款利息，由原贴息财政部门继续全额贴息。借款学生在校期间因患病等原因休学的，应向经办机构提供书面证明，由经办机构向经办银行提出申请，休学期间的贷款利息由财政全额贴息。

(二) 贷款最长期限从14年延长至20年。原校园地国家助学贷款期限为学制加6年、最长不超过10年，生源地信用助学贷款期限为学制加10年、最长不超过14年，现统一调整为学制加13年、最长不超过20年。借款学生毕业或终止学业时，应与经办银行和经办机构确认还款计划，还款期限按双方签署的合同执行。

(三) 还本宽限期从2年延长至3年整。借款学生毕业当年不再继续攻读学位的，与经办机构和经办银行确认还款计划时，可选择享受还本宽限期。还本宽限期内，借款学生只需偿还利息，无须偿还贷款本金。还本宽限期从还款计划确认开始，计算至借款学生毕业后第36个月底，由原来的2年延长至3年整。在还款期内继续攻读学位的借款学生再读学位毕业后，仍可享受36个月的还本宽限期。

(四) 建立国家助学贷款还款救助机制。各省级学生资助管理部门、各高校要合理利用国家助学贷款风险补偿金结余奖励资金、社会捐资助学资金或学生奖助基金，建立国家助学贷款还

款救助机制，用于救助特别困难的毕业借款学生。对于因病丧失劳动能力、家庭遭遇重大自然灾害、家庭成员患有重大疾病以及经济收入特别低的毕业借款学生，如确实无法按期偿还贷款，可向经办机构提出救助申请并提供相关书面证明，经办机构核实后，可启动救助机制为其代偿应还本息。

(五) 简化学生贷款手续。各经办机构和经办银行要简化贷款手续，不得要求学生提供与贷款申请无关的材料。学生开具家庭经济困难学生认定证明时，严禁收取任何费用。各经办机构和经办银行应改进服务，简化流程，借款学生继续攻读学位的，只需完成申请继续贴息的相关手续，可不再签署贷款展期协议。借款学生根据贷款合同提前还款的，经办银行按贷款实际期限计算利息，不得加收任何费用。

由上述两份文件可以看出，国家不断延长大学生助学贷款的宽限期和还款期限，意在减轻大学生读书和就业后的还款压力。国家利用金融手段解决了贫困家庭学生上学难的问题，助力贫困大学生通过教育成长成才。据统计，从 1999 年至 2019 年，国家助学贷款共计发放近 2420 亿元。

(资料来源: 作者摘录自《教育部 财政部 中国人民银行 银保监会关于调整完善国家助学贷款有关政策的通知》教财〔2020〕4 号文、《教育部 财政部 中国人民银行 银监会关于完善国家助学贷款政策的若干意见》教财〔2015〕7 号文)

2. 生源地信用助学贷款

生源地信用助学贷款是家庭经济困难的全日制本、专科生(含高职生)、第二学士学位学生和研究生(研究生原则上只能申请办理校园地国家助学贷款)，通过户籍所在县(市、区)的学生资助管理机构申请办理(有的地区直接到相关金融机构申请)的国家助学贷款。学生和家长为共同借款人，共同承担还款责任。

(1) 申请条件:

① 具有中华人民共和国国籍;

② 诚实守信，遵纪守法;

③ 已被根据国家有关规定批准设立、实施高等学历教育的全日制普通本科高校、高等职业学校和高等专科学校(含民办高校和独立学院，学校名单以教育部公布的为准)正式录取，取得真实、合法、有效的录取通知书的新生或高校在读的本专科学生、第二学士学位学生和研究生;

④ 学生本人入学前户籍、其父母(或其他法定监护人)户籍均在本县(市、区);

⑤ 家庭经济困难，所能获得的收入不足以支付在校期间完成学业所需的基本费用。

(2) 办理程序。生源地信用助学贷款按年度申请、审批和发放。学生在新学期开始前，向家庭所在县(市、区)的学生资助管理中心提出贷款申请(有的地区直接到相关金融机构申请)。县级学生资助管理中心负责对学生提交的申请进行资格初审。金融机构负责最终审批并发放贷款。

(3) 贷款金额。本、专科生每人每年最高不超过8000元，研究生每人每年最高不超过12 000元。

(4) 贷款利息。生源地信用助学贷款利率执行中国人民银行同期公布的同档次基准利率，不上浮。2020年1月1日起，新签订合同的助学贷款利率按照同期同档次贷款市场报价利率减30个基点执行。学生在校期间的利息由财政全部补贴，毕业后的利息由学生和家长(或其他法定监护人)共同负担。借款学生在校期间因患病等原因休学的，应向经办机构提供书面证明，由经办机构向经办银行提出申请，休学期间的贷款利息由财政全额贴息。借款学生毕业后，在还款期内继续攻读学位的，应及时向组织办理生源地信用助学贷款的原县级教育部门提供书面证明，经办机构审核后，报经办银行确认，继续攻读学位期间发生的贷款利息，由原贴息财政部门继续全额贴息。

(5) 还款期限和还款方式。生源地信用助学贷款期限原则上按学制加15年确定，最长不超过22年。学生在校及毕业后5年期间为偿还本金宽限期，偿还本金宽限期结束后，由学生和家长(或其他法定监护人)按借款合同约定，按年度分期偿还贷款本息。

拓展阅读2-16

大学生助学贷款办理前移至乡镇 助贷服务零距离

生源地信用助学贷款工作是学生资助工作的重要组成部分。江西省赣州市于都县是超百万人口的国贫县，是罗霄山脉连片特困县，2018年全县建档立卡贫困户3.6万余户，贫困人口16万余人，建档立卡学生3.7万余人，每年的高考学生过万，当时高校就读的学生约5.2万人。贫困大学生基数大，办理助学贷款的人数多，2016—2018年的办贷量均在1万人左右，分布在全县23个乡镇，距离县城最远的有120多千米。于都县学生资助管理中心根据江西省学生资助管理中心、国开行江西省分行的工作部署和指导，通过对办贷学生的分布、地理位置特点、公路交通条件等情况的综合分析研判，以及对部分学生家长的走访调查，决定在3个片区的中心区域乡镇设立办理点，加上县城办理点共计4个办理点。这四个办理点能辐射全县所有乡镇，服务半径不到25千米，最远的学生可以在半天内完成办理贷款业务，基本可以实现在家门口办贷。

与此同时,于都县学生资助管理中心 2018 年一次性采购了 20 套电子合同设备(高拍仪和手写板)、10 台彩色打印机(两套电子合同设备配一台彩色打印机)、5 台普通打印机,采购金额近 15 万元,每个乡镇办理点配备两套设备和还款用 POS 机等,彩色打印粉盒、打印纸等办公设备均配齐配足,确保工作顺利开展。

2018 年,全县共办理生源地信用助学贷款 10 635 笔,发放贷款 8408.5 万元,其中三个点共计办理 1650 笔,发放贷款 1402.5 万元。

(资料来源:http://www.xszz.cee.edu.cn/index.php/shows/62/3673.html,有删改)

2.6.2　大学生创业贷款

全国很多地区都对大学生创业有贷款扶持政策,常见的有贷款补贴或者无息贷款。相对而言,该类贷款的申请条件还是比较宽松的,只需将学生证、成绩单、对账单等资料提交给银行,审核通过后即可获得贷款。

1. 申请条件

(1) 在校大学生、应届毕业大学生或毕业两年以内的大学生;

(2) 大专以上学历;

(3) 申请人年龄在 18 周岁以上。

2. 申请流程

(1) 受理。申请人向大学生创业管理服务中心提出申请,并提交相关申报材料,由大学生创业管理服务中心进行初审。

(2) 审核。初审通过的商业贷款贴息对象及金额,由人社局会同财政局等有关部门从产业导向、企业规模、就业人数、注册资本和利税等方面对商业贷款贴息对象的资料进行审核,并核定贴息金额。

(3) 公示。经评审通过的商业贷款贴息对象和贴息金额由人社局和申请人所在单位或社区进行公示,公示期为 5 个工作日。

(4) 核准。经公示后无异议的,由人社局下发核准通知书。

(5) 拨付。根据相关部门下发的核准通知书,财政局在贴息对象提供付息凭证后从扶持大学生自主创业专项资金中拨付资助资金。

3. 申请资料

(1) 基本材料：

① 身份证明；

② 在校学生需提供学生证、在校成绩单；

③ 已毕业学生需提供毕业证、学位证；

④ 常用存折或银行卡最近 6 个月的对账清单。

(2) 创业证明材料：

① 《大学生创业资助(商业贷款贴息)申请表》；

② 《大学生创业企业人员情况表》；

③ 《大学生企业申请创业资助资金情况表》；

④ 法人身份证、户口本或户籍证明、毕业证(学生证)复印件；

⑤ 企业营业执照、税务登记证、组织机构代码证复印件；

⑥ 会计师事务所出具的验资报告复印件；

⑦ 贷款合同；

⑧ 公司章程复印件；

⑨ 技术合作协议、专利证书、专利申请受理通知书等复印件；

⑩ 相关的获奖证书等复印件；

⑪ 导师或风投机构、创投机构及相关企业推荐书等复印件。

(3) 其他资信证明材料：

① 大学生创业贷款申请者个人或家庭收入及财产状况等还款能力证明文件；

② 大学生创业贷款申请者及配偶身份证件(包括居民身份证、户口簿或其他有效居住证原件)和婚姻状况证明；

③ 大学生创业贷款申请者担保材料，包括抵押品或质押品的权属凭证和清单，有权处分人同意抵(质)押的证明，银行认可的评估部门出具的抵(质)押物估价报告；

此外，还可以提供一些支撑材料，如奖学金证明、班干部证明、社团活动证明、各种荣誉证明、回报社会证书(如献血、义务支教)等。当然，如果没有这些材料，也可以不提供。

由于各地区大学生创业贷款的相关政策不同，因此申请条件也会有所差异，申请人要根据所在地及所申请的贷款项目的具体要求准备相关材料。

4. 优惠政策

(1) 程序更简化。凡高校毕业生毕业后两年内申请从事个体经营或申办私营企业的,可通过各级工商部门注册大厅的"绿色通道"优先登记注册,其经营范围除国家明令禁止的行业和商品外,一律允许经营。对于限制性、专项性经营项目,允许边申请边补办专项审批手续。

在科技园区、高新技术园区、经济技术开发区等经济特区申请设立个私企业的,特事特办,除了涉及必须前置审批的项目外,试行"承诺登记制"。申请人提交登记申请书、验资报告等主要登记材料,可先予颁发营业执照,但必须在 3 个月内按规定补齐相关材料。凡申请设立有限责任公司,以高校毕业生的人力资本、智力成果、工业产权、非专利技术等无形资产作为投资的,允许抵充 40% 的注册资本。

(2) 减免各类费用。

① 除国家限制的行业外,工商部门自批准其经营之日起 1 年内免收其个体工商户登记费(包括注册登记、变更登记、补照费)、个体工商户管理费和各种证书费。

② 对参加个私协会的,免收其 1 年会员费。

③ 高校毕业生申办高新技术企业(含有限责任公司)的,注册资本最低限额为 10 万元,如资金确有困难,允许其分期到位;被认定为高新技术企业后,可享受国家规定的针对高新技术企业的各种优惠政策。

④ 高校毕业生从事社区服务等活动的,经居委会报所在地工商行政管理机关备案后,1年内免予办理工商注册登记,免收各项工商管理费用。

各地对大学生创业贷款的条件约束、收费项目都会略有不同,所以费用减免也会有所差异。例如黑龙江省由省财政投入 2 亿元设立黑龙江省大学生创业贷款担保有限公司,为大学生提供无抵押、纯信用、免保费的融资担保服务,从 2019 年 11 月 1 日起,取消了大学生创业贷款的担保费。各地的费用减免政策不同,申请大学生创业贷款的同学可以提前到当地人社部门、大学生创业园、财政部门等进行咨询。

(3) 利息贴息优惠。国家为大学毕业生提供的小额创业贷款是政府贴息贷款,其期限为 1~2 年,2 年之后不再享受财政贴息。

(4) 其他优惠。自主创业、自谋职业者还可将档案放在市大中专毕业生就业指导服务中心托管。各地关于大学毕业生自主创业的各项具体政策略有不同,应向当地各相关部门咨询。

⏰ **拓展阅读2-17**

"e 路通" 创业贷款助力大学生创业一路通

义乌工商学院大二学生小钟从银行获得人生首笔创业贷款，他激动得热泪盈眶，这是发生在义乌农商银行东洲分理处的感人一幕。小钟来自江西瑞金小山村，家境贫寒，依靠江西省助学贷款读书。一次偶然的机会，他接触了网上创业模式，并萌发了创业冲动。但是开网店需要店铺押金、前期商品采购、快递垫付等资金，缺少资本成为他创业路上的"拦路虎"。了解到小钟的情况后，义乌农商银行东洲分理处根据本行对工商学院学生创业扶持的相关政策，鼓励他放手创业并为其授信3000元创业自助贷款，这笔贷款帮助小钟开启了创业之路。

刚从义乌工商学院毕业的大学生小黄同样是免担保贴息贷款的受益者。小黄毕业后就投身电商创业，不过创业伊始就在资金上犯了难。因为做饰品生意，场地出租、购买设备、存货、店面网页设计及宣传等基础投入必不可少，处处都要花钱，粗粗一算，就要30万元。但他去过多家银行咨询，只要涉及创业贷款，银行给出的答案都差不多，都需要担保人，这让外地人小黄一筹莫展。后来他了解到，为响应并支持"大众创业、万众创新"的号召，义乌农商银行针对义乌工商学院在知名网络商城创业的在校和刚毕业的大学生专门推出"e 路通"创业贷款，小黄立即按要求递交了材料，30万元贷款很快就到账了。这笔贷款不仅不要担保，还能申请办理贴息。

"e 路通"创业贷款是义乌农商银行专门针对义乌工商学院大学生创业推出的免担保贴息贷款。

义乌工商学院创业园一直致力于电子商务创业型人才的培养，使学生通过校园创业，在实践中学习和培养创业所需要的综合能力。创业园作为集大学生创业培训、创业实践、孵化器等功能于一体的综合性服务平台，整合各种资源，同时兼具场地、物流、咨询、融资等多种功能，使在校大学生实现零成本开店，极大地鼓励了在校大学生们投身于各种形式的创业实践中。可以说，义乌工商学院创业园为大学生提供了非常好的创业实践机会，有助于在校大学生积累创业经验。

创业项目除了需要有场地，还需要有前期资金的投入。大学生毕业之后开展的创业事业也需要资金支持。因此，义乌农商银行为大学生量身定做了最长授信期限为两年、一次授信可循环使用的大学生"e 路通"创业贷款。这款贷款执行中国人民银行基准利率，简化烦琐的贷款手续，贷款申请人无须提供担保，同时具有随借随还不受限等多项优惠措施，解决大学生创业初期融资难题。通过扶持在校大学生创业，助力浙江省销售电商化、居民消费电商化以及各类服务电商化，使普惠金融走进义乌的大学校园。同时，义乌农商银行利用贷款的利息收入设立"义乌农商银行大学生创业基金"，重点扶持符合"电商换市"的大学生电商创业项目，形成提高资金利用效率、促进大学生创业、提高就业率的良性循环。

(资料来源: 作者根据 http://zjnews.zjol.com.cn/system/2016/03/24/021079415.shtml 及刘华英论文资料整理编写)

2.6.3　创业担保贷款

为响应"大众创业、万众创新"的号召，全国各地纷纷出台政策，开办创业担保贷款。很多地方规定的创业担保贷款的对象不仅包括个人，也包括小微企业。所以，创业担保贷款是指以具备规定条件的创业者个人或小微企业为借款人，由创业担保贷款担保基金提供担保，由经办此项贷款的银行业金融机构发放，由财政部门给予贴息，用于支持个人创业或小微企业扩大经营的贷款业务。

显然，创业担保贷款的受益面比大学生创业贷款要宽泛得多，放款额度一般也更高一些。

1. 创业担保贷款的政策要求

(1) 贷款对象。不同地区对创业担保贷款的贷款对象(即借款人)的界定范围不完全一样。以个人创业贷款为例，一般要求创业贷款申请人符合下列条件:

① 城镇登记失业人员、就业困难人员(含残疾人)、复员转业退役军人、刑满释放人员、高校毕业生(含大学生村官和留学回国学生)、化解过剩产能企业职工和失业人员、返乡农民工、网络商户、建档立卡贫困人口。

② 从事除建筑业、娱乐业、广告业、桑拿、按摩、网吧、氧吧等国家限制的行业以外的商贸、服务、生产加工、种养殖自主创业、合伙经营或组织起来就业的各类创业人员。

③ 除助学贷款、扶贫贷款、首套住房贷款、购车贷款以外，个人创业担保贷款申请人及其家庭成员自提交创业担保贷款申请之日起向前追溯 5 年内，没有商业银行其他贷款记录。

(2) 贷款额度。各地对个人创业贷款都设有最高额度限制，不过，各地经济发展水平不同，贷款最高额度也不同，并且也会不断调整。

(3) 贷款期限。个人创业贷款期限一般最长不超过 3 年，实行一年一贷，还完再贷。

(4) 贷款利率。个人创业贷款一般实行基准利率，或者规定上浮的上限，例如实行基准利率上浮不超过 1 个百分点。

(5) 财政贴息。对符合条件的个人创业担保贷款，财政部门一般会给予贴息政策。例如有的地区对 3 年内的创业贷款规定第 1 年给予全额贴息，第 2 年贴息 2/3，第 3 年贴息 1/3；有的地区则按照贷款利率的一定比例给予贴息，当然更多的地区是予以全额贴息。不过，全额贴息到 2021 年就将成为历史，根据财政部、人力资源社会保障部和人民银行 2020 年 4 月 15 日联合下发的《关于进一步加大创业担保贷款贴息力度 全力支持重点群体创业就业的通知》(财金〔2020〕21 号)规定，从 2021 年 1 月 1 日起，新发放的个人和小微企业创业担保贷款利息，LPR-150BP 以下部分，由借款人和借款企业承担，剩余部分由财政给予贴息。

⏰ 拓展阅读2-18

激发创业贷款活力 稳就业 战疫情

作为临沂市工业重镇，罗庄区面对新旧动能转换、企业退城入园等新形势、新任务，以及 2020 年突发的新冠肺炎疫情，迎难而上。罗庄区人社局打破原来仅有公职人员担保贷款瓶颈的制约，采取担保机构提供担保、信用良好的申请人由其家庭成员或其他人员向银行提供担保两种新模式，不但降低申贷门槛，提高贷款可获得性，而且简化贷款手续，加快放贷速度，切实解决借款申请人寻求反担保难的问题，激活了创业担保贷款工作。

罗庄区人社局积极联合银行，本着财政贴息、操作便利原则，采用"一套贷款手续、一个贷款流程、一站式发放"模式，率先开展"创贷＋商贷"套餐模式、"合伙人 45 万元"创贷模式，通过与各合作银行合作进行线上审核材料，与银行工作人员合作进行实地考察，贷款用户足不出户即可办理业务。罗庄区人社局对创业者进行信贷支持，用于扩大创业者生产经营规模的贷款总额度不超过 1000 万元，其中，可申请创业担保贷款最高为 300 万元。

例如，临沂市某有限公司 2020 年受疫情影响，在春节后复工时遇到很大困难，企业正为复产资金发愁时，罗庄区人社局联合临沂农商行开展"创贷＋商贷"套餐模式，为其发放创业担保贷款 300 万元、商业贷款 800 万元，助力企业及时购买所需原材料，帮助企业有序复工复产。

2019 年以来，罗庄区人社局新发放创业担保贷款 1.2 亿元，同比增长 636%，直接扶持创业 2100 余人，带动就业 5370 余人，为疫情防控期间全区企业复工复产提供了强大助力。

(资料来源：作者根据韩文思、张海娟的论文资料整理编写)

2. 高校毕业生申请创业担保贷款的条件

这里的高校毕业生也包括大学生村官和留学回国的学生。这类人群申请创业贷款一般需满足以下条件：

(1) 申请人应有合法、稳定的实体经营项目，且注册了经营者为本人的个体工商户营业执照(任何形式的企业均不符合贷款条件)；

(2) 经营地为借款人户籍所在地，且借款人有完全民事责任；

(3) 信用良好，无不良记录，无担保不良贷款(具体要求根据银行规定执行)；

(4) 持有高校毕业证书(且无社保缴纳记录)；

(5) 担保人应为1～2名公职人员，包括公务员、事业单位(医院、学校等)正式员工、国有企业(指电力、烟草、石油、银行、保险、电信、移动、联通、煤气、水务等国有企业)的正式员工。

3. 贷款流程

(1) 申请人持本人有效身份证件、户口本、结婚证、高校毕业证、征信报告、营业执照到户籍所在地人社部门申请创业担保贷款。

(2) 经人社部门审核通过后，人社部门和经办银行业务人员一同实地考察。

(3) 考察项目属实，申请人和保证人均符合银行准入条件后，银行与客户签订《借款合同》。

(4) 放款，申请人持本人有效证件到银行柜面办理放款手续。

(5) 还款，申请人应按照合同约定，按时足额还款。

(6) 贴息，贷款本息结清后，由经办银行向财政部门发起贴息申请，当地人社局、财政局进行审核。贴息申请审核通过后，贴息会分批转入经办银行，由经办银行转入借款人相应账户。

需要注意的是，各地一般均规定，创业担保贷款本金或利息发生逾期，财政部门有权不予贴息。

4. 申请贴息贷款流程中的关键点

(1) 具备真实、合法的享受政策优惠的实体经营项。

(2) 必须注册有申请人本人名下的个体工商户营业执照。

(3) 申请人、保证人均信用良好，符合银行准入条件。

(4) 申请人在还款过程中能履行合同约定，按时足额归还贷款本息，无逾期现象。

拓展阅读2-19

加大创业担保贷款贴息力度 为大众创业保驾护航

2020年4月15日，财政部联合人力资源社会保障部、人民银行印发通知，进一步加大创业担保贷款贴息支持力度，全力支持创业就业和复工复产。财政部有关负责人就此在回答记者提问时，阐明了此次政策的最大亮点和小微企业将由此获得的红利。

一是支持群体更多了。将受新冠肺炎疫情影响较大的批发零售、住宿餐饮、物流运输、文化旅游等行业的个体工商户，网约车司机、出租车司机，出租车、网约车企业或其子公司，以及对已享受创业担保贷款贴息政策且已按时还清贷款、在疫情期间出现经营困难的个人等，纳入支持范围。

二是小微企业进入门槛更低了。为适应当前小微企业新招工有限的现状，适当降低小微企业新招工人数占比要求。小微企业当年新招用符合创业担保贷款申请条件的人数与企业现有在职职工人数的占比，由20%下降为15%，超过100人的企业下降为8%，将有更多的小微企业符合政策支持条件。

三是贷款额度更高了。考虑到房租、工资等个人创业成本明显提升，将个人最高贷款额度由15万元提高至20万元。合伙创业的可根据合伙创业人数适当提高贷款额度，最高不超过符合条件个人贷款总额度的10%。

四是贷款期限延长了。为解决个人和小微企业流动性资金问题，对流动性遇到暂时困难的创业担保贷款，可给予展期，展期期限与国务院第83次常务会议关于中小微企业贷款阶段性延期还本付息有关要求保持一致，最长可展期至2020年6月30日。展期期间，财政给予正常贴息。对患新冠肺炎的借款人，展期期限可延长1年。

五是审批时间变短了。为提高贷款办理效率，推行电子化审批，逐步实行全程线上办理。逐步推行"一站式"服务，实行人社部门审核借款人资格、担保机构尽职调查、金融机构贷前调查"多审合一"，避免重复提交材料。要求办理时间原则上压缩在15个工作日内，并分别明确各部门、机构的具体办理时限，避免相互推诿，切实缩短审批时间。对不符合条件的，要求相关部门、机构在5个工作日内通知申请人并说明原因，一次性告知需补充、完善的手续和资料。

六是反担保要求取消了。新发放的10万元以下的个人创业担保贷款，以及全国创业孵化示范基地或信用社区(乡村)推荐的创业项目等优质项目，取消反担保要求。同时，鼓励有条件的地方对其他创业担保贷款逐步降低或免除反担保要求。

实际上，除了财政部等国家部委的统一部署，全国各地市也大都结合本地实际，不断改进、完善创业担保贷款。例如为鼓励市民创业，广东省东莞市从 2014 年起给予在莞创业者小额创业贷款贴息，为广大创业者提供有力的资金支持。2020 年，东莞市进一步优化了创业贷款政策，实施新修订的《东莞市创业贷款财政贴息实施办法》，为广大创业者提供更加有利的政策条件。

(一) 进一步明确贷款条件。在将非本市户籍人员纳入贷款范围的基础上，新方案还明确在提交贷款申请时，除助学贷款、扶贫贷款、住房贷款、购车贷款、5 万元以下小额消费贷款以外，本人及其配偶应没有其他未结贷款；创业者创办的创业主体属于失业保险参保范围的，必须按规定缴纳失业保险；贷款申请者未被人民法院列为失信被执行人或者被执行人。

(二) 进一步提升贷款额度。2015 年东莞市小额创业贷款的额度分为 5 万元和 10 万元两档，2017 年提升为 5 万元、10 万元、15 万元和 20 万元四个档次，2020 年进一步将创业贷款的最高额度提高到 30 万元，为创业者提供强有力的经济支持，借款人可根据创业需要向银行提出申请。

(三) 充分利用失业保险基金。为加大创业贷款支持力度，新方案明确在留足相当于上年度失业保险待遇支出总额两倍储备后，按不高于 10% 的比例，从滚存基金余额中安排资金用于创业贷款担保基金和贴息，具体提取比例根据当年资金需求确定。

(四) 加大监督管理力度。为确保财政资金使用安全、高效，新方案明确若贷款期间出现借款人提前结清贷款、变更法定代表人、结业等情况，经办银行应停止贷款。借款人如将贷款资金用于购买理财产品、保险、股票、房产等非创业用途的，由市人力资源服务中心负责向经办银行追回贴息资金，并向借款人追究相关责任。

在各级财政的支持下，据初步统计，2019 年全国创业担保贷款约发放 1000 亿元。随着疫情缓解、支持政策力度加大，预计 2020 年能够引导贷款发放额比上年增加 80%，将支持 100 万个个人创业者、1 万家小微企业，分别比上年数量增加 43%、52%。财政资金放大效应由上年的 41 倍提高为 73 倍。

(资料来源：摘选自 http://jrs.mof.gov.cn/zhengcejiedu/202004/t20200416_3499466.htm 和 http://czj.dg.gov.cn/czdt/content/post_3122633.html)

2.6.4　小微企业贷款

大学生创业，如果起步顺利，一般会从小微企业做起。小微企业一般都面临从正规的商业银行贷款困难的窘境。不过，近年来，国家不断加大对小微企业融资的支持力度，例如前述的创业担保贷款，小微企业就是受益者之一。在各类金融机构中，城市商业银行、农村商业银行、村镇银行、农村信用社和民营银行是对小微企业发放贷款的主力军。本小节以山东省某村镇银行为例，介绍其发放小微企业贷款的具体操作流程。

1. 相关概念

(1) 小微企业是小型企业、微型企业、家庭作坊式企业的统称，不同行业小微企业的标准不同，具体参照《统计上大中小微型企业划分办法(2017)》(国统字〔2017〕213号)中的规定。

(2) 小微企业流动资金贷款，是指银行向企(事)业法人或国家规定可以作为借款人的其他组织发放的用于借款人日常生产经营周转的贷款。

2. 流动资金贷款的借款人应具备的条件

(1) 借款人依法经工商行政管理机关或主管机关核准登记。

(2) 借款用途明确、合法、合理。

(3) 借款人生产经营合法、合规，经营项目符合国家的产业、土地、环保等相关政策，并按规定履行了各项固定资产投资建设的合法管理程序。

(4) 借款人具有持续经营能力，有明确的、合法的、充足的还款来源。

(5) 借款人信用状况良好，无重大不良记录。

(6) 符合银行发放贷款的相关条件：

① 在放款银行营业网点开立基本存款账户或一般存款户；

② 除信用贷款外，落实贷款人认可的担保。

3. 流动资金贷款的申请

借款人需要流动资金贷款，应当向银行提出书面申请，填写以借款金额、借款用途、偿还能力、还款方式等为主要内容的《借款申请书》，并提供如下资料。

(1) 借款人基本情况资料，主要包括反映借款人基本情况的营业执照、组织机构代码证、公司章程、税务登记证、特许经营许可证、有效贷款卡，以及法定代表人、主要负责人的身份证明等。

(2) 借款人生产经营情况资料，主要包括反映借款人生产经营情况的各类产销合同资料、有权机构核准的财务报表、财务报表主要项目明细、各类税费、水电费缴纳及工资发放资料等。

(3) 借款人申请贷款资料，主要包括贷款用途证明材料、股东会或董事会借款决议、担保人同意担保的承诺、各类授权文件、担保人担保资料以及抵(质)押物清单、权属证明等。

(4) 放款银行认为需要提供的其他资料。

4. 流动资金贷款的受理

银行的客户业务部、支行为流动资金贷款的申请受理部门，受理申请、资格审查与资料审核参照《××村镇银行信贷业务操作规程》执行，经办行同时需收集借款人贸易合同、协议、订单等业务材料。要求借款人恪守诚实守信原则，承诺所提供材料真实、完整、有效。

5. 流动资金贷款的尽职调查

银行客户业务部为流动资金贷款的调查部门，调查采取现场与非现场结合的方式，实行双人调查，并对其内容的真实性、完整性和有效性负责。

(1) 尽职调查的程序与方法。贷款尽职调查是通过调查掌握借款申请人生产经营状况、资产负债结构、发展前景和管理存在的问题，分析借款人的偿债能力和贷款潜在风险，为贷款决策提供准确的信息和依据。一般采取查阅有关资料与实地调查相结合、定性分析与定量分析相结合的方法开展调查。

① 查阅信贷管理系统、征信系统有关报告、资料和信贷档案，适当开展外延走访；

② 查阅借款申请人提交的有关资料和近三年的财务报表，并对各种资料和财务报表的真实性进行审核；

③ 深入实地，查阅客户有关报表、账簿，调查客户提交的有关资料是否真实；

④ 与客户主要负责人、董事会成员、监事会成员或者有关职能部门负责人、工作人员交谈；

⑤ 查阅提供的担保资料，实地查验抵(质)押物情况，走访保证人；

⑥ 测算贷款风险度。

(2) 尽职调查要点如下。

① 借款人的组织架构、公司治理、内部控制及法定代表人和经营管理团队的资信等情况。

② 借款人的经营范围、核心主业、生产经营、贷款期内经营规划和重大投资计划等情况。

③ 借款人所在行业状况。

④ 借款人的应收账款、应付账款、存贷等真实财务状况。

⑤ 借款人营运资金总需求和现有融资性负债情况。

⑥ 借款人关联方及关联交易等情况。

⑦ 贷款具体用途及与贷款用途相关的交易对手资金占用等情况。

⑧ 还款来源情况，包括生产经营产生的现金流、综合收益及其他合法收入等。

⑨ 对有担保的流动资金贷款，还须调查抵(质)押物的权属、价值和变现难易程度，或保证人的保证资格和能力等情况。

⑩ 按照以下方法测算借款人营运资金需求，初步确定流动资金贷款额度，并就金额、期限、利率、担保和还款方式等贷款要素提出初步意见。

第一，估算借款人营运资金量。借款人营运资金量影响因素主要包括现金、存货、应(预)收账款、应(预)付账款等。在调查基础上，预测各项资金周转时间变化情况，合理估算借款人营运资金量。在实际测算中，借款人营运资金需求量可参考如下公式：

营运资金需求量=上年度销售收入×(1-上年度销售利润率)×(1+预计销售收入年增长率)/营运资金周转次数

其中：

营运资金周转次数=360/(存货周转天数+应收账款周转天数-应付账款周转天数+预付账款周转天数-预收账款周转天数)

周转天数=360/周转次数

应收账款周转次数=销售收入/平均应收账款余额

预收账款周转次数=销售收入/平均预收账款余额

存货周转次数=销售成本/平均存货余额

预付账款周转次数=销售成本/平均预付账款余额

应付账款周转次数=销售成本/平均应付账款余额

第二，估算新增流动资金贷款额度。将估算出的借款人营运资金需求量扣除借款人自有资金、现有流动资金贷款以及其他融资，即可估算出新增流动资金贷款额度。

新增流动资金贷款额度=营运资金需求量-借款人自有资金-现有流动资金贷款-其他渠道提供的营运资金

所谓自有资金，是指企业为进行生产经营活动所经常持有，可以自行支配使用并无须偿还的那部分资金。

第三，需要考虑的其他因素。根据实际情况和未来发展情况(如借款人所属行业、规模、发展阶段、谈判地位等)分别合理预测借款人应收账款、存货和应付账款的周转天数，并可考虑一定的保险系数。

对于集团关联客户，可采用合并报表估算流动资金贷款额度，原则上纳入合并报表范围内的成员企业流动资金贷款总和不能超过估算值。

对于小企业融资、订单融资、预付租金或者临时大额债项融资等情况，可在保证交易的真实性以及确保有效控制用途和回款的情况下，根据实际交易需求确定流动资金额度。

对于季节性生产借款人，可按每年的连续生产时段作为计算周期估算流动资金需求量，贷款期限应根据回款周期合理确定。

6. 流动资金贷款的审查与审批

(1) 风险管理部授信、用信审查人员分别为流动资金贷款授信和用信的审查人员，全面审查流动资金贷款的风险因素，依据调查岗对企业营运资金需求的测算，综合考虑借款人现金流、负债、还贷能力和担保等情况，提出明确的审查意见。

(2) 风险管理部依据调查、审查结果，结合内部评级要求，确定授信额度，超授权的授信业务上报贷审会决策。客户业务部根据授信、用信审查情况进行审批或提交授信审查委员会审批。

7. 流动资金贷款的合同签订

贷款审批同意后，经办行应及时通知借款人、担保人进行合同商谈，签订书面借款合同、担保合同及其他相关协议。经办行参与合同商谈的人数至少为两人。

8. 流动资金贷款的发放与支付

银行可以通过借款合同的约定，要求借款人指定专门的贷款发放账户，贷款发放和支付应通过该账户办理。

银行应通过受托支付和借款人自主支付的方式对贷款资金的支付进行管理与控制。

受托支付是指银行根据借款人的提款申请和支付委托，将贷款通过借款人账户支付给符合合同约定用途的借款人交易对象。

借款人自主支付是指银行根据借款人的提款申请将贷款资金发放至借款人账户后，由借款人自主支付给符合合同约定用途的借款人交易对象。

9. 贷后管理

贷后管理的重点包括：

(1) 检查借款、担保手续是否合规，借款人是否按照借款合同规定的用途使用贷款资金，对未按借款合同规定用途使用贷款的，应查明原因并提出处置意见和建议。

(2) 检查借款人、担保人的资产和生产经营、财务状况是否正常，是否正常付息，主要产品的市场变化是否影响产品的销售和经济效益。

(3) 了解借款人、担保人的家庭、机构、体制及高层管理人员人事变动等重大事项，分析这些变动是否影响或将要影响借款人的生产经营和贷款安全。

(4) 检查抵(质)押物的完整性和安全性，抵押物的价值是否受到损失，抵押权是否受到侵害，质押物的保管是否符合规定。

(5) 检查借款人与关联人之间的关联交易是否正当，是否对银行的资金安全构成威胁。

(6) 其他需要检查的内容。

10. 企业授信所需提供的材料

(1) 借款企业所需材料：

① 授信申请书；

② 企业征信报告，法定代表人本人及配偶的身份证、结婚证、征信报告；

③ 经过年检的营业执照、开户许可证、机构信用代码证、法定代表人身份证、企业章程；

④ 申请日前一月财务报表和最近两年的年度财务报表；

⑤ 提供公司资产证明相关材料，如房产证、土地证、行驶证、存货明细、设备清单、应收账款欠条等；

⑥ 至少提供近 3 个月的人员工资明细、水电费发票；

⑦ 半年期银行流水。

(2) 担保企业需提供的材料：

① 企业征信报告，法定代表人本人及配偶的身份证、结婚证、征信报告；

② 经过年检的营业执照、开户许可证、机构信用代码证、法定代表人身份证、企业章程；

③ 申请日前一月财务报表和最近两年的年度财务报表；

(3) 抵押物：

① 抵押物相关证件；

② 抵押物评估报告。

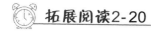
拓展阅读2-20

银税互动等多举措助力小微企业 普惠性小微企业贷款增幅显著

小微企业贷款难既阻碍着小微企业的发展，也牵动着各级政府的心。"银税互动"就是国家税务总局和中国银监会在2015年推出的一项意在解决小微企业融资难的创新举措。"银税互动"是指税务、银保监部门和银行业金融机构合作，帮助企业将纳税信用转化为融资信用，缓解企业融资难题的活动，自2015年推出以来为广大守信纳税企业获得银行融资发挥了积极作用。"银税互动"有三个方面的优势：一是精准地对接企业的需求。纳税企业只要有融资需求，银行就能精准对接；二是借助企业的纳税信息发放免抵押、免担保的信用贷款；三是灵活方便，在线上实现数据直联，客户可以直接进行线上申请、线上办贷。企业提出申请，如果符合条件，最快几分钟就可以拿到贷款。

2020年上半年，为应对疫情，特别是为方便小微企业和个体工商户，银保监会加大了"银税互动"业务的宣传力度，扩大了"银税互动"的受惠企业范围。从现在实施的效果来看，"银税互动"效果非常明显，到2020年4月中旬为止，"银税互动"业务的贷款余额是5732亿元，同比增长了74%；贷款户数75万户，同比增长了114%。也就是说，自2020年新冠肺炎疫情发生以来，一季度特别是二月份、三月份商业银行利用"银税互动"这个工具发放的贷款户数和贷款的额度大幅度增加，"银税互动"业务的贷款额增加了770亿元，贷款户数增加了12万户。应该说"银税互动"这个工具对缓解小微企业和个体工商户贷款难、贷款贵发挥了很重要的作用。

除了"银税互动"，各地以及各银行也都不断推出创新产品，支持小微企业发展。例如邮政储蓄银行江西省分行推出网商贷、小额极速贷、掌柜贷、E捷贷、再就业线上服务等产品，使小微企业贷款就像平常叫外卖一样，既快捷又方便；北京各金融机构竞相主动上门为小微企业提供贷款服务，使得借款人竟然感觉挑选哪家银行来贷款成为"甜蜜的负担"。

据银保监会数据显示，2020年上半年，银行业金融机构普惠型小微企业贷款同比增长28.4%，五家大型银行较年初增长34.6%。新发放普惠型小微企业贷款平均利率5.94%，较2019年全年平均利率下降0.76个百分点。

（资料来源：作者根据人民日报、农村金融时报及互联网资料整理编写）

复习思考题

1. 银行贷款有哪些种类？当你想从银行申请某类贷款时，不同银行的同类贷款利率是一样的吗？

2. 民间借贷利率有何特点？国家对民间借贷的利率保护上限是什么？

3. 什么叫金融租赁？它有哪些种类？

4. 金融租赁与融资租赁在我国有何区别？

5. 什么是典当？典当融资有何特点？典当的基本操作程序是什么？

6. 网络贷款就是指互联网金融吗？大学生申请网络贷款的风险有哪些？

7. 什么是 P2P？请介绍 P2P 在我国的运营情况。

8. 全国很多高校及各地市均设有大学生创业园。请调研你所在的高校或城市的大学生创业园，了解他们的金融支持项目、申请条件、操作程序等，你认为这些项目及资金支持计划符合当代大学生的需求吗？如果你想创业，你希望创业园能为你提供哪些帮助？

第 3 章
股 权 融 资

与传统的债权融资相比，随着金融市场的发展，股权融资成为越来越重要的融资方式之一。

3.1　股权融资概述

在本章伊始，让我们先了解一下什么是股权融资。

股权融资是指企业的股东让出部分企业所有权，通过企业增资的方式引进新的股东，同时使总股本增加的融资方式。

那么，股权融资与第 2 章讲的债权融资有什么区别呢？

3.1.1　股权融资与债权融资的区别

相对于债权融资来说，股权融资更加直接，它属于一种直接融资的方式。

(1) 股权融资所获得的资金，企业无须还本付息，其入股资金企业可以永久使用，并且新股东将与老股东一起分享企业的赢利与增长。债权融资是指企业通过借钱的方式进行融资，所以企业首先要承担资金的利息，还要在借款到期后向债权人偿还借入资金的本金。

(2) 股权融资的特点决定了其资金用途的广泛性，既可以充实企业的营运资金，也可以用于企业的投资活动。而债权融资的特点决定了其用途主要是解决企业营运资金短缺的问题，而不是用于资本项下的开支。

(3) 股权融资除了解决企业一定的财务资金问题，有时候也是企业发展过程中的资源互助活动，就是用投资企业的资源帮助被投资企业快速发展。而债权融资是纯粹的财务融资，借款方仅仅是融资企业的金主。

(4) 股权融资需要吸引新的投资者投资入股，而投资者肯定要多方面考量投资的风险、收益等问题，所以股权融资难度往往大于债权融资。

3.1.2　股权融资的渠道

股权融资的渠道主要有两大类：公开市场发售和私募发售。

1. 公开市场发售

公开市场发售就是通过股票市场向公众投资者发行企业的股票来募集资金，通常所说的企业的上市、上市企业的增发和配股都是利用公开市场进行股权融资的具体形式。

公开市场发售是大多数企业，特别是民营企业梦寐以求的融资方式。企业上市不仅会为企业筹集到巨额的资金，而且资本市场还会给企业一个市场化的价格，让企业的价值被市场认可。公开市场发售可以直接提高企业的知名度，对企业的发展来说，既能因品牌效应而给企业带来巨大的无形资产，也能为企业的股东带来实际的财富。

与其他融资方式相比，企业通过公开市场发售来募集资金有如下突出的优点：

(1) 募集资金的数额巨大；

(2) 原股东的股权和控制权稀释得较少；

(3) 有利于提高企业的知名度；

(4) 有利于利用资本市场进行后续的融资。

但因为公开市场发售的门槛太高了，所以只有发展到一定阶段，且拥有较大规模和较好收益的企业才有可能考虑这种方式。

与银行贷款类似，虽然在相关的法律和法规中找不到限制民营企业上市的规定，但在实际审批中，很多民营企业只能通过借壳上市或买壳上市的方式绕过直接上市的限制进入资本市场，通过未来的配股或增发来融资。

2. 私募发售

所谓私募发售，是指只针对特定人群来募集资金，并且不能公开做广告。一般公开市场发售的投资人可以是任何一个公民或企业，投资额度可以从几百元到数万元不等；而私募发售的每笔投资额都以万元为单位。

(1) 私募债券融资与私募股权融资。广义的私募发售包括私募债券融资和私募股权融资两种形式。

① 私募债券融资是指通过协商、招标等非社会公开方式，向与发行者有特定关系的少数投资者出售债权，并约定在一定期限还本付息的融资方式，其发行和转让都有一定的局限性。私募债券的发行手续简单，一般是私下进行，所以不能在证券市场上交易。购买私募债券的目的一般也不是转手倒卖，只是作为金融资产而保留。私募债券融资包括公开债券发行以外的各种借款，目前我国私募债券的投资者大多数为银行或保险公司等金融机构。

② 私募股权融资是指融资人通过协商、招标等非社会公开方式，向特定投资人出售股权进行的融资，包括股票发行以外的各种组建企业时的股权筹资和随后的增资扩股。

绝大多数股票市场对于申请发行股票的企业都有硬性条件要求，例如《首次公开发行股票并上市管理办法》要求公司上市前股本总额不少于人民币 3000 万元，大多数中小企业很难达到上市发行股票的门槛，因此私募发售便成为民营中小企业进行股权融资的主要方式。

在当前的环境下，私募发售是所有融资方式中，唯一一个民营企业比国有企业占优势的融资方式。私募发售的产权关系简单，不用进行国有资产评估。没有了国有资产管理部门和上级主管部门的监管，大大降低了民营企业通过私募发售进行股权融资的交易成本，并且提高了融资效率。近年来，私募发售成为经济活动最活跃的领域之一。对于企业，私募融资不仅仅意味着获取资金，同时，新股东的进入也意味着新合作伙伴的加入。如果新股东能成为一个理想的合作伙伴，那么，对企业来说，无论是当前还是未来，其影响都是积极而深远的。

注意，本章所讲授的私募是指私募股权融资。

(2) 私募基金。私募基金是私下向特定群体募集的资金。广义的私募基金包括私募证券投资基金和私募股权(private equity，PE)投资基金两大类。

① 私募证券投资基金是指以非公开方式向特定投资者募集资金，然后将资金用于证券投资，主要投资对象是在证券交易所流通的上市公司股票及其衍生品或其他有价证券。

② 私募股权投资基金是指以非公开方式向特定投资者募集投资资金，对非上市公司进行股权投资。需要注意的是，私募股权投资基金并不会长期驻扎于某一家其入股的公司，而是将筹集的资金作为股权入股到某一公司后，以股东身份介入该公司的经营和管理，使其快速发展，实现股权增值，然后转让所持有的股权，获利后退出。一般来说，私募股权投资基金的投资期限长则 8~10 年，短则 3~5 年，需要强调的是，无论是否获利，一般最后私募股权投资基金都会退出。也就是说，私募股权投资基金并不是想成为企业永久的股东，它们进入企业只是为了在一段时间内获取企业经营的红利。所以，私募股权投资基金在与想要投资入股的公司签订

投资协议时，往往会约定好退出的时机和方式。

3.1.3 获取私募股权投资基金投资的流程

私募股权投资基金是创业者获取资金的一个很重要的渠道，其投资流程如下。

(1) 初审。私募股权投资基金拿到创业企业的融资申请表或者商业计划书后，会凭借丰富的投资经验和敏锐的投资嗅觉，迅速捕捉到项目的盈利点，以此确定是否投资。

(2) 签订投资条款清单。投资条款清单是表达投资意向和合作条件的备忘录。如果私募股权投资基金对创业者的项目感兴趣的话，会与创业者进一步接触，更详细地了解创业项目的情况，达成投资意向，并就投资总额、投资价格、股权分配、红利支付、退出条款等签署一份较为详尽的清单。

(3) 尽职调查。私募股权投资基金公司在达成初步投资意向后，会聘请专业的律师、财务顾问等对拟投资对象进行包括法律调查、财务调查、业务调查、人事调查等在内的详细而全面的尽职调查，从而确定本次投资的投资风险和投资价值，以便做出相应决策。

(4) 谈判、正式签约。依据尽职调查的结果，如果私募股权投资基金认为创业者的项目值得投资，就会与创业者进行谈判，签订具有正式法律效力的投资协议，包括进入策略和退出策略，其中进入策略会具体列明进入方式，如股权转让方式、增资扩股方式。同时，还要修改创业企业的公司章程。

(5) 出资。私募股权投资基金按照协议向创业企业出资，成为创业企业的股东，完成工商变更登记手续。

(6) 投资后的管理。私募股权投资基金成为创业企业的股东后，会以股东身份行使股东权利。不过，私募股权投资基金一般不实际参与创业企业的经营管理，它们往往通过定期审查创业企业的财务数据等来协助企业调整发展战略，给予创业企业一些帮助和增值服务，例如提出一些经营管理建议、帮助物色高级管理人员、提供后期融资建议等。

(7) 退出。私募股权投资基金一般都是追求中期投资回报，不会长期停留在某一家公司，会根据协议约定的退出期限和方式选择适当时机退出，一般有上市、股权转让、清算等退出方式。对于私募股权投资基金而言，最好的退出方式就是帮助创业企业实现上市，一旦被投资企业上市，股价往往会成倍上涨，这时候私募股权投资基金的收益较高。私募股权投资基金以股权转让方式退出被投资企业则是一种相对灵活、操作简单的退出方式，一般可以根据投资目标和退出计划将手中的股权转让给创业企业其他股东或者员工，也可以转让给创业企业之外的其他投资者。清算退出应该是私募股权投资基金和创业企业最不想看到的一种退出方式，它意味着创业企业经营失败，既不能实现上市，也没有人愿意接受其股权，只能清算后解散公司。

私募股权投资基金的进入与退出如图3-1所示。

图3-1　私募股权投资基金的进入与退出

在私募领域，不同类型的投资者对企业的影响是不同的，目前我国比较活跃的私募投资者有天使投资、风险投资机构、产业投资基金和上市公司。

⏰ 拓展阅读3-1

私募资金加盟投资木材商，实现双赢

作为木制品的生产国和消费国，中国是全球木材产品贸易的主要参与者。中国的工业用材、纸浆和纸产品消费市场仅次于美国，位居世界第二，中国的木材和纸产品消费增加的潜力巨大。"十三五"期间，我国国内木材供求缺口依然巨大，增加木材进口是缓解这一矛盾的必然选择。

木材商林先生一家早在2005年便赴尼日利亚从事贸易零售批发生意，看到国内潜力巨大的木材市场，他们于2018年转型进行非洲原木进口生意。不过，做木材生意需要投入的资金

较多，于是林先生陆续通过银行贷款、股权融资等方式，成功获得了前期需要的投入资金1000万元。其中，100万元是申请的银行贷款，100万元是亲朋投资入股的，800万元是委托当地一家私募基金公司募集的。中国经济态势稳步高速增长，消费市场对中高档产品的需求日益扩大，特别是建筑房地产相关产业领域的装修市场，对中高档硬木装饰木材的需求会持续高速增长，投资木材进出口贸易将会有长期、稳固的利润回报和持续的发展空间。因此，基金公司在非常短的时间内就筹措资金投资入股到林先生的公司，并在公司发展过程中不断提出经营建议，陆续与自然资源丰富的北美、非洲、俄罗斯等地开展合作，极大地减少了资金的投入，提高了获利空间，私募基金公司与林先生的木材进出口公司很快就实现了双赢。

(资料来源：作者根据互联网资料整理编写)

3.2　天使投资

天使投资在私募投资中投资额度相对较低，是一种非常适合处于种子期和初创期创业者的融资方式。

3.2.1　天使投资与投资天使

显然，天使投资和投资天使是两个不同的概念。那么，什么叫天使投资？什么又叫投资天使呢？

天使投资一词最早出现于1978年的美国，是指拥有一定财富的人士，以获得一定股份作为回报，对他们认为具有发展潜力同时也具有较大风险的初创企业进行的一次性、早期的直接投资。我们称这些进行投资的人士为投资天使。直到今日，投资天使不仅包括进行天使投资的个人，也包括那些进行天使投资的机构。

天使投资属于私募融资中从个人投资者那里获取风险投资的一种形式。天使投资的前身是亲朋好友之间的一种民间借贷，也就是亲戚间的相互帮忙，由于彼此之间早已存在的信赖关系，打个欠条或口头约定就能拿到资金。后来，不少民间投资的项目获得了成功，不仅创业者自己取得了大量的财富，亲朋好友也能从中收获些好处，这让一些有商业头脑的人看到了市场前景，由此，原来的借贷转为投资获取分红，并逐渐形成了专门从事投资的公司。当然，也有一些学者认为天使投资属于创业者的第二轮投资。他们认为，创业者的首轮投资来源于家庭或亲朋，在创业者用完了家庭和亲朋的钱后，又没有获得风险投资机构、创业投资基金等正规的投资机构投资之前，天使投资在这个中间阶段介入。本书不反对这种说法，社会科学本身就鼓励百家争鸣、百花齐放，此处提出这种说法仅仅是为大家提供更多的思路。

投资天使的雏形就是个人投资者，他们与风险投资机构共同构成了一个国家的风险投资产业。最初，天使投资的资金都是投资天使自己的钱，而风险投资机构的资金则主要是机构投资者的钱。投资天使虽然投资的金额不大，一般在几万元到几十万元，但在大多数民营企业的初创阶段，这些钱却起了至关重要的资金支持作用。

投资天使一般都是企业高管或者成功的创业者，具有丰富的行业经验和专业知识。他们中有的人直接参与创业企业的日常经营管理，为企业提供商业计划建议、推荐高素质人才、提供网络资源等；也有的人只是作为股东关注企业的重大经营决策。投资天使既可能与企业的创始人有密切的私人关系，比如是企业创始人的亲朋、同学等，也可能跟企业创始人素不相识。而接受天使投资的项目大都处于概念阶段，尚没有任何实体。所以，投资天使是冒着极大的风险进行投资，随着企业的发展，他们获得相应的回报后，一般会退出对企业的投资。

一般初创企业的规模虽然很小，但是风险却很大，所以无论是通过银行还是通过各类风险投资等进行融资都很困难，争取获得天使投资就是初创企业最佳的融资模式。

🕐 拓展阅读3-2

与融资人预估值不一致，导致徐小平错失三次投资良机

创业者渴求得到投资人的青睐，同样的，投资人也在努力寻找优秀的创业者和有潜力的项目。在投融资过程中，投融资双方对项目的估值的差异往往是导致双方错失合作良机的重要因素。

项目估值或者企业估值是指对创业项目本身或创业企业本身内在价值进行评估。一般来讲，估值的高低取决于项目或企业的资产及获利能力。项目估值或企业估值是投融资和交易的前提。一家投资机构将一笔资金注入企业，应该占有的权益首先取决于企业的价值。

根据搜狐网站龚进辉的一篇文章可以了解到，中国最著名的天使投资人之一——徐小平，就因为不认同创业者的项目估值，认为创业者高估了创业项目的价值，从而错失或少投了资金，导致错过了三次赚大钱的机会。

第一次是柔宇科技。2012 年，柔宇科技 A 轮融资估值 3000 万美元，当时就想到只能去寻求天使投资，首选徐小平的真格基金。但柔宇科技融资估值与真格基金只投初创企业天使轮的理念相冲突，徐小平认为其天使轮投资额度太高而没有投资。2018 年，柔宇科技成长为估值 50 多亿美元的超级独角兽，这个典型的认知错误导致真格基金少赚好几亿美元。

第二次是 VIPKID。VIPKID 创始人米雯娟在寻找天使投资时，第一个找的也是徐小平。由于徐小平没有认真了解米雯娟的工作背景和能力，导致错过了投资 VIPKID 的最佳时机，这件事成为他的心头之痛。幸运的是，由于米雯娟对徐小平不离不弃的认同，真格基金在 VIPKID 以 1 亿美元估值融资时投了 100 万美元。

第三次是小红书。当时，徐小平与小红书创始人毛文超一见面就开出了 300 万元的估值，虽然后来谈到 500 万元，但这与毛文超预期的 800 万元估值仍有一定差距，后来另一个投资机构给了毛文超更高的投资，而真格基金因为估值问题在小红书天使轮只投了很少一部分。此后，飞速发展的小红书喜提 N 轮融资，让徐小平懊悔不已。

不过，无论徐小平怎样错失了这几次绝佳的投资机会，都无法抹杀他作为一个优秀的天使投资人的辉煌业绩和对创业企业的大力扶持。

（资料来源：作者摘编自互联网相关文章）

3.2.2 天使投资的模式

天使投资具体有哪些模式呢？目前，我国的天使投资大体分为以下 5 种模式。

(1) 个人投资模式，即投资天使就是自然人，一般是成功的企业家、职业经理人、非常成功的创业者等。例如李开复、薛蛮子、雷军、徐小平等，他们主要是一些比较成功的民营企业家。

(2) 团队投资模式，即由一些天使投资人组织起来，组成天使俱乐部、天使联盟或天使投资协会，一般由几十位天使投资人组成，可以汇集项目来源，定期交流和评估，会员之间可以分享行业经验和投资经验，例如中关村企业家天使投资联盟、上海天使投资俱乐部、深圳天使投资俱乐部、创想天使投资俱乐部等。对于合适的项目，可以对有兴趣的会员按照各自的时间和经验分配尽职调查工作，并可以多人联合投资，以提高投资额度和分担风险。

(3) 天使投资基金模式，即按照私募基金形式运作的天使投资，将零星的、分散的资金集合起来，并由专业的基金投资团队进行运作。一般是由基金发起人发起，向其他天使投资人筹措资金，组织团队，寻找或者考察创业者的投资项目，进行投资决策并进行全程管理。相对于个人投资模式，天使投资基金的财力、资源、团队等实力都要更为雄厚，经验更为丰富，投资成功率也更高。目前我国比较著名的天使投资基金主要有徐小平、王强创立的真格基金，李开复创立的创新工场，唐旭东创立的联想之星，蔡文胜创立的隆领投资等。

(4) 孵化器与天使投资融合模式。所谓孵化器就是一家公司，这家公司专门为初创企业尤其是科技型初创企业提供便利的配套措施、廉价的办公场地，甚至人力资源服务等，同时在企业经营层面也会给予入驻企业各种帮助。世界许多知名孵化器不仅孵化了知名企业，而且吸引了很多知名天使投资人加入，给创业者安排企业教练以及提供创业课程等创业辅导，对创业企业进行资金、场地、技术等全方位的支持。

我国目前的孵化器与天使投资融合模式具体又分为以下两种。

① 政府主导的孵化器与天使投资的融合模式。政府主导的孵化器属于非营利性的社会公益组织，孵化器的管理人员由政府派遣，政府为创业企业提供场地、配套服务以及初始的运营经费，再以优惠的条件吸引天使投资人入场，政府成为创业企业与天使投资人的中介。这类孵化器大都设立在高新技术开发区或创业产业园。

② 企业型孵化器与天使投资的融合模式。企业型孵化器就是按照市场化方式运作，追求保值增值，一般是孵化器直接参与天使投资或者孵化器本身主导着天使基金的设立，实现了孵化、投资、管理一体化。我国这种模式的典型代表有李开复成立的创新工场、北京中关村国际孵化器以及联想之星孵化器等。

(5) 天使投资平台模式。随着互联网和移动互联网的发展，越来越多的应用终端和平台开始对外部开放接口，使得很多创业团队和创业公司可以在这些应用平台的基础上进行创业。很多平台为了吸引更多的创业者在这一平台上开发产品，提升平台的价值，设立了平台型投资基金，对这一平台上有潜力的创业公司进行投资，据此形成了天使投资平台模式。

这些天使投资平台不但可以给予创业公司资金上的支持，而且可以给他们带来丰富的资源。一般来说，平台创业基金是由实力较为雄厚的企业发起的，为专门领域创业企业提供资金帮助的基金。目前，我国的平台创业基金主要有腾讯安全创业基金、联想乐基金、阿里云基金、新浪微博开发基金等。

3.2.3　天使投资的获取

虽然投资天使会为很多初创的企业带来"生命之泉"，但是，投资天使并不是真的"天使"，逐利是投资天使的本性。天使投资往往是投资于一个尚停留在概念期的项目或企业，只有打动或说服投资天使，才能获取天使投资。

1. 投资天使关心的问题

弄清投资天使关心的问题，才能在争取天使投资时更有的放矢。

(1) 项目团队的领袖有没有能力？项目团队，特别是创始人的学习、工作经历和能力是投资天使非常看重的一点。企业家才能对于一个企业的成功至关重要，所以投资天使会格外关注创业团队及团队领袖，尤其是团队创始人的各方面情况，特别是创业的经历，从而预估创业团队的能力。例如，徐小平的真格基金投资小红书，首先就是对小红书的创始人毛文超既有在著名咨询公司以及私募基金工作的经历，又正在就读斯坦福的 MBA 这些背景感兴趣。

(2) 项目提供的产品或服务是什么？投资天使会非常关注一个创业项目提供的产品或服务究竟是什么，这个问题需要创业者对市场进行大量的调研，非常了解潜在客户的需求，从而才能进行清晰的表述。

(3) 产品的目标市场是什么？有多大？对目标市场的定位意味着投资的风险，一个清晰的目标市场并且确实是能够打开的市场，投资才有可能获得效益。目标市场的大小决定了盈利的目标是否实际、何时能实现。

比如大家熟知的 ofo，最初就是北京大学几个在校本科生因为自行车总是丢失，就希望做一个防盗锁项目。当时创业团队拿着商业计划书去找天使投资人李晓光时，通过交流，双方确定将产品转为共享单车模式，目标市场就是环境相对封闭的高校。当时骑一次是 0.4 元钱，一天一辆车如果能被骑 6 次，就是 2.4 元。2015 年一辆车不到 300 元钱，基本一个学期就可以回本，一年可以赚一辆车，而且因为是预付款模式，垫款风险很小。只要在中国高校内把这种模式推广开，一年有可能实现 5000 万元的利润。因为当时就把这些思路理得很清晰了，所以李晓光立即进行了投资。

(4) 创业计划的步骤以及可执行性如何？要让投资人清晰地了解目前已经完成的目标、下一阶段的目标、达成目标的具体实施策略，项目的可执行性越强，就越容易争取到天使投资。

(5) 为什么要融入这些资金？如何利用？要提供精准的融资金额，并用具体数据来支撑这一金额的准确性。同时，要列出具体且尽可能详细的资金使用计划，一般筹措的资金都应该用于产品生产及市场营销。

(6) 创业团队已经拥有多少资金？投资人是谁？投资天使还会关注在找到他们之前，创业者做了什么，特别是在通过投资天使融资前，创业团队已经拥有多少资金以及资金的来源，这个信息可以帮助投资天使初步判断项目的可信度、可行性。如果创业者就是投资人，同时又有很亲近的朋友已经投资，那么很显然这个项目比没有任何投资或者只有创业者个人投资的项目更能吸引天使投资。

2. 获取天使投资的准备工作

假设我们现在已经组建了自己的创业公司，想要获得天使投资，我们应该怎么做呢？

第一步，组建创业团队。创业团队要分工明确，这是重中之重。

第二步，要有尽可能详尽的市场调研报告和商业计划书。商业计划书是吸引天使投资的第一把"金钥匙"。商业计划书中要尽可能将投资天使关心的问题清晰地阐述出来，并用数据说明项目的市场前景。一份商业计划书可以反映创业者的眼光、胆识、能力以及已经付出的努力，这些都是投资天使需要考察的。

第三步，善于表述。要练习演讲能力、表达能力，最好提前做好展示用的 PPT 等，以便在与天使投资人见面的时候更好地将自己的创业项目展示出来。

第四步，寻找投资天使。利用多种渠道去寻找投资天使。

(1) 通过朋友介绍。找相关的资源和朋友，通过他们的介绍去认识天使投资人或者机构。

(2) 毛遂自荐，直接上门去找自己心目中的投资天使，如图 3-2 所示。一般创业者都会有自己崇拜的项目所处行业的大咖，可以直接上门去说服对方投资；或者根据掌握的投资天使名录，自己主动上门去介绍自己的公司和项目，争取对方投资。

图3-2　毛遂自荐

(3) 参加创业活动，提高公司的知名度，吸引投资天使。

(4) 参加投资天使的聚会。投资天使会经常组织一些聚会，交流经验，寻找投资项目或合作机会，创业者可以去参加这类投资天使聚会，并尽可能找机会将商业计划书展示给他们。

(5) 利用中介。请公司里的法律顾问、财务顾问等帮助介绍投资天使。

拓展阅读3-3

小马驾驾依靠创新服务模式打动"天使"

小马驾驾是山东省青岛小马驾驾信息有限公司的简称，其创始人范永飞把小马驾驾定义为互联网公司，把该公司开发运营的如驿如意平台定位为互联网新零售平台。2018年，小马驾驾首先试水山东省轮胎领域竞争最激烈的临沂市场，仅一年时间，如驿如意平台便收获了近200家合作门店。2020年，小马驾驾获得了510万元的天使投资，估值1000万元。

众所周知，2020年的新冠肺炎疫情引发全球性的经济衰退，国内经济也一度呈现负增长，在这种经济环境下，投资天使堪称稀缺，那么，小马驾驾靠什么打动"天使"呢？

小马驾驾的制胜法宝就是创新服务模式。

如驿如意平台提出了"一次换胎，终身免费，全国联保，异地理赔"的服务理念，将轮胎作为引流入口。在市场竞争中，很多商家都将轮胎作为引流入口，甚至采取成本价销售轮胎的方式吸引客源，在轮胎板块常年亏损。而小马驾驾开发了一套算法，将轮胎行驶里程数、破损率、车主驾驶习惯、车龄使用年限、轮胎价格等数十个指标综合起来进行定量分析，采用数学建模的方法产生算法系统，如同保险精算一样，使轮胎板块的业务既能为车主提供超值的免费换新服务，还能保持盈亏平衡。小马驾驾在行业内第一个提出轮胎终身免费换新，而其通过自己开发的算法系统，在盈利与亏损之间找到了平衡点，将定价控制在保持盈亏平衡的标准上，并通过这种超值的轮胎服务与车主交上了朋友，扩大并稳定了客户群。

在发展规划方面，小马驾驾采取的是"农村包围城市"战略，先从三、四线城市布局，打牢基础后再向一、二线城市拓展。小马驾驾还提出了"免费铺货、工厂直供、平台包卖"的合作方案，合伙人卖出的轮胎可以免费补货，从根本上解决了轮胎经销商以及终端门店的资金压力，避免压货，在很短时间就收获近200家加盟门店。

与此同时，小马驾驾在保证如驿如意平台轮胎板块不赔钱的条件下，把未来的盈利点放在了其他车后养护板块上，平台将上线"共享冬季胎服务""极限越野胎服务""商务车轮胎服务"，以及汽车维护保养、美容清洗、汽车饰品、汽车改装、保险代理、违章处理、租车代驾、汽车测评、越野社区等服务。

(资料来源：作者根据2020年6月1日《青岛晚报》的文章整理编写)

3.2.4　天使投资中的3F

投资天使能为创业者提供最初的创业资金，帮助创业者"梦想成真"。不过，现实生活中，除了非常专业的投资天使，充当投资天使的往往是三类人，即3F(family、friend、foolish，亲友、朋友、傻瓜)。

大学生创业时最初的资金，大部分都是由父母或者其他亲友支持的。除了亲人，创业资金还有可能从非常亲密的朋友那里获得。除了亲友、朋友，好像只有傻瓜才会把钱送给一个陌生人——仅仅因为这个陌生人提出了尚处于纸面上或脑海中的一个可能会赚钱的设想。实际中，用傻瓜来形容投资天使，可以从两个角度来理解，一方面说明争取天使投资很难，另一方面也说明天使投资属于创业伊始阶段的投资，在还没有真正实现生产时，确实是仅仅凭借一个商业计划或设想去争取投资。

可见，获取天使投资的渠道在实际操作中相对狭窄，难度也较大。也正因如此，才需要每一个创业者进行大量而翔实的市场调研，精心策划项目，除了争取亲朋投资外，还要争取专业的投资天使，让其了解你、你的公司和你的项目，从而获取投资。我们要清楚一点：在争取天使投资的过程中，融资人本身的求学、实践经历往往和设计的投资项目一样重要，甚至有时由于项目的专业性制约，可能投资天使并不一定能非常了解这个项目，仅仅基于融资人求学背景、工作或实习经历而投出第一笔资金。

拓展阅读3-4

受益于天使投资的小红书

"小红书，标记我的生活！"现在，小红书在社交网络平台上可谓是大红大紫，作为一个海外购物分享平台，截至2018年年底，全球有超过1.5亿个年轻用户在小红书上分享吃穿玩乐买的生活方式，活跃用户超过3000万。小红书被李克强总理称为"发展最快的创业公司之一"。

小红书的崛起恰恰是受益于天使投资，而天使投资最初青睐于小红书则很大程度上来源于投资天使对小红书创始人毛文超的欣赏和信赖。毛文超良好的教育背景和工作经验使其在很多投资天使面前独具魅力。上海交大出身的他在毕业前便获得了贝恩咨询的实习机会，毕业后留在了贝恩公司，两年后他加入了一家私募基金公司开始从事投资工作，工作四年后拿到斯坦福大学MBA的录取通知书。他在求学和工作中积累了不少的经验与人脉，并且一直有创业的想法，他大胆、果断的人格魅力很受真格基金投资人之一关爱之的欣赏。在斯坦福求学时，他在一个小型分享会上积极发言，思路敏锐、清晰、独到，当时关爱之就承诺说，只要他创业，就给他投资。后来毛文超回国创业，与翟芳一起创办小红书。翟芳负责公司内部的组织管理，毛文超负责战略层面，两个人互相配合，目标是做成 100 亿美元以上的公司。后来在引进技术、扩宽渠道方面需要融资，他就想到了投资人关爱之，关爱之将他推荐给真格基金的创始人徐小平。凭借毛文超出众的个人魅力和市场经验，以及对公司的未来规划明确性和敏锐的市场洞察力，徐小平认为他可以成大事，愿意投资 500 万元给他，不过，当时毛文超的预估融资是 800 万元，便没有谈成。后来纪源资本投资人童士豪愿意赌一把，他认为投资可以解决小红书现阶段的问题，徐小平则只投了几个点。小红书最终融资 800 万元开始运转。

随着目标用户的不断扩大，内容选题越来越丰富，媒体宣传力度大，翟芳与毛文超内外合作协调使得小红书越来越火爆，腾讯云又为小红书提供了安全、可靠的商品，使得小红书得到了超多好评。2018 年，小红书又从多家天使投资和风险投资机构融资 3 亿美元，市场估值超过 30 亿美元。

(资料来源：作者根据互联网资料整理编写)

3.3　风险投资机构

天使投资一般是在企业初创期进行投入，风险投资则一般是在企业处于成长阶段时介入的，所以，风险投资往往在天使投资之后，额度也比天使投资更高，它将推动企业获得更快、更大、更广阔的发展。

3.3.1　风险投资

1. 风险投资的含义

风险投资(venture capital，VC)简称风投，又译为创业投资，主要是指向初创企业提供资金支持并取得该公司股份的一种融资方式。风险投资是私人股权投资的一种形式。

2. 风险投资与天使投资的区别

虽然风险投资和天使投资本质上都是私募股权投资，但在实际中还是有些不同。

(1) 天使投资一般发生在企业初创阶段，而风险投资往往处于企业初创成功并且开始发展的阶段，在天使投资的后面。

(2) 天使投资对企业或项目没有统一的、太高的要求，只要商业计划书能打动投资天使即可；相比之下，风险投资有更高的要求，它需要被投资企业已经具有了功能齐全的团队或良好的业绩。

(3) 天使投资额度一般较低，几万元到几十万元，最多为 500 万元；而风险投资的额度往往是千万元的量级。

(4) 天使投资的资金主要用于搭建团队，初始运营；而风险投资的资金则主要用于企业相对快速的扩张发展。

这么看来，风险投资对于实际操作有着更高的要求。

3.3.2　风险投资机构的概念及优势

风险投资机构是风险投资体系[①]中必不可少的机构，是连接资金来源与资金运用的金融桥梁。风险投资机构通过自有、私募、公募等方式获取了投资资金，然后再将这些资金投给创业企业。也就是说，风险投资机构是风险投资最直接的参与者和实际操作者，最重要的是它最直接地承担风险并分享收益。风险投资机构作为专业的投资公司，由具有金融、科技及财务相关知识与经验的“三合一”人才组成，通过直接投资获取公司的股权，提供资金给资金需求者(被投资公司)。

总之，风险投资机构就是追求资本增值的最大化，它们的最终目的是通过上市、转让或并购的方式，成功退出资本市场，特别是通过企业上市退出是最理想的方式。风险投资机构的资金大多用于投资新创事业或未上市企业，这类投资一般只是提供资金及专业上的知识与经验，以协助被投资公司获取更大的利润为目的，所以说这是一种追求长期利润的高风险、高报酬的“双高”事业。

以上特点决定了选择风险投资机构对于民营企业的几大好处：投资人没有控股要求；有强大的资金支持；不参与企业的日常管理；能改善企业的股东背景，有利于企业进行二次融资；可以帮助企业规划未来的再融资及上市渠道。但是，风险投资机构并非十全十美，它们主要追逐企业在短期内的资本增值，容易与企业的长期发展目标形成冲突。另外，风险投资机构缺少提升企业能力的管理资源和业务资源。

---

① 风险投资体系由投资者、风险投资机构、中介服务机构和风险企业构成。

3.3.3　国内风险投资机构简介

风险投资机构是 20 世纪 90 年代后期在中国发展最快的投资力量之一，它们能为企业提供几百万元乃至上千万元的股权融资。这里简单为大家介绍国内几家知名的风险投资公司。

(1) 深圳市创新投资集团，简称深创投，是以资本为主要联结纽带，以母子公司为主体的大型投资企业集团，于 2002 年 10 月正式成立。集团核心企业为深圳市创新投资集团有限公司，其前身为 1999 年 8 月 26 日成立的深圳市创新科技投资有限公司。深创投的主要股东包括深圳市国有资产监督管理局、深圳市星河房地产开发有限公司、上海大众公用事业集团股份有限公司、福建七匹狼集团有限公司、深圳市立业集团有限公司、广东电力发展股份有限公司、深圳市亿鑫投资有限公司、深圳市福田投资发展公司等。强大的股东背景汇聚了深创投超群的资本实力——35 亿元人民币注册资本，高达 100 亿元人民币的可投资能力，管理着外部 100 亿元人民币的资本，造就了中国资本规模最大、投资能力最强的本土创业投资机构。

(2) 君联资本，成立于 2001 年 4 月，原名联想投资，由联想控股总裁柳传志组建，由朱立南率领进入投资领域，并将联想控股的 3500 万美元作为第一期基金，联想投资由此诞生，属于联想控股旗下独立的专业风险投资公司。2012 年 2 月，联想投资更名为君联资本。君联资本的核心业务定位于初创期风险投资和成展期成长投资。目前，君联资本共管理 5 期美元基金、2 期人民币基金，资金规模合计逾 130 亿元人民币，重点投资于运作主体在中国及市场与中国相关的创新型、成长型企业。

(3) 经纬中国，成立于 2008 年，专注早中期投资，着眼于扎根中国市场的创业公司。经纬中国目前管理 4 只美元基金和 6 只人民币基金，总值超过 210 亿元人民币。经纬中国关注互联网及移动互联网领域，如交易平台、企业服务、金融科技、移动医疗、文化社区、新技术、消费升级、清洁能源等，投资的明星公司包括滴滴出行、陌陌、链家地产、饿了么、瓜子二手车、ofo 小黄车、猿辅导、暴风影音、宝宝树、世纪互联等。

(4) 中国文化产业投资基金，是由财政部、中银国际控股有限公司、中国国际电视总公司和深圳国际文化产业博览交易会有限公司共同发起成立，目标总规模为 200 亿元人民币，其中除了财政部出资 5 亿元外，还将吸纳包括私募股权投资机构在内的民间资本的加入。该基金项目的投资将封闭运行 10 年，前 5 年为投资期，后 5 年为退出期。中国文化产业投资基金主要采用股权投资的方式，投资新闻出版发行、广播电影电视、文化艺术、网络文化、文化休闲及其细分、文化及相关行业等领域，以引导、示范和带动社会资金投资文化产业，推动文化产业的振兴和发展，加快文化产业的发展，使其成为我国国民经济的支柱型产业。

(5) 华软资本，全称华软资本管理集团，成立于 2011 年，是一家聚焦国家战略新兴产业，以科技创投、并购投资和资产管理为主业的投资机构。集团总部设在北京，在上海、杭州、常州、深圳和香港设有分支机构，发起管理多期基金，成功投资并推动多家企业于境内外上市。

(6) 丰年资本，成立于 2014 年 11 月，专注于股权投资及资产管理，是国防科工局备案的具备保密资格的民营投资机构，也是国家军民融合公共服务平台重点推荐的科技投融资类服务机构。丰年资本的总部位于北京，目前管理基金规模接近 30 亿元。丰年资本拥有中国本土规模领先的高端制造及军工专项基金，以及国内实力卓群、规模较大、经验丰富的高端制造及军工产业投资团队，在成都、西安、武汉、上海、重庆、南京均有办事处及派驻人员，实现了配合五大战区的完整区域化布局。丰年资本投资了军懋国兴、博亚精工、中天引控、希德电子、常州昌力科技、瑞迪威、思丹德、西测电子、欣横纵、柳州达迪等 30 余家优秀的高端制造及军工企业，积累了大量项目储备，涉及武器、装备、系统、服务等各个领域。

3.3.4　风险投资的获取

因为风险投资和天使投资一样，都属于私募股权投资，所以，其获取的原则和一般方法与前述的天使投资的获取大同小异。不过，天使投资主要是投给处于创业期的企业，风险投资的投资对象主要集中在处于成长期以及成熟期的企业，这些企业为了获得风险投资，还需要做好以下一些事情。

(1) 强化融资企业或项目的独特性。风险投资总是偏爱创新性强的领域，因为创新在一定时期内可以形成垄断，能提供其他企业或行业没有的产品或服务，从而获得垄断利润。基于此，创业企业在进行创新时，要特别强化创新项目的独特性，使他人难以模仿或者短期内无法模仿与复制，这样才可以保障创业企业能够在较长的时间内拥有垄断利润，从而收获较大的回报。

(2) 重点而清晰地介绍企业的盈利模式。风险投资的目的是逐利，盈利模式是可以让风险投资机构看得着、摸得到的赚钱方式，把盈利模式说明白了，才能吸引风险投资。盈利模式是什么，如何快速增加客户，收入模式是否可以延伸、如何延伸……这些问题都得考虑。一般来讲，企业创业初期，盈利模式一定要单点发力，而随着企业的发展，盈利模式才能发展为多重盈利点。例如肯德基、麦当劳，刚创业的时候就是靠卖单一的汉堡来赚钱，后来才发展为多种快餐产品。

(3) 突出管理团队的优势。一个优秀的创业团队是创业成功、获利的根本保证。在风险投资机构眼中，一个好团队需要具备以下几个条件：负责市场开发、营销的人员是团队的主体，技术人员是辅助；团队成员合作时间较长，不会轻易出现分歧；团队中有一个领导者，这个领导者具有绝对权威；团队成员中有超过50%的人有一定的从业经验；团队成员具有良好的教育背景；团队成员没有不良的商业记录；团队成员都具备一定吃苦耐劳、开拓进取的精神；团队成员具有永不言败的精神等。由此看来，在争取风险投资的过程中，不仅要清晰地介绍创业团队的内部核心成员、外部核心成员，还要介绍这些成员拥有的经验、渠道、资源等。

(4) 创业者要有良好的素质和执着的追求。风险投资机构一般认为创业团队的"领头羊"是创业成败的决定因素，所以，创业者要足够优秀才能引领创业企业获得成功。因此，风险投资机构青睐具有坚持不懈的意志、丰富的人脉、一定的处世能力、清晰的语言表达能力的创业者，同时希望创业者能有一定的大局观，有过创业经验，最好是成功经验；具备一定的商业素养，对所处行业整体竞争情况十分熟悉；性格方面，为人直率；能力方面，具有领导能力，也就是说具备成为行业"领头羊"的潜质。最后，风险投资机构都希望创业者具有冒险精神和执着的精神。

⏰ 拓展阅读3-5

柔宇科技——创业者和风险投资的双赢

柔宇科技是研发、生产柔性显示屏的世界级著名企业，主要生产可以弯折的柔性显示屏。柔性显示屏具有柔软性好、不易损坏等优点，越来越广泛地用于智能家居、智能办公、机器人等领域，近年来发展势头迅猛。作为一家2012年开始创业的年轻公司，却能和创立十年甚至上百年的国际电子巨头相媲美，柔宇科技的成功不仅依靠自身的实力，同时也得益于资金的支持。风险投资者的加入不仅使柔宇科技飞黄腾达，也使投资者获得了高额的利润。

柔宇科技的创始人刘自鸿2006年到斯坦福大学攻读博士学位时开始进行柔性显示课题研究，2009年博士毕业后进入美国IBM公司纽约全球研发中心，继续从事柔性科技的研究工作。2012年3月，刘自鸿辞掉年薪50多万美元的工作，回到深圳留学生创业园开始创业。同年10月，刘自鸿在斯坦福大学参加会议，偶遇了真格基金的徐小平，秉持"投资就是投人"的概念，徐小平对刘自鸿的背景很感兴趣。但是徐小平在进一步的了解后，得知刘自鸿A轮融资就需要3000万美元，徐小平觉得风险太大，融资估值额度过高，又觉得柔性显示屏没有前途，便没有投资，错过了后来市值几千亿元的大公司。

高科技产品需要巨大的资金支持。2012年12月，在深圳海归人才创业大赛上，刘自鸿展示了柔性电子墨水黑白显示屏，在场的30多个投资人没有一个人听得懂。不过，松禾资本的厉伟、IDG合伙人杨飞两位风险投资人却完全被刘自鸿展示的科幻世界镇住了。他们凭借多年投资的敏锐眼光，认为刘自鸿的背景太强大了，完全可与百度创始人李彦宏有一拼。这样，最终国内的深圳创新投资公司和国外的松禾投资公司决定投资 3000 万美元，参股比例分别为 4.01% 和 5.21%。2012 年 12 月，柔宇科技在美国硅谷、中国深圳和香港同步启动运营。

因为巨大的盈利空间和市场开发潜力，公司在 2013—2018 年又吸引了四五十家投资公司，进行了 B、C、D、E 共四轮融资，总融资约 15 亿美元，除此之外，又通过债券融资约 5.6 亿美元。在此期间，柔宇科技自身也取得了不小的收获，盈利率高达 46.8%。

(资料来源：作者根据互联网资料整理编写)

3.4　产业投资基金

作为私募股权投资的一种重要形式，产业投资基金同样也是创业者在企业发展过程中可以争取的重要资金来源。

3.4.1　产业投资基金的相关概念

1. 产业投资

产业投资就是实业投资，是指为获取预期收益，用货币购买生产要素，把货币收入变成产业资本，形成固定资产、流动资产和无形资产的经济活动。它是一种对企业进行股权投资和提供经营管理服务的利益共享、风险共担的投资方式。

产业投资一般被认为最早起源于 19 世纪的美国，当时一些银行家、企业家、富有者将资金集聚起来，共同投资到石油、铁路、钢铁等一些新兴行业，那时候，这种将大量投资人的资金集合起来进行的实业投资便被叫作产业投资。

我国的产业投资主要有以下两类。

(1) 投资于创业企业的私募股权投资类产业投资。这类产业投资是以风险投资公司为代表，产业投资主体关注的是高风险、高回报投资。

(2) 投资于传统产业类的产业投资。这类产业投资密切关注传统产业，其目标是风险性较小、收益稳定的基础设施建设等投资。

本书介绍的产业投资主要指第一类，即与前述的天使投资、风险投资一样，同属于私募股权投资。

2. 产业投资基金

(1) 产业投资基金，就是一种把金融产品和产业发展相结合的新型资本运营模式，将募集的资金投给实业的一种基金。

在国外，产业投资基金包括创业投资基金、风险投资基金或者私募股权投资基金。在我国，国家发展计划委员会在 20 世纪 90 年代曾试图出台《产业投资基金管理暂行办法》，但未获得通过。在《产业投资基金管理暂行办法》中，将产业投资基金定义为：一种对未上市企业进行股权投资和提供经营管理服务的利益共享、风险共担的集合投资制度，即通过向多数投资者发行基金份额设立基金公司，由基金公司自任基金管理人或另行委托基金管理人管理基金资产，委托基金托管人托管基金资产，从事创业投资、企业重组投资和基础设施投资等实业投资。

很显然，从这个定义可看出，产业投资基金是从众多投资者手中获得资金，由基金公司自己或委托管理人对基金进行运用。产业投资基金其实就是一种私募股权投资基金。

(2) 政府出资的产业投资基金。国家发展改革委于 2016 年 12 月 30 日下发《政府出资产业投资基金管理暂行办法》，从 2017 年 4 月 1 日起正式实施该暂行办法。《政府出资产业投资基金管理暂行办法》将政府出资产业投资基金定义为：有政府出资，主要投资于非公开交易企业股权的股权投资基金和创业投资基金。同时明确：政府向产业投资基金出资，可以采取全部由政府出资、与社会资本共同出资或向符合条件的已有产业投资基金投资等形式。显然，政府出资产业投资基金只不过是在产业投资基金的投资人中增加了政府。

3. 产业投资机构

产业投资机构又叫策略投资者，他们本身就经营具体的实业，他们投资的目的是希望被投资企业能与自身的主业进行融合或互补，形成协同效应。

产业投资机构对民营企业融资的优势显而易见：具备较强的资金实力和后续资金支持能力；有品牌号召力；有业务的协同效应；在企业文化、管理理念上与被投资企业比较接近，容易相处；可以向被投资企业输入优秀的企业文化和管理理念。

当然，向产业投资机构融资也存在一些弊端：可能会要求控股；产业投资机构若自身经营出现问题，会影响对被投资企业的投资，影响企业的后续融资；可能会对被投资企业的业务发展领域进行限制；可能会限制新投资者进入，影响企业的后续融资。

3.4.2　产业投资基金的特点

产业投资基金有五大特点。

(1) 投资人多为生产制造行业的大企业或大企业集团。产业投资基金是一种以私募为主的集合投资，所以投资人都是资金实力雄厚、资本构成质量较高的大企业或大企业集团。

(2) 投资于实体经济，并体现了投资人自身企业战略发展的意图。产业投资基金的投资人中很多是实力雄厚的上市公司，它们在企业的发展中希望获得新的利润增长点，于是通过风险投资的形式投资新兴的、高成长的行业来获取资本增值的收益，并寻找企业未来发展的新动向。

(3) 投资期较长。产业投资基金投资的目的是通过转让股权获利，而被投资的创业企业只有发展到成熟期、实现上市或被收购，投资资金才能成功收回。因此产业投资基金的投资属于中长期投资，一般为 5～7 年，甚至可能长达十几年。

(4) 产业投资基金会积极参与企业的经营管理，但不会控制企业。和其他私募基金相同，产业投资基金不会实际操控被投资的企业，但会利用自身的管理经验、市场把控能力等给被投资企业建议。

(5) 在合适的时机通过各类退出方式退出，实现资本增值收益。产业投资基金是一种股权投资，虽然投资于实业经营企业，但基金本身不会从事某一特定实业经营，而是在获利后或者在恰当的时机退出，从而不断地进行新的企业或项目的投资。

3.5　上市公司

上市公司在私募融资中扮演怎样的角色呢？在我国，上市公司作为私募融资的重要参与者，有着极其特别的行为方式。上市公司投资创业企业或项目的主要方式就是出资创办投资公司或成立创业基金，然后通过投资公司或创业基金再投资于需要资金的创业企业或项目。很多上市企业都设立了自己的创业投资公司，例如红塔集团设立红塔创新投资公司，联想集团建立联想投资公司等。

上市公司设立投资公司，投资于创业企业，在我国有着特有的优势。

(1) 实现创业投资与产业投资的有效结合，帮助创业企业"茁壮"成长。上市公司及其股东大多具备丰富的产业运作经验和深厚的金融资本背景，有很强的产业基础和很高的行业地位，而且还有很强的投资、融资能力，拥有大量的具有科技产业工作经验的人才，可以帮助创业企业拓展项目和市场，获取更多的资金支持。

(2) 使上市公司获得新的经济增长点，提升业绩，促进股价上升。上市公司上市时募集了大量资金，参与私募时可以利用资金优势为创业企业注入"新概念"，与此同时，也使得上市公司自身获得了创业投资概念，有助于上市公司获得基金等机构投资者的关注和追捧，以及维持较高的股价和良好的市场形象。

(3) 能够顺利实现创业资本的循环。上市公司可以通过增发、配股等手段不断地从资本市场募集资金来收购其他创业投资机构培育成熟的项目，一方面，那些创业投资机构顺利实现了投资退出并解决了再投资资金来源问题，从而实现创业资本的良性循环和增值；另一方面，上市公司也得以并购一些前期经过创业投资机构精心培育的、运行良好且回报稳定的项目作为新的效益增长点，两者可谓各取所求、相得益彰。

(4) 借助对创业企业的投资，促进上市公司实现产业结构调整。一些有长远战略眼光的上市公司，看到了被投资企业广阔的市场前景和巨大的发展空间，也会对公司内部结构进行调整，把优点"发扬光大"。不过，需要注意的是，上市公司投资创业企业的时候，一般都会要求控股，以达到合并财务报表的需要。对这样的投资者，民营企业一定要十分谨慎，一旦出让控股权，又无法与控股股东达成一致的观念时，创业企业的发展就会面临巨大的危机。

以上分别对天使投资、风险投资机构、产业投资基金、上市公司等各种投资者进行了较系统的介绍，中小企业可以根据自身业务特点或经营方向进行选择。

复习思考题

1. 股权融资与债权融资有何区别？股权融资的渠道有哪些？

2. 了解私募股权投资基金的投资流程。

3. 什么是天使投资？目前我国天使投资的模式有哪些？

4. 如何理解天使投资中的 3F？

5. 投资天使关心的问题有哪些？

6. 选择风险投资机构进行融资有哪些好处？在努力获取风险投资的过程中需要注意哪些问题？

7. 什么是产业投资基金？有何特点？

第4章 众　筹

与传统的融资方式相比，众筹的应用领域更为广泛，只要是公众喜欢的项目，都可以通过众筹的方式获得项目的启动资金。在我国，2014 年被称为"中国众筹元年"，众筹为中小企业和初创企业解决融资难、融资贵的问题提供了新的渠道。

4.1　众筹概述

众筹是一种历史悠久的融资方式，随着互联网的发展，众筹在 21 世纪伊始再度获得快速发展，成为创业者获得资金的重要方式。

4.1.1　众筹的概念

2006 年，美国学者迈克尔·萨利文将众筹定义为：融资者借助互联网平台为其项目向广泛的投资者融资，每位投资者可从融资者那里获得预计产物或股权回报。

众筹的实质就是很多人出钱支持一个项目或企业。所以，众筹不一定非得像迈克尔·萨利文定义的，必须局限于互联网上，线下一样可以进行。无论线上线下，只要是向很多人募集资金都可以视为众筹，只是随着互联网的发展，现在的众筹大多是以互联网作为中介来进行的。众筹通过互联网有效匹配了资金的供给与需求，为初创企业提供了一种低成本的融资方式，可谓是对传统金融系统的一种重要补充。

众筹有三类参与者：项目发起人、项目投资人和众筹平台。

项目发起人，即筹资人，可以是一个人，也可以是一个组织或者团体。筹集资金是筹资人进行众筹的主要目的，同时筹资人也可以借助众筹增强社会曝光度和知名度，并得到关于产品或服务的反馈。

项目投资人，又叫支持者，是指为众筹项目提供资金的人，可以是普通的自然人，也可以是企业或投资公司。

众筹平台，为筹资人和投资人提供相互交流的场地，是投融资双方的资金中介和信息桥梁。众筹平台主要通过收取手续费获利。

4.1.2 众筹的发展历史

纵观历史，无论中外，早就有了众筹这种向大众募集资金的筹款方式。最早的众筹多为募捐性质，比如僧侣化缘募集修建寺庙的资金。又如 1884 年，为了庆祝美国建国 100 周年，法国和美国合作修建美国自由女神像，由法国负责筹集修建主体的资金，美国负责筹集建造底座的资金。美国用将每一位捐赠者的名字都刊登在报纸上的方式激发了民众捐款的热情，最终从 12.5 万人那里募集了足足超过 10 万美元的资金。捐款人从小孩到老人、从商界大佬到普通百姓，覆盖面十分广泛，大概是因为每个人都想在报纸上看到自己的名字。虽然参与众筹的人中，80%的人的捐款额都在 1 美元以内，但众人拾柴火焰高，最后竟募集了十几万美元，由此可见众筹的力量是多么强大。又如我国 2008 年发生汶川地震以后，全国几乎所有的单位、团体、学校等都组织起来为汶川人民捐款捐物，这些单位、团体、学校等就是捐款项目发起人，每一位捐款捐物的人都是项目投资人，汶川受灾群众便是项目的受益人，这种行为的本质就是众筹。

依赖于互联网的现代意义的众筹在全球的发展很迅猛。世界上最早建立的众筹网站是 2001 年开始运营的 Artist Share，被称为"众筹先锋"，由此开启了互联网众筹时代。近年来，众筹市场连年保持超高的增长速度：2013 年全球众筹市场规模为 51 亿美元，2014 年达到 167 亿美元，2015 年竟达到 344 亿美元。

中国互联网众筹平台的发展起始于 2011 年 7 月成立的国内第一家众筹平台——点名时间，此后，互联网众筹平台的发展如雨后春笋。据不完全统计，截至 2018 年 6 月底，我国国内上线过的众筹平台共计 854 家，已下线或转型的平台有 603 家，正常运营的平台有 251 家，仅 2018 年上半年就发起 48 935 个众筹项目，其中已成功的项目有 40 274 个，占比 82.30%。世界银行曾预言：到 2025 年，全球发展中国家众筹产业的规模将近千亿美元，其中中国众筹产业的规模将达到 460～500 亿美元。不过，随着监管趋严，我国正常运营的平台数量从 2017 年开始不断下降，到 2019 年 6 月份，运营中的众筹平台只有 105 家。

4.1.3　众筹的模式

作为快速发展的领域，众筹有很多分类的方式，目前比较普遍的认知是将众筹分为债权众筹、股权众筹、回报众筹、捐赠众筹和物权众筹 5 种模式。每一种模式运营的方式、适合的项目、目标人群都不一样，因此，创业者要把握好这 5 种众筹模式各自的特点，从中选择符合自己需要的、最适合自己的众筹模式。

4.1.4　众筹与非法集资的区别

任何一种形式的众筹都必须遵守相关的法律法规，发起众筹时，一定要注意避免变成非法集资。

非法集资就是单位或个人未依照法定程序经有关部门批准，以发行股票、债券、彩票、投资基金证券或者其他债权凭证的方式向社会公众筹集资金，并承诺在一定期限内以货币、实物或者其他方式向出资人还本付息或给予回报的行为。

1. 非法集资中非法吸收公众存款或者变相吸收公众存款的界定

根据 2011 年 1 月 4 日开始施行的《关于审理非法集资刑事案件具体应用法律若干问题的解释》，同时具备下列四个条件，就被视为非法吸收公众存款或者变相吸收公众存款：

(1) 未经有关部门依法批准或者借用合法经营的形式吸收资金；

(2) 通过媒体、推介会、传单、手机短信等途径向社会公开宣传；

(3) 承诺在一定期限内以货币、实物、股权等方式还本付息或者给付回报；

(4) 向社会公众即社会不特定对象吸收资金。

其中：未经有关部门依法批准，包括没有批准权限的部门批准的集资，或有审批权限的部门超越权限批准集资，即集资者没有经过依法审批，是不具备集资主体资格的；向社会不特定的对象筹集资金，不特定的对象其实就是指社会公众，并不是特定少数人，如果是在亲友或者单位内部针对特定对象吸收资金，则不属于非法吸收或者变相吸收公众存款。

2. 非法集资中以非法占有为目的的界定

具备下列条件之一的，就被视为以非法占有为目的：

(1) 集资后不用于生产经营活动或者用于生产经营活动的资金与筹集资金规模明显不成比例，致使集资款不能返还的；

(2) 肆意挥霍集资款，致使集资款不能返还的；

(3) 携带集资款逃匿的；

(4) 将集资款用于违法犯罪活动的；

(5) 抽逃、转移资金、隐匿财产，逃避返还资金的；

(6) 隐匿、销毁账目，或者搞假破产、假倒闭，逃避返还资金的；

(7) 拒不交代资金去向，逃避返还资金的；

(8) 其他可以认定以非法占有为目的的情形。

🕐 拓展阅读4-1

众筹做旅游 创造浏阳奇迹

湖南浏阳市张坊镇田溪村曾是湖南省级贫困村，而今一跃成为浏阳市乡村振兴、旅游扶贫的典范，2017 年获评"长沙市十大最具魅力旅游乡村"。田溪村成功脱贫并快速崛起，很好地体现了众筹的魅力。

"肩扛竹木养家，手持犁耙糊口"曾经是田溪村的真实写照，2014 年田溪村被评定为湖南省级贫困村，全村贫困户 212 户、贫困人口 723 人，贫困发生率 15%，是浏阳市贫困户、贫困人口数量最多的村。

2015 年 9 月 16 日，田溪村召开第一次众筹大会，会上宣布成立湖南西溪旅游发展有限公司，村民代表大会通过了《西溪磐石大峡谷风景区建设方案》(以下简称《建设方案》)，采取资金众筹、收益共享的模式，按照 1000 元 1 股、每户 2 股起的标准，鼓励农民以现金、土地山林流转租金入股，并规定：旅游公司经营收益的 15%作为自然资源分红，村民共同享有；10%作为村集体经济收入；5%用于解决临界户扶贫济困基金和环境保护、乡风文明奖励；70%按股金分配收益。《建设方案》既保障了土地所有权益，又兼顾了全体村民的投入能力，得到了全体村民的认可和支持。

从 2015 年到 2019 年 5 月 31 日，村民分期众筹资金 1100 余万元，开发了滑草游乐场、小水果采摘基地、大河田园景观、跑马游乐园、沿河休闲风光带、峡谷溯溪探险、玻璃桥及玻璃滑道等游乐项目，实现了景区品质的快速提升。

今天的田溪村引进了湖南农城旅游信息科技开发有限公司(农城微旅)，采用手机 App 网上订房的方式吸引外地游客，有效盘活农村闲置房屋的同时，带动了特色小吃、餐饮和农副产品的消费，也吸引了更多外出务工的村民返乡创业。乡村民宿的收益按照农城微旅 20%、西溪旅游公司 10%、农户 65%、乡村管理员 5% 的比例进行分配。

为了满足景区建设用地需求，田溪村村委会抓住土地制度改革试点的机遇，盘活部分贫困户搬迁后的空留住宅和近年来荒废搁置的宅基地，作为集体建设用地入市，引进项目建设。现在，景区内点状分布的 21 处 7800 多平方米宅基地已经成功引进社会资本，出让集体建设用地使用权 40 年，分三期共计投资 8000 万元开发建设集人文体验、生态康养、文化交流、休闲娱乐为一体的高端民宿项目，预计项目建成后可带动当地 60 余名农民就业。

西溪磐石大峡谷风景区自 2017 年 7 月开业以来，接待游客量已达 12 万余人次，门票收入 300 余万元，带动村民创收 1000 余万元。

众筹做旅游让这个昔日的贫困村发生了翻天覆地的变化，村容村貌改变了，民宿也从 2015 年的 1 家发展到 2019 年的 50 多家，每逢节假日，这里的民宿一房难求。

数据显示，截至 2018 年年底，田溪村已脱贫 202 户、691 人，贫困发生率降至 0.42%，全村人均增收 6000 元。

(资料来源：http://news.changsha.cn/xctt/html/110187/20190816/52456.shtml)

4.2　债权众筹

债权众筹实质就是借钱进行投资，只不过与传统的向金融机构或个人借钱不同，其债权人多为自然人，并且人数相对较多。债权众筹是各类众筹中操作比较简单、直观的众筹方式。

4.2.1　债权众筹的概念

债权众筹是指投资者对筹资人的项目或公司进行投资，获得一定比例的债权，未来获取利息收益并收回本金。通俗来讲，债权众筹就是我给你钱，你要还我本金和利息。

债权众筹本质上是投资者和筹资者双方按照一定利率和必须归还本金等条件出借货币资金的一种信用活动形式。《中华人民共和国合同法》第 196 条规定，"借款合同是借款人向贷款人借款，到期返还借款并支付利息的合同"，因此，从法律角度而言，债权众筹就是借款合同，投资者是贷款人，筹资者是借款人，投融资双方通常会约定借款种类、币种、用途、数额、利率、期限、还款方式、违约责任等内容。

4.2.2 筹资人的相关义务

众筹的投资人一般都是小额投资者，所以众筹的投资人主要是自然人，而筹资人通常是法人。

1. 筹资人的主要义务

(1) 依照约定的借款用途使用借款的义务。借款用途是投资者决定是否投资的关键，也是确保合同期满后，筹资人能否还本付息的客观要求。所以，如果筹资人没有按照合同约定的用途使用款项，投资人可以提前收回投资或者解除合同。

(2) 依约支付利息的义务。

(3) 依约返还借款的义务。

2. 投资人的主要义务

投资人的主要义务就是不得预先在投资款项中扣除借款的利息。

4.2.3 债权众筹的业务流程

(1) 项目前期准备。项目前期准备就是筹资人将筹资项目的创意、构思或想法做成方案的过程，即编写商业计划书，一般包括团队的初步组建、项目的市场调研、项目实施计划、市场预估、资金准备等内容。一个具有吸引力的项目方案对于筹资成功和项目成功具有很重要的意义。

(2) 筹资人选择适合自己的平台，并向众筹平台递交项目申请。众筹平台有很多，每个平台的声誉、平台类型、平台项目侧重点等会有一定差异，所以筹资人需要根据自身项目的特点和需求，选择适合自己的众筹平台，其实类似一个"量体裁衣"的过程。选择合适的平台后，筹资人根据平台的要求填写相关表格、递交项目申请。

(3) 众筹平台审核通过后，将信息发布到众筹平台上进行资金筹集。众筹平台要对项目的真实性、风险、筹资人情况等进行审核，审核通过后也可以对众筹项目进行一定的包装再在平台上推出，从而使众筹项目筹资进展更顺畅。

(4) 项目上线筹资，投资人注册会员并选择项目进行投资。投资人需要先在众筹平台注册成为会员，才能够浏览在该平台上线的项目，并选择心仪的项目进行投资。投资人也可以通过平台与筹资人直接交流、沟通，了解项目的具体情况，甚至可以对项目提出一些意见、建议。

（5）如果筹资成功，平台可以将所筹款项一次性交给筹资人，也可以委托第三方代管，将资金分期交给筹资人。如果筹资不成功，则需要将已筹集的资金退还投资人。

（6）筹资后项目运行。平台在筹资满额将资金交给筹资人后，一般可以寻求小贷公司担保，并对项目运行进行持续关注，监控风险。筹资人收到款项后，将资金用于项目运行，到期偿还本息。

4.2.4　债权众筹与P2P

1. 共同点

（1）交易属性相同。债权众筹与 P2P 的借贷双方都属于债权债务关系。

（2）交易平台性质相同。 根据互联网金融监管要求，债权众筹平台和 P2P 网络借贷平台都只能作为投融资交易双方交易的中介，不得从事自融，不得为投资人提供担保或保本保息，不得吸收公众存款，不得设立资产池。

（3）平台盈利模式相同。债权众筹平台和 P2P 网络借贷平台以提供知识信息中介服务为主营业务，所以它们的收入都是投融资双方成交之后的手续费收入。

债权众筹的业务流程如图 4-1 所示。

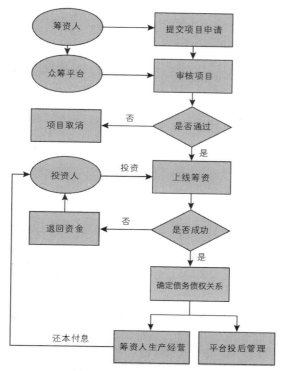

图4-1　债权众筹的业务流程

2. 区别

(1) 两者本质不同。债权众筹的本质是众人凑钱做一件事，向投资人募集项目资金；而 P2P 就是一个网络借贷平台。

(2) 投融资双方有差异。债权众筹筹资人是一个项目或企业，投资方是众多的投资人，以自然人为主，属于一对多的交易；P2P 则是一种个体对个体的理财交易模式，面向的对象是有资金需求和理财需求的个人，属于一对一的交易。

(3) 对筹资人要求不同。债权众筹的发起人没有身份、资产、背景、职业、年龄等限制，只要具备好的创意或项目，能够经过平台审核，就可以发起债权众筹筹资。P2P 网贷的筹资人通过有抵押或无抵押的方式，在 P2P 网络借贷平台上寻求愿意出借资金的投资人，所以为降低投资人风险，P2P 网络借贷平台对筹资人身份有一定的要求，平台会根据筹资人身份、资产、背景等条件设置一定的放贷比例。

(4) 筹资人筹资规模不同。银监会发布的《网络借贷信息中介机构业务活动管理暂行办法》规定，同一自然人在同一 P2P 网络借贷平台的筹资余额上限不超过 20 万元，在不同 P2P 网络借贷平台的筹资总额不超过 100 万元。而从目前债权众筹平台的实际操作情况来看，由于筹资人是企业，因此筹资额度大多数情况下都高于 20 万元。

(5) 投资人目的不同。债权众筹主要偏重项目及产品，也就是说投钱得债权，要取得的是筹资项目投入生产经营后获得预期本息的权利；而 P2P 则主要以获取收益为主，是投钱得钱。

(6) 投资人拥有的资产不同。债权众筹投资人众多，一般可以满足投资人的小额投资需求；P2P 主要面向大众，投资人往往属于有一定经济能力的人，满足投资人的理财需求。

(7) 投资期限不同。债权众筹一般注重投资的中长期收益；而 P2P 的投资期限都较短。

(8) 对筹资平台要求不同。虽然债权众筹平台和 P2P 网络借贷平台都是连接筹资人和投资人的桥梁，都是中介机构，但对于平台的要求也是不同的。众筹平台有两个方面的桥梁作用：一是对接风险投资机构与筹资人。众筹平台会将有发展前景的项目进行分类整理，对接给风险投资机构，引导筹资人与风险投资机构进行沟通，使筹资人获得较多资金的支持。二是对接筹资人与投资人，众筹平台会帮助筹资人将项目做得更加完善，从而吸引更多的投资人投资。所以，众筹平台更偏向于互相交换资源，而 P2P 网络借贷平台是直接与钱关联，所以要求其具有强大的风险控制能力。且为了降低投资人的风险，国家网络借贷的管理办法规定，P2P 网络借贷平台会在项目发起之前交付一定比例的风险准备金，这个风险准备金可以由筹资人支付，也可以由 P2P 网络借贷平台支付。当发生筹资人逾期或跑路等事件时，会先把风险准备金补偿给投资人。所以，P2P网络借贷平台需要负一定的责任，而不仅仅只是做一个桥梁。

不过，我国目前做债权众筹和做P2P的平台在实际运作中并未做出严格的区分。

4.2.5　债权众筹的风险及其防范

1. 债权众筹的风险

(1) 政策风险。目前，还没有出台专门针对债权众筹平台的监管政策，虽然从严格意义上讲，债权众筹平台属于网络借贷信息中介机构，应该受《网络借贷信息中介机构业务活动管理暂行办法》约束，但由于该办法所称网络借贷是指个体和个体之间通过互联网平台实现的直接借贷，也就是明确指向传统的P2P业务，而债权众筹是一对多的债权债务关系，该办法没有明确涉及。不过，从监管层对互联网金融加强监管的趋势来看，对债权众筹的监管一定会越来越规范和严格，从而进一步压缩相关众筹平台的盈利能力和生存空间。

(2) 资金安全风险。债权众筹平台一般涉及的资金数额较大，而且每个项目都有一个募集期，如果债权众筹平台没有引入资金托管方式或者监管部门未对资金托管进行明确规定和检查，那么众筹平台就变成了实质性的资金池，一方面可能会出现平台挪用资金产生道德风险，另一方面一旦平台运营出现问题，如果平台实际控制人卷款跑路的话，极有可能产生极大的资金安全风险。根据互联网监管要求，众筹平台不得设立资金池。

(3) 合同欺诈风险。从目前众筹平台实际运营情况来看，债权众筹平台都宣称有比较完善的风险控制流程，但由于债权众筹平台是信息中介结构，其依据法律法规及合同约定为投资人与筹资人提供直接投融资信息的采集整理、甄别筛选、网上发布，以及资信评估、借贷撮合、融资咨询、在线争议解决等相关服务，最终的风险是由投资人承担的。同时，平台收益主要来源于众筹项目成功后的手续费，所以在风险审核过程中很难做到像银行那样全面地关注筹资项目的真实性、可行性、营利性等，这就让筹资人有了虚构借款标的、发布虚假融资信息的机会。

(4) 合同违约风险。如前所述，一方面，众筹平台缺乏传统银行的风险控制人才和长期经验；另一方面，平台道德风险的存在，使得债权违约风险可能性加大。同时，债权众筹具有金额大、期限长的特点，这也在无形中加大了风险，而且这种风险很可能在借款合同到期、借款人(筹资人)不能还本付息的情况下才会暴露，有较强的隐蔽性。

上述分析的各种风险主要都是需要众筹平台或者投资人承担的，对于想获得资金的筹资人，最大的风险只是能否顺利筹得资金。

2. 风险的防范

(1) 监管部门要进一步完善监管细则,加强监管。

(2) 众筹平台要加强风控和信息披露。平台可以设立并执行严格的风险审核流程:甄选合作机构,合作机构筛选并推荐项目,项目经理收集详细的项目资料,风险监控部门全面审查,风险业务评审委员会综合评判,严格监管合规性和合法性,上线前再次审核确认,贷后管理。

(3) 引入保险公司或第三方担保机构对债权进行保证保险,分担违约风险。

(4) 投资者要树立风险意识并提高风险识别和承受能力。对于投资者来说,规避风险、保证自己资金的安全是其所需考虑的首要问题。

 拓展阅读4-2

乐钱网12小时内为某跨国企业完成债权众筹550万元

"为你的财务自由而生",这是债权众筹平台乐钱网的口号。2014 年 5 月 7 日 11 点,乐钱网推出了众筹项目 "某跨国企业非转基因粮油项目借款",并在 12 小时内完成募集。

该项目募资总金额 550 万元,年化收益率 14%,期限为 6 个月,由中企信用融资担保公司提供全额本息担保。

项目的融资投向为某跨国企业旗下的非转基因粮油进出口与加工企业,该企业位于中俄边境,注册资本金 1000 万元,是集进出口贸易、油菜籽收购和加工、菜籽油销售为一体的地方重点龙头企业,2013 年 12 月被当地市政府确定为俄罗斯进口油菜籽加工基地,完成二期工程建成投产后将成为东北地区最大的油脂加工企业之一。

据乐钱网对该项目用户投资金额所做的统计,用户投资的最大单笔金额为 50 万元;投资金额前十位的用户,共计投入资金 192.8 万元,占项目总募资金额的 35%。

在这个项目中,因为引入了实力雄厚的第三方担保企业,极大地提高了债权众筹成功率。

(资料来源:http://finance.china.com.cn/roll/20140508/2390736.shtml)

4.3 股权众筹

股权众筹在我国最早开始于 2011 年,2014 年和 2015 年股权众筹平台数量迅速增加,大量融资项目上线。股权众筹具有小额、公开、大众的特点,对促进创业、创新起到了较强的推动作用。

4.3.1　股权众筹的概念

股权众筹是指筹资人向投资人出让一定的股份，投资人投入相应的资金入股企业，成为企业的股东之一，获得未来收益。通俗来讲，股权众筹就是"我给你钱，你给我公司股份"。

2015 年 7 月 18 日，中国人民银行等十部门联合发布《关于促进互联网金融健康发展的指导意见》(银发〔2015〕221 号，以下简称《指导意见》)。《指导意见》第九条明确规定："股权众筹融资主要是指通过互联网形式进行公开小额股权融资的活动。股权众筹融资必须通过股权众筹融资中介机构平台(互联网网站或其他类似的电子媒介)进行。股权众筹融资中介机构可以在符合法律法规规定的前提下，对业务模式进行创新探索，发挥股权众筹融资作为多层次资本市场有机组成部分的作用，更好地服务创新创业企业。股权众筹融资方应为小微企业，应通过股权众筹融资中介机构向投资人如实披露企业的商业模式、经营管理、财务、资金使用等关键信息，不得误导或欺诈投资者。投资者应当充分了解股权众筹融资活动风险，具备相应的风险承受能力，进行小额投资。股权众筹融资业务由证监会负责监管。"

从上述规定可以看到，股权众筹很像股权融资的互联网化，但是由于规定中专门提及"通过互联网形式进行公开小额股权融资的活动""股权众筹融资方应为小微企业"，所以还不能将股权众筹完全等同于股权融资的互联网化，显然股权众筹的额度相对较低，而具体上限又没有明确的法律法规规定。另外需要注意的是，《中华人民共和国公司法》规定，非上市公司的股东人数不能超过 200 人；《中华人民共和国证券法》也规定，非公开发行证券的投资人不得超过 200 人。

在"大众创业、万众创新"的大潮中，股权众筹已经成为构建多层次资本市场的重要补充，是金融创新的重要渠道之一，也是中小微企业扩大发展的最常用的融资手段之一。

4.3.2　股权众筹的业务流程

与债权众筹流程相比，股权众筹的业务流程有什么不同呢？事实上，股权融资与债权融资的业务流程基本一致，只是具体操作中有一些差异。

(1) 筹资人向众筹平台提交的项目策划书中要写清筹资总金额及可让渡的股权比例。例如，假设某创业企业需要融资 50 万元，通过出让 20% 的公司股份获得这 50 万元。

(2) 筹资成功后，要确定的是投资人的股权分配方式，包括确定股份比例及股东相关权益。例如，刚才的企业在股权众筹平台上发布融资信息后，获得 10 个投资人的投资，筹资成功后，这 10 个投资人将按照各自的出资比例合计享有融资公司 20%的股权及对应的股东权益。

(3) 众筹项目运行后，投资人将按照项目约定获得股息红利及其他权利，如优先认购权、清算优先权、信息获取权、否决权等。

股权众筹的业务流程如图 4-2 所示。

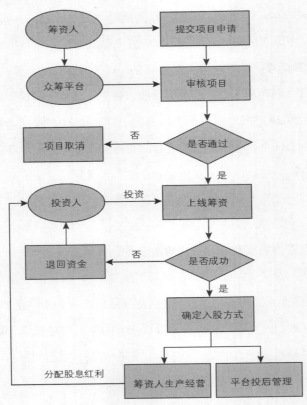

图4-2　股权众筹的业务流程

4.3.3　股权众筹平台运行模式

我国股权众筹平台主要有三种运营方式：凭证式众筹、会籍式众筹和天使式众筹。

1. 凭证式众筹

凭证式众筹指融资人通过互联网平台出售与企业股权捆绑的相关会员凭证来进行融资，投资人支付资金后取得相关会员凭证，该凭证直接与融资企业的股权挂钩。投资人拥有融资企业的股份，分享公司收益，但需要强调的是投资人不是该公司股东，不享有公司法规定的股东的权益。

最典型的凭证式众筹案例就是美微传媒于 2012 年和 2013 年在淘宝网上进行的两次销售公司股权的"网络私募"。

美微传媒创始人朱江，被称为中国"股权众筹第一人"。他毕业于英国南安普顿索伦特大学，曾任在美国纳斯达克上市的企业九城集团人力资源总监、优朋普乐科技有限公司公关总监、百度旗下独立视频网站奇艺网新业务拓展事业部副总，之后辞职创立美微传媒。创业之初，朱江缺少资金，又拿不到风险投资，于是想出了一个在网店中出售公司股权的方法来募集资金。2012 年 10 月 5 日，他在淘宝网上开了"美微会员卡在线直营店"，专门出售美微传媒的会员卡。购买者在淘宝网店拍下相应金额的会员卡后，除了享有订阅电子杂志的权益，还拥有美微传媒的原始股份。2013 年 1 月 9 日，朱江再次销售会员卡。这两次众筹都在几天时间内就完成了募集金额，参与众筹人数甚至达到 1000 多人。不过，因为这次众筹人数远远超过了证券法中的投资人数不得超过 200 人的规定，并且也不符合私募股权中不得公开向不特定人群募集资金的要求，所以最终被证监会紧急叫停。"美微会员卡在线直营店"在 2013 年 2 月 5 日关闭，并被要求将募集的资金全额退还给投资者。

因为凭证式众筹被很多人认为具有非法集资的可能，所以目前的股权众筹基本不再采取这种模式。不过，朱江开创的这种凭证式众筹为股权众筹的发展做出了创新和突破。

2. 会籍式众筹

会籍式众筹主要是指在互联网平台上基于共同的理念，通过熟人介绍汇聚在一起，采用同股同权的方式，通过出资直接成为被投资企业的股东。

投资人进行会籍式众筹，获得股息红利并不是投资人唯一的目的，这些投资人通过年度大会、季度活动、主题分享会等拓展人脉资源，让投资人之间、筹资人与诸多投资人之间有更多的交流和沟通，实现众筹平台筹资筹智的目标，创造额外的价值。

被奉为众筹经典案例的 3W 咖啡就是会籍式众筹的典范。

2012 年，3W 咖啡通过微博招募原始股东，每个人限购 10 股，每股 6000 元，相当于每人投资 6 万元。很多人并不是特别在意 6 万元钱，花点小钱就能成为一个咖啡馆的股东，还可以结交更多人脉进行业务交流，何乐而不为呢？很快 3W 咖啡汇集了一大批知名投资人、创业者、企业高管等，如沈南鹏、徐小平等，股东阵容堪称豪华。3W 咖啡引爆了中国众筹式创业咖啡项目，没过多久，很多城市都出现了众筹式的咖啡厅。

3W 咖啡是我国股权众筹在美微传媒凭证式众筹被叫停后软着陆的成功典范，具有一定的借鉴意义。通过这个案例也可以看到，投资这种会籍式的咖啡厅，其实很少有投资人是以营利为目的投资的，更多投资人在意的是该项目所提供的潜在的人脉价值、投资机会和交流价值等。

3. 天使式众筹

天使式众筹更接近天使投资或风险投资的模式，是股权众筹中最符合"私募股权互联网化"的一种运营模式。天使式众筹是指投资人通过互联网寻找投资企业或项目，付出资金后直接或间接地成为该公司的股东，同时投资人往往提出明确的财务回报要求。

与凭证式众筹、会籍式众筹两种众筹模式相比，目前大多数股权众筹平台都更多地采用天使式众筹模式。在这种模式下，根据众筹平台参与投资的程度又可以分为 3 种不同的运作方式。

(1) 信息中介型。这类众筹平台只是为投融资双方提供一个网络交流的场所，也就是为融资人和投资人搭建一个直接融资的桥梁，平台本身不参与投资，也不提供其他增值服务。对于项目融资人来说，平台会在每笔成功的融资中收取一定的服务费，而对投资人免费。信息中介型众筹平台经营者自身风险很小，当然其收益也相对较少。

(2) 投资管理型。这类众筹平台本身不直接参与项目的投资，但平台要发挥审核以及信息披露等作用，平台通过信用审核、项目筛选、保险制度等实现进场项目优质化，尽可能降低投资人风险，提高融资项目成功率。对于项目融资人和投资人，这类众筹平台都产生了某种程度上的代理效果。平台的盈利模式是只对融资人收费，对投资人免费，同时平台还可能收取一些尽职调查费、三方托管费、营销费和法律服务费等。

投资管理型众筹平台的风险和收益均处于中性。平台并不承担项目本身的风险，但因为需要为尽可能降低投资人风险而付出较多的费用，所以平台的运营成本会提高。不过，由于平台采用的是审慎经营的方式，很大程度上确保了入场项目的真实性和可靠性，久而久之会得到越来越多投资人的青睐，影响力会逐步扩大。

(3) 领投跟投型。这类众筹平台是指在发现优质项目后，平台自身率先进入，再吸引其他投资人。也就是说，这类众筹平台既是中介，也是投资人。这类众筹平台的风险较大，因为其不仅承担了平台运营的一般风险，还主动承担了项目本身的风险，如果项目失败，平台要承担较大损失。不过风险与收益同在，这类平台的收益也往往更高，因为一旦项目成功，平台作为项目的初始股东，股权和控制权溢价会带来巨大收益。另外，由于平台的"领头效应"，会给其他投资人以信心，从而使项目融资成功率大大提高，平台影响力也显著提升。

领投跟投型众筹平台的收益包括两部分：一部分是自身投资部分因项目运营成功带来的项目收益分成；另一部分是向跟投的投资人收取的手续费和管理费，即向跟投人收取的平台手续费和跟投项目收益提成。这类众筹平台一般不收取筹资人的费用。

当然，在现实中，股权众筹也没有特别严谨的分类，也有一些平台，虽然自身不参与投资，但其选择或推荐的投资项目大都采用领投跟投型模式，就是由知名投资人或投资机构作为领投人发起，同时其他投资人或机构作为跟投人一起跟进，共同完成对创业创新企业的投资。徐小平、雷军、红杉资本等都在积极扮演领投人的角色。跟投人向平台缴纳一定的管理费，再将收益的一部分以提成形式交给领投人。平台除了收取跟投人的管理费，还收取筹资人的服务费等。

在领投跟投型运作模式中，领投人通常会成立一个投资联合体。对于跟投人来说，只需要在每个投资项目中投入一小笔资金，就可以加入投资联合体中。借助投资联合体，跟投人可以充分利用领投人在挑选投资项目和投资后管理上的丰富经验来减少自己的投资风险，这比自己单独投资要好许多。而领投人可以通过这种方式撬动更多的资金，一般情况下，领投人在一个项目中可撬动的资金是自己投入资金的5～10倍，这可以让领投人用现有的资金投资更多的项目，不仅减少了领投人自身的投资风险，同时还能获得更多的跟投人收益的提成。同时，领投人可借机融入跟投人的社会圈子，为自己获得更多的社会资源和附加价值。因此，目前股权众筹大都采用的领投跟投型运作模式。

4.3.4　股权众筹与债权众筹的区别

了解了关于股权众筹和债权众筹的相关内容后，下面来比较一下它们之间的区别。

首先，回报形式不同。股权众筹的回报形式是股份，债权众筹的回报形式是债权。简单地说，股权众筹是凑钱做项目，最后大家分股份，当前市值越高，回报越高。债权众筹最后分的是债权，也就是本金和利息。

其次，风险与收益不同。股权众筹收益较高，但不确定性也较高，风险较大。债权众筹的债权人在项目清算时，有权先获得清偿，而且由于债权众筹一般存在抵押物或第三方担保，事先约定收益率，风险不确定性相对较低，收益也比股权众筹低。对投资人而言，股权众筹适合风险偏好高的投资人，债权众筹则更适合风险偏好低的投资人。

4.3.5　股权众筹与风险投资的区别

(1) 投资平台不同。股权众筹被称为私募股权互联网化，也就是说，股权众筹要通过互联网中介机构平台来进行；风险投资一般是投资人或投资机构直接对融资项目进行投资。

(2) 投资人不同。股权众筹的投资人除了领投人，一般是具备相应风险承受能力、能够进行小额投资的民众；风险投资中的投资人大多是专业的投资人或投资机构，他们比股权众筹投资人有更强的资金实力和风险承受能力。

(3) 投资人权利不同。股权众筹的大多数投资人不参与融资企业日常性管理，但是主要投资人，如领投人，应该参与公司事务管理；风险投资的投资人就是公司股东，一般都参与融资企业的经营决策。

(4) 融资人不同。股权众筹的融资人主要是创业企业或小微企业，通过股权众筹平台向投资人如实披露企业的商业模式、经营管理、财务状况、资金使用等关键信息，获取创业资金；风险投资的融资人虽然也多是以高新技术及其产品的研究开发领域的创业企业为主，但是并不局限于小微企业。

(5) 对融资人融资后的要求不同。通过股权众筹进行融资的公司，需要定期向投资群体发布项目进展、经营业务状况等公司生产经营的信息；风险投资的项目筹资人没有义务完全公布自己公司的内部信息。

(6) 融资的项目不同。通过股权众筹进行融资的项目多为难以在风险投资市场上获得资金的项目，股权众筹为这样的创业企业或项目提供了新的生机；风险投资更青睐已经获得一定发展、取得一定收益的较成熟的项目。在投融资市场上，股权众筹是对风险投资的一种补充。

拓展阅读4-3

众筹容易经营难，不以营利为目的的股权众筹注定是昙花一现

有位女性作家曾说，每个女孩内心深处都有一个开一家属于自己的咖啡店的梦想，只是把这个梦想变为现实的女孩少之又少。2013 年 8 月，66 位来自各行各业的"海归白富美"，每人投资 2 万元，共筹集 132 万元在北京建外 SOHO 开了一家咖啡店，名字叫 Her Coffee。

这些美女股东几乎都有国外名校的背景，大多就职于投行、基金、互联网行业，最初只是八九个人凑在一起想开个咖啡店，因为钱不够，于是又各自拉进来不少朋友，最后开了这家被称为"史上最多美女股东"的咖啡店。

Her Coffee 开业当天，影视明星李亚鹏，主持人王梁、李响，银泰网 CEO 廖斌等众多明星、企业家都前来捧场，好不热闹。

开业之初，这家咖啡店的股东们声称她们将会举办各种主题活动，以吸引创业女性来此聚集。可谁曾想，开业不到一年，就传出要关店的消息。事实上，Her Coffee 并非个案，长沙的一家吸纳了 144 个股东的众筹咖啡店和杭州的一家有 110 名股东的众筹咖啡店均在开业一年左右因为持续亏损而关门。有意思的是，所有众筹咖啡店的小老板们，在开店之初被问及如果今

后经营业绩不佳该怎么办时，几乎清一色回答："我们不以营利为目的。"在他们看来，众筹咖啡店不仅是一种新颖、有趣的创业形式，而且咖啡店本身所散发的小资情调和所具有的天然的交流平台的功能，才是他们最为看重的卖点。

只可惜"理想很丰满，现实很骨感"。不盈利并不代表能保证不亏损，不以营利为目的不代表亏钱了也无所谓。之所以不少众筹咖啡店在经营将近一年时传出面临倒闭的新闻，正是因为当初开店时众筹的原始资金只够第一年的费用，即装修、家具、咖啡机等一次性硬件投入和第一年的租金。假如第一年咖啡店持续亏损，则意味着咖啡店只有两条出路：一是进行二次众筹，预先筹集到第二年的房租、原料、水电、员工工资等刚性成本，继续烧钱；二是关门歇业，一拍两散。

事实证明，对大部分参与众筹的股东来说，"不以营利为目的"只是一种冠冕堂皇的高调子，毕竟砸进去的是几千元甚至几万元血汗钱，大部分股东还是希望咖啡店能赚钱并给自己带来投资回报，即使不赚钱，如果咖啡店能维持经营也行。但如果咖啡店持续亏损，那这个资金缺口谁来承担呢？第一次众筹成功依靠的是希望和梦想，当盈利希望破碎后，又有几人愿意再通过二次众筹往这个亏损的无底洞里砸钱呢？因此关门歇业成了最理性的选择。

(资料来源：https://www.sohu.com/a/60326533_359038)

4.4　回报众筹

从字面上理解，回报众筹就是投资者投资后需要回报的众筹。从这个角度来看，目前大部分的众筹都属于回报众筹，例如债权众筹、股权众筹均属于投资后需要回报的。不过，本节所讲的回报众筹则是狭义的回报众筹，不包括债权众筹和股权众筹。

4.4.1　回报众筹的概念

回报众筹也叫作产品众筹、实物众筹、奖励型众筹或权益型众筹，是筹资人用一种产品或服务作为回报，为企业筹集资金。它的本质就是预售一种产品或服务，这种众筹形式不需要借债或付出股权，投融资双方实际上只是买卖关系。通俗地讲，回报众筹就是我给你钱，你给我产品或服务。

需要注意的，本节所讲的回报众筹不允许以股权或者资金作为直接回报，也不能承诺给予投资人以任何资金上的收益，必须要以实物、服务或者其他创意产品等作为回报。

4.4.2　回报众筹的业务流程

回报众筹的业务流程如图 4-3 所示。

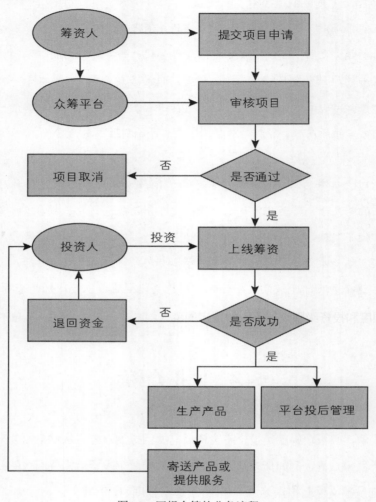

图4-3　回报众筹的业务流程

4.4.3　回报众筹的优势

(1) 提前锁定消费者。回报众筹属于"团购+预售",可以帮助筹资企业提前锁定并聚拢消费者。

(2) 募集生产资金,充实现金流。因为回报众筹是产品预售的形式之一,所以可以提前引导投资人即消费者入场进行融资,从而募集生产资金,充实现金流,有利于增强企业的市场优势与竞争力。

(3) 具有广告推广效应。回报众筹在打造具有特色的产品和服务时，提供了高附加值的产品或服务回报，通过投资人即早期消费者的相互介绍与口碑效应，免费实现了产品或服务的推广与品牌的传播。

4.4.4　回报众筹的风险及其防范

回报众筹在筹资过程中及筹资成功后可能会面临一些不同于其他众筹方式的风险，我们应该未雨绸缪，对此有清晰的认识并提前做好预防。

(1) 商业秘密泄露的风险。因为回报众筹就是预售产品或服务，所以必须在众筹平台上描述这一产品或服务，而要想众筹成功，产品或服务一般都是具有一定创意的。众筹平台上公布的项目允许任何人浏览，这也就意味着任何人都可以查阅筹资人的项目创意和构想、商业企划书和运营概况等，从而有可能造成商业秘密的泄露。对此，筹资人在公布项目时需要把握好尺度，进行项目描述时做一定的保留，比如只描述项目的一般情况和言简意赅地说明项目亮点，而不对具体产品或生产流程做介绍。筹资人也可以从众筹平台的角度设置分层级的信息浏览方式，根据投资额度和投资级别设置不同的项目浏览范围，使得不同投资额度和不同级别的投资人获得的项目信息不一样。

(2) 低价倾销的恶意竞争风险。回报众筹也面临着市场竞争，竞争对手的低价倾销行为可能使筹资人面临恶意竞争的风险。比如某筹资人发起一个创意项目时，恶意竞争者通过设定低于成本价的方式发起类似项目，从而不正当地抢占了市场。对此，回报众筹平台一定要对项目有严格的审核制度，要对筹资人资格进行审核并对项目做审查评估，以维持良好的市场竞争环境。

(3) 产品质量风险。回报众筹在发起时，产品往往还处于创意阶段，由于筹资人的创新能力、生产能力、项目描述、与投资人(即消费者)的沟通能力等都可能会与预期有一定的差异，造成消费者最终拿到的产品或得到的服务与众筹平台上展示的项目说明有一定差异，从而导致消费者认为买到的是伪劣产品。对此，一方面，筹资人在描述产品或服务时要尽可能客观、真实，同时要加强与投资人的交流与沟通；另一方面，作为回报众筹的投资人，对采用预付款形式购买的产品不要抱太高的期待，毕竟具有一定创意或创新的产品刚刚开发、生产出来，肯定或多或少地存在一些需要进一步提高或改进的地方。

(4) 产品延期风险。产品延期风险是指筹资人不能按照发起众筹时承诺的时间将产品或服务交付给投资人。对此，首先，筹资人应该对筹资期限、筹资成功后的生产期限做尽可能合理的预估；其次，如果生产中遇到问题，可能会影响产品下线时间时，则需要尽早与投资人沟通、解释，如果拖延时间过久的话，还需要考虑与投资人协商退赔条款，例如将众筹款退回或者赠送一些产品或其他实物形式的礼物，以消除产品延期造成的恶劣影响，维护自己的商业形象。

⏰ 拓展阅读4-4

花瑶竹酒——在淘宝众筹分等级回报吸引更多投资者

花瑶是一个独特而古老的瑶族分支，聚居在湖南省隆回县雪峰山的东北，地处海拔1300米左右的崇山峻岭之中。花瑶歌舞与挑花相对为世人所熟知，其中花瑶挑花已成为全国首批非物质文化遗产，但花瑶竹酒却鲜为人知。实际上，花瑶良好的气候环境造就了一片片绿葱葱的竹林。花瑶人以竹和树作为图腾，采用祖传秘方，以优质富硒大米为原料酿制原浆基酒，再将基酒灌注进活竹腔，让酒与竹在远离尘嚣的深山中一起自然生长，饱吸天地之灵气、日月之精华，酿制出了清香绵柔花瑶竹酒。为了让全国人民都能了解并品尝到具有民族特色的美酒，花瑶竹酒选择了淘宝众筹的方式。

淘宝众筹提出的营销理念就是"认真对待每一个梦想"，不论是卖家、买家、学生、白领、艺术家、明星，只要有一个想完成的计划(例如电影、音乐、动漫、设计、公益等)，都可以在淘宝众筹发起项目向大家展示。目前，淘宝众筹更多地支持初创团队的一些想法和个人发起的项目，包括还没完成制作、还没上市的一些创新的商品，淘宝众筹为消费者提供这样一个平台，如果有消费者喜欢则可以来投产。

花瑶竹酒属于生态农家特色的健康食品，价格不虚高，产品质量好，目标客户精准，众筹平台又帮助花瑶竹酒结合产品本身形象地描述产品的特色，阐明产品的创意、美好寓意所在(这是众筹时的加分项)，同时讲清楚给投资人(消费者)的回报，因此得到了很多投资人的关注。讲清楚回报可以更好地吸引人来购买，例如，花瑶竹酒此次淘宝众筹根据众筹金额分为八个等级，等级越高所赠送的私人订制奖品也越丰厚，有专属VIP服务，终身享受免费雕刻特权等。淘宝客户人人都可以参与，价格更优惠。

花瑶竹酒的众筹成功，既让筹资人、投资人认识到了民族特色农产品的发展很有前景，也使偏远地区民众开始重视发展互联网经济，带动了少数民族地区经济的发展。

(资料来源：http://bbs.paidai.com/topic/417329)

4.5　捐赠众筹

与众多的需要回报的众筹不同，捐赠众筹的投资人一般不图任何回报。那么，什么是捐赠众筹呢？捐赠众筹有哪些特点？流程又有哪些呢？接下来一一介绍。

4.5.1　捐赠众筹的概念

捐赠众筹也叫慈善众筹、公益众筹，是指投资人对筹资人的项目或公司进行无偿捐赠。

捐赠众筹的投资人即捐赠人(又称项目支持者)对某个项目提供资金支持，更多地希望在精神层面有收获，捐赠人几乎不会在乎自己的出资最终能得到多少经济回报。所以，现在的捐赠众筹多服务于公益事业，就像朋友圈中发起的"水滴筹"等活动。与传统的募捐活动不同，捐赠众筹模式通常是为某一特定项目募捐，捐赠人因为知道募捐款项的具体用途，从而更愿意捐赠并可能会捐赠更高的数额。

4.5.2　捐赠众筹的特点

捐赠众筹的主要特点如下。

(1) 以公益项目为主，资金用途明确。绝大部分捐赠众筹都是非营利的，多是为了帮助社会的弱势群体或者遇到突发困难的人员而进行的捐赠行为，也有些捐赠众筹是为了保护环境、保护小动物等。在这类项目中，每一项捐赠都是捐赠人在了解了项目目的后提供的资金帮助，所以资金用途非常明确。

(2) 门槛低，汇聚大众力量。因为捐赠众筹不求回报，所以捐赠众筹对筹资人资质要求较低，筹资人既可以是遇到困难的某个人，也可以是做捐赠众筹的平台或者做捐赠项目的基金会。此外，对于捐赠众筹的捐赠人的要求也很低，捐赠额度一般不设下限要求，具有积沙成塔、集腋成裘，汇聚大众力量的特点。

(3) 设立筹款期限和筹款目标以及筹资超额后的处置办法。捐赠众筹一般都会写明募集资金的期限、额度，同时因为有些公益项目会得到众多捐赠人的捐助，出现筹款期内筹款总额超出筹资目标的情况，为此，在设立捐赠项目时，一般会对超额部分的处置做出事先的安排及说明，或者在筹资期结束后做出安排及说明。

4.5.3 捐赠众筹的运行方式和业务流程

1. 运行方式

捐赠众筹一般有三种运行方式。

(1) 由项目发起人通过众筹平台发起公众募捐。例如，目前水滴筹平台中有很多遭遇重病的贫困家庭以病人或病人家属作为筹资人发起的募捐。

(2) 由公募基金会作为发起人，代替有资金需求的一方，以基金投资的方式向公众发起募捐。公募基金会是指面向公众募捐的基金会，分为全国性公募基金会和地方性公募基金会。由于公募基金会公共性强、涉及面广，中国政府对公募基金会的审批管理很严格，一般很难获得批准。根据基金会中心网的数据，截至 2019 年 2 月 17 日，全国有 1609 个公募基金会，绝大多数由政府主动发起，属于典型的官办慈善机构。例如，中国青少年发展基金会、中国扶贫基金会、中国红十字基金会、各省的红十字基金会等都属于公募基金会。

(3) 由第三方机构发起项目，并完成项目的证实与认领，捐赠众筹平台仅发挥纯平台作用。例如很多非政府的慈善基金，如李连杰创立的壹基金，李亚鹏和王菲倡导、发起的嫣然天使基金，关注尘肺病人的大爱清尘等都属于这一类。这些基金作为发起人不定期地向公众募集资金，然后将资金分配给需要帮助的特定人群。

2. 业务流程

捐赠众筹的成功运行一般要经过四步。

(1) 发起人向相关众筹平台提交项目申请。

(2) 项目平台对捐赠众筹项目的发起人、项目真实度等进行审核。这个审核程序可以确保捐赠众筹项目的真实性，并据此确定筹资额度。一般情况下，平台会要求发起人提供发起人资料、被捐赠对象的相关资料等。

(3) 项目审核通过后，平台发起募集。

(4) 执行项目。将募集的捐赠款送交被捐赠人，或者直接将款项根据治疗情况拨款至治疗的医院，或者在平台上反馈救助情况并结项。

捐赠众筹的业务流程如图 4-4 所示。

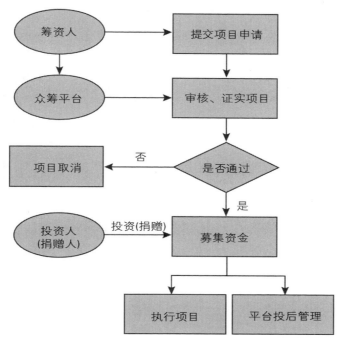

图4-4　捐赠众筹的业务流程

4.5.4　捐赠众筹成功的要素

想要让捐赠众筹取得成功，有哪些工作必须要完成呢？

1. 做好项目策划

无论是个人发起的捐赠众筹还是公募基金或第三方机构发起的捐赠众筹，要想顺利完成筹资目标，做好有针对性的、有特色的项目策划都是很重要的。项目策划具体包括以下三个要素。

(1) 项目要真实，通过真实的文字、图片、视频等资料激发公众的善心，打动捐赠人。

(2) 利用商业思维来设计产品。目前，活跃在各种网站上的用户大都是年轻人，年轻人喜欢新鲜事物，注重创意。针对这个特点，在设计公益产品的宣传点时，可以借用商业思维。例如，由腾讯发起的"为盲胞读书"公益项目于 2015 年 8 月 25 日在微信上线，该项目旨在为盲胞提供一种新的阅读解决方案，微信用户只要打开"为盲胞读书"微信公众号，就可以使用语音功能朗读一段由系统推送的文字，或者随手拿起手边的书朗读自己喜欢的段落，微信后台会把这些语音文件收集起来，对声音进行处理，制成有声书，供盲胞收听。"为盲胞读书"微信公众号上线仅 10 天，粉丝就增长近 40 万，收到超过 130 万条语音捐献。微信活跃用户 5 亿，每人捐献一分钟，汇聚起来就是一股巨大的公益力量。虽然"为盲胞读书"项目后来因受到是否符合盲人需求、如何引导盲人使用等质疑而终止了，但这种发现用户需求、提供相应产品的商业思维模式用于捐赠众筹的设计是值得借鉴的。

(3) 提供一些有趣或实惠的回报吸引捐赠人。例如2017年五一劳动节期间，上海曹安医院举办了"劳动无价 关爱有形"活动，为帮助血管瘤贫困患者欧梦瑶小朋友发起募捐。为了吸引更多的人捐款，曹安医院承诺个人捐赠款项达到5元及以上的，医院会给捐赠人做免费体检作为感谢。

2. 选择适合的平台

捐赠众筹平台可分为专业平台与综合平台。目前，国内95%的公益项目都来自综合性的众筹平台，例如淘宝众筹中的公益频道、腾讯推出的网络捐款平台人人公益、支付宝上的爱心捐赠平台等。不过，无论是专业的捐赠平台还是综合性的捐赠众筹平台，都有其自身的运作模式、平台手续费、项目发起条件等要求。因此，公益人士在众筹平台上发起项目时要慎重，选择一个最适合自己的平台。

3. 抓住大众关注点

抓住大众的关注点或者结合社会热点，可以很好地提高捐赠众筹的成功率。例如，2015年8月12日天津塘沽的大爆炸牵动着全国人民的心。在这场灾难中，除了许多普通百姓遭遇不幸，还有100多名消防员牺牲了。中华社会救助基金会作为发起人在京东众筹网上发起捐赠众筹项目，希望能帮助这些牺牲的消防员的家庭。该项目的众筹目标为10万元，在一个星期内就得到了2410名捐赠人的支持，众筹到了115 782元善款。

4. 善于利用发起人本身的影响力

发起人本身的影响力可以提高捐赠项目的知名度，从而提高捐赠众筹的成功率。许多公益基金都是由著名的影视明星、体育明星等发起。例如，姚明发起的姚基金成立于2008年，致力于助学兴教、促进青少年健康与福利等各种社会公益慈善活动；又如李连杰发起的壹基金、李亚鹏和王菲发起的嫣然天使基金等。

2020年年初，新冠肺炎疫情暴发，由韩红发起的韩红爱心慈善基金会在2020年1月31日就筹集了1亿多元的募捐款，足以反映韩红自身的影响力和这个基金会的公信力。

5. 项目发起人与捐赠人充分交流

捐赠众筹可以采用网络平台、线上与线下互动等方式加强捐款者和募款者的互动，有助于公益项目和参与者形成更加紧密的联系，使融资项目更顺利地开展下去。

⏰ **拓展阅读4-5**

在熟人圈发起捐赠众筹　更易于快速完成筹资

某市外国语学校一名正在读高二的女孩突发重疾，需要进行脑部开颅手术及后续治疗，手术费用巨大。这个女孩生长在一个单亲家庭，她的母亲是某高校的行政人员，工资收入不高。女孩的母亲在同事的帮助下，在水滴筹上发起筹款，目标 50 万元。女孩的母亲所在高校的老师们在很短的时间内了解了这件事，也看到了关于这个女孩病情的详细介绍，所以纷纷捐款，并积极转发到各自的学生群等，仅仅三天时间，就完成了筹款 50 万元的目标。

项目真实、对病情介绍详细、激发捐赠人的同情心、在熟人圈进行募集，这个捐赠众筹的成功体现了捐赠众筹成功实施的几个要素。

(资料来源：作者根据实际调研编写)

4.5.5　捐赠众筹存在的问题及规范

虽然捐赠众筹在很多时候能给有困难的人"雪中送炭"，但是也存在着方方面面的问题，这些问题可能会给捐赠人带来困扰并使其失去对社会公益的那一份热爱，所以要认真分析这些问题并寻求相应的解决方案。

1. 存在的问题

作为一个不需要筹资人向投资人给予任何回馈的纯公益性的众筹项目，在运行中可能存在以下问题。

(1) 个人捐赠众筹缺乏有效监管，项目信息虚假。捐赠众筹为遇到困难的人提供了一个很好的寻求他人帮助的机会，但这也容易引起某些道德败坏的人利用公众的同情心，编造事实或者故意隐瞒自己的资产情况，以达到圈钱的目的。例如 2016 年轰动一时的深圳罗一笑事件，当时深圳某杂志社主编发表了一篇《罗一笑，你给我站住》的文章，介绍女儿罗一笑与白血病斗争的经过，为女儿治病筹资。而后经查，该主编承认他和深圳小铜人金融服务公司"合作"，通过个人发表文章和微信公众号进行募捐，共募集资金 270 万元。深圳市政府官方微信号"深圳发布"公布了罗一笑的治疗费用：截至 2016 年 11 月 29 日，罗一笑三次住院总费用合计为 204 244.31 元，其中医保支付 168 050.98 元，自付 36 193.33 元，三次住院治疗平均自付费用占总治疗费用的比例为 17.72%。并且，该主编曾自曝在东莞和深圳有三套房，并非穷人，自费不到 4 万元，完全可以承担。

(2) 资金使用不透明。捐赠众筹募集钱款是通过互联网完成的，而钱款的募集过程和使用去向都是封闭的，并没有向捐款大众公开，这样非常容易出现款项已经筹集完毕，但由于信息不对称，公众继续捐款，形成受捐人不劳而获、坐享其成的状况；或者受捐人将募集的资金挪作他用的情况。类似的诈捐、骗捐事件会对善良的捐款人造成极大的精神伤害，使其逐步放弃做公益的行动，导致真正需要援助的人可能因此得不到帮助。

2. 规范捐赠众筹的运行

(1) 完善配套法规。众筹，特别是捐赠众筹随着互联网的发展得到了飞速的发展。通过互联网公益众筹平台发起个人众筹，使用程序相对简单，求助者只要点击"发布"按钮，上传身份证、医院诊断证明、缴费单等相关证明，便可以发起求助项目，进行资金众筹，打破了传统公益项目在时间和空间上的限制。目前，中国大约有 9 亿人口使用智能手机，通过朋友圈进行个人众筹发展极为迅猛，而法律法规相对滞后。2016 年 9 月，我国首部慈善法规正式实施，对慈善组织利用网络平台等开展公开募捐的行为做了规定，但并未对个人求助行为进行约束。因此，从政府层面讲，捐赠众筹相关的法律法规还亟待完善。

(2) 对捐赠众筹平台和综合性平台进行规范化管理，例如可以提高平台的准入门槛，提高现有平台的专业能力，从技术层面堵住可能的漏洞。

(3) 众筹平台要严格审查项目发布人的资格、信息，对募集的资金严格监管，保证专款专用。例如，平台可以设立风险提示机制，社会人士监督、举报机制等；还可以按照相关规定对用于救治重疾的捐款进行管理，直接分期付给病人所在医院等。

拓展阅读4-6

诚信支持捐赠众筹走下去

目前，大家较为熟悉的捐赠众筹平台有水滴筹、轻松筹、无忧筹等。以水滴筹平台为例，捐赠众筹的申请方式有两种，第一种是通过水滴筹微信公众号，第二种是通过水滴筹 App。申请发起筹款，必须准备相应的材料：

- 患者与患者本人身份证的合照，要求各要点清晰、准确；

- 患者的诊断证明书照片，诊断证明书需要加盖医院公章；

- 收款人与收款人身份证的合照，要求看清收款人的脸部、患者姓名等；

- 收款人银行卡信息；

- 如果收款人不是患者本人，还需要提供收款人与患者的关系证明。

要想在捐赠众筹平台成功获得捐助，诚信是第一要务。山东某大学的一名学生曾看到同学转发的一个求助信息，筹资人是某个村庄的 38 岁脑溢血患者，这位同学从其他渠道了解到这个人确实病了，所以他看到筹款信息马上捐了 20 元钱。不过，这个众筹项目又有了后来的故事：同学捐的钱被水滴筹退了回来。通过了解，这个同学得知，水滴筹平台的工作人员查询了这个家庭的财务流水，发现他家还有大量的存款。原来病人发病之初确实因为看病花了一些钱，考虑到后续治疗还要有很大支出，因为看病家里人直接把病人拉回家不想给治了。回村后，病人的家人被村里人指指点点，说人还能治为什么不治。家里人迫于舆论压力才把病人送到北京，并想出了在水滴筹发起捐款的歪主意——他们想治病，但不想用自己的钱治。

另外，在发起捐赠众筹时，也有人提出能不能在各个平台上同时发起捐款，认为这样可以得到更多的帮助。原则上讲，可以同时在不同平台发起筹款，但筹款效果不如在一个平台发起更好。捐款有群体效应，如果一个筹款项目得到了许多人的帮助时，新看到的人更愿意追随大众伸出援手。如果一个筹款项目分散到两个平台上，则可能会分散关注度。并且，如果同时在多个平台就一件事情发起捐赠众筹，也多少会被认为有借机敛财的意图，反而有可能适得其反，达不到筹资目标。

(资料来源：作者根据实际调研编写)

4.6　物权众筹

本节要给大家介绍一个新的名词——物权众筹，这是本章介绍的最后一种众筹形式，也是"众筹家族"中最年轻的成员。

4.6.1　物权众筹的概念

物权众筹是指通过互联网向大众筹集资金，用于收购实物资产，通过资产升值变现获取利润，其回报可分为经营分红、租金分红及物权的未来增值收益。通俗地讲，物权众筹就是我给你钱，你给我物权。

物权是指权利人依法对特定的物享有直接支配和排他的权利，包括所有权、用益物权和担保物权。

在各类众筹中，兴起于 2015 年的物权众筹尽管属于新兴事物，但其发展很迅速。2016 年下半年，汽车众筹全面暴发，大量平台上线，使得物权众筹平台一度在各类众筹平台中占比最高。例如截至 2017 年 6 月底，全国正常运营的众筹平台为 439 家，其中物权众筹平台 135 家，为各种类型众筹平台数量之冠。不过，随着行业发展，汽车众筹暴露出诸多问题，不断有平台下线，截至 2019 年 6 月底，全国正常运营的众筹平台有 105 家，其中物权众筹平台为 13 家，占比 12%，物权众筹平台的数量远不及股权型和权益型众筹平台。

我国的物权众筹主要包括房地产众筹和汽车众筹两种，不过，房地产众筹因为涉嫌影响房价已被叫停。目前存在的物权众筹主要是汽车众筹，以二手车众筹为主。

4.6.2 物权众筹的特点

物权众筹的特点有：

(1) 通过互联网等，大众共同筹资买物。

(2) 投资人投资后享有的是实物物权或物权份额。

(3) 物权众筹通过实物资产或者资产份额的升值、经营、变现等方式获取利润。

(4) 物权众筹回报方式包括经营分红、租金分红、实物资产增值和变现收入等。例如，二手车众筹可以赚取二手车买卖差价；房地产众筹既可以赚取差价也可以赚取租金，取得长期收益；还有机器设备众筹等，投资人可以赚取设备租赁费或获取经营收入。

(5) 物权众筹平台是一个实物物权或物权份额众筹信息中介服务平台。

(6) 物权众筹平台上的产品是实物或物权类产品。

4.6.3 物权众筹的业务流程

物权众筹的业务流程如下。

(1) 筹资人(项目发起人)搜集可以购买的实物资产信息，并委托专业评估师对其价值进行评估。

(2) 选择具有一定利润空间或升值空间的实物资产，做出项目策划书，向众筹平台申请众筹。

(3) 众筹平台审核通过后，即可在规定时限内组织众筹。

(4) 若在时限内没有众筹成功，已经募集的资金要退还投资人；如果募集成功，则用众筹资金购入实物资产。

(5) 销售、出租实物资产时，销售价格可以由投资人投票确定，也可以由筹资人根据市场行情与购买者议价。

(6) 项目成功后，众筹平台收取一定比例的佣金和手续费，按照投资人认筹比例及约定分红比例进行回款。

物权众筹的业务流程如图 4-5 所示。

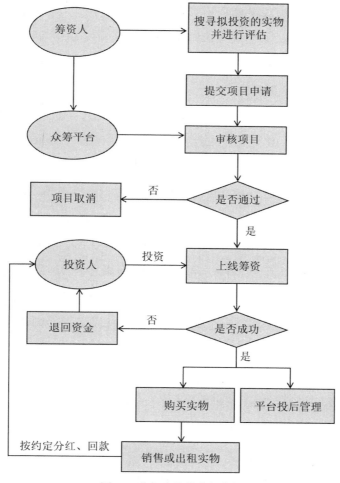

图4-5　物权众筹的业务流程

4.6.4　物权众筹存在的风险

物以众筹出现在市场中的时间很短，这就意味着这种众筹方式有一些不确定性。下面列举物权众筹可能存在的风险。

(1) 政策风险。众筹行业从整体上看政策尚未健全。目前，我国债权众筹由银监会负责监管，股权众筹由证监会监管，捐赠众筹由民政部门监管，而平台数量一度高居各类众筹平台第一位的物权众筹，因为尚属于一种全新的众筹模式，目前既没有明确的监管部门，也没有相关的政策或法规予以规范和约束。物权众筹目前处于实践先行、监管滞后的状态，政策和法律真空，其合规性仍旧不确定。

(2) 信任风险。从信任风险角度来说，以房地产众筹为例，投资人相当于出了买商铺的份子钱，却没有拥有商铺的所有权。购买商铺时，不会将所有投资人的名字都写入产权人名单，往往只写筹资人的名字，那么投资人该信任谁？这个人是不是值得信赖？这些必然形成信任风险。

(3) 监管风险。从监管风险角度来说，投资人的资金怎么监管，怎么杜绝平台跑路，这些风险都不容易控制。目前，很多物权众筹平台本身就是筹资方，其拿着投资人的钱"跑路"的事件已经屡见不鲜。例如 2016 年发生的山东济南汽车网络众筹平台金福在线"跑路"事件，是国内汽车众筹平台自问世以来，出现的首例汽车众筹平台卷款"跑路"事件。金福在线平台自己做筹资人，以汽车众筹的名义集资买卖二手车，许诺返给投资者二手车买卖差价的 70%。该平台在 2016 年 7 月 26 日上线，到 8 月 3 日下午消失，仅仅运作了 9 天时间。而在这短短 9 天内，骗取资金金额高达 500 万元，100 多位投资者深陷其中。后据调查，该平台 2016 年 4 月份才注册，注册资本为 1000 万元但并未实缴，其经营范围显示，该公司根本就不具备从事金融服务的相关资质。另外，有网友发帖指出，该平台属于异地虚假注册，其团队、办公场所图片等公司网站信息都存在严重作假。这个案例充分说明物权众筹平台的监管没有到位，导致投资人面临巨大风险。

(4) 市场风险。从市场风险角度来说，如果筹资项目的实物市场价格走低，那么不仅得不到许诺的投资回报率，亏损也是有可能的。

(5) 兑付风险。从兑付风险角度来说，房地产、商业物业、大型机器设备等的投资都具有长期性，但由于众筹这种方式使得这些投资转化为一种金融产品，投资人的投资行为会变得更具有短期性。投资人短期赎回的意愿和平台长期经营运作的策略相矛盾，为了满足投资人的短期赎回要求，可能导致众筹平台"拆东墙补西墙"，如果资金不足，很容易发生无法兑付的情况。

(6) 物权众筹标的特殊性决定了物权众筹还将受到标的所处行业的风险影响。不论是房地产行业还是二手车行业，行业明规则、潜规则都很多，同时还牵扯较多利益主体，这类行业的物权与众筹相结合的模式，可能会把行业问题移植到众筹环节，甚至滋生出新的行业问题，放大原有的行业风险。以二手车众筹为例，众筹模式仍无法改变之前二手车行业存在的各种问题，如黑车、事故车、抵押车等现象，二手车的评估和鉴定没有规范，行业标准尚未统一。也就是说，二手车市场原有的不规范管理等各种问题，将传递到二手车众筹行业，为二手车众筹埋下风险隐患。

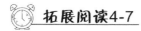 **拓展阅读4-7**

好友邦物权众筹涉足飞机租赁及医疗设备租赁领域

好友邦众筹现代物权众筹平台，简称好友邦众筹，成立于 2014 年 10 月，是好友邦永利金融信息服务(上海)有限公司(简称公司)旗下的金融科技平台。好友邦众筹主要定位为物权众筹项目信息发布、展示及基金预约的信息中介平台。

好友邦众筹发布的两大物权众筹项目的领筹人之一为凯洛斯租赁，主要有以下两类业务:

(1) 飞机租赁业务: 凯洛斯租赁作为领筹人之一，以经营性租赁的方式开展飞机租赁业务，向飞机制造商和其他机构购买大型民航商用飞机。凯洛斯租赁与大众共同筹集资金，购买飞机，共同享有所购飞机的物权。凯洛斯租赁将飞机租赁给航空公司，以租金收入、飞机资产管理、飞机残值和其他增值服务为主要收入来源，认筹人获得租金分红以及飞机物权的未来增值收益。

(2) 医疗设备租赁业务: 凯洛斯租赁作为领筹人之一，以经营性租赁方式开展医疗设备租赁业务，向医疗设备制造商购买 PET CT、CT、核磁共振、基因检测、射频刀、联合手术室、质子加速器、肿瘤热疗等高端检查、检验、治疗设备。凯洛斯租赁与大众共同筹集资金，购买医疗设备，共同享有所购医疗设备的物权，并出租给医院或者委托医院经营管理。凯洛斯租赁将设备出租给医院并按一定比例收取经营分红，或者按照约定向医院收取租金作为收入。另外一种合作模式是以医疗设备资产为基础与医院成立医联体，医院对设备进行托管并代为收费，收取一定的管理费。认筹人获得租金分红以及医疗设备物权的增值收益。

(资料来源: https://www.hybjf.com/，作者有删改)

4.7　国内众筹机构简介

截至 2019 年 6 月底，全国正常运营的众筹平台一共为 105 家，本节将简要介绍几个比较著名的平台。

4.7.1　淘宝众筹平台

淘宝众筹成立于 2013 年 12 月，是一个协助淘宝会员实现创意、梦想的平台，不论是卖家、买家、学生、白领、艺术家、明星，只要有一个想实现的梦想，都可以在淘宝众筹发起项目向大家展示，并邀请喜欢这个项目的人投资。

4.7.2　京东众筹平台

京东众筹作为京东金融第五大业务板块，成立于 2014 年 7 月，旨在打造门槛极低、新奇好玩、全民都有真实参与感的众筹平台。目前，京东众筹涉及的项目主要分为四大类：产品众筹(回报众筹)、公益众筹(捐赠众筹)、股权众筹、债权众筹。

4.7.3　苏宁众筹平台

苏宁众筹成立于 2015 年 4 月，众筹项目涉及智能产品、爱心公益、生活时尚、足球娱乐等，内容丰富。苏宁众筹平台的目标：到这个平台来，只有你想不到的，没有你找不到的。

4.7.4　点名时间众筹平台

点名时间是中国最早，也是最深入了解智能硬件产业的专业回报众筹平台，成立于 2011 年 7 月。自 2012 年起，点名时间深入分析国内外数千个智能项目在众筹平台、销售渠道的数据表现，通过线下"点名时间 10×10 大会"活动帮助北京、上海、杭州、深圳等地的硬件团队了解市场需求，掌握未来趋势，在业界已经建立起一定的口碑。2014 年起，每场规模超过 2000 人的"点名时间 10×10 大会"活动已经成为智能硬件领域不能错过的重要大型会议。

4.7.5　轻松筹众筹平台

轻松筹成立于 2014 年 8 月，先后推出"众筹空间""诺筹-企业级众筹解决方案"等品牌，以及基于社交网络、面向广大网民日常生活的轻松筹社交版。轻松筹自上线开始就十分重视产品的研发和用户的反馈，目标是将轻松筹打造成"小微企业投融资第一平台"。

4.7.6　海创汇众筹平台

海创汇众筹成立于 2013 年 12 月，依托海尔生态产业资源及开放的社会资源，实现了创新与创业、线上与线下、孵化与投资的系统结合，为创客提供包含投资、学院、供应链和渠道加速、空间、工厂、创新技术等一站式孵化服务。

4.7.7　水滴筹平台

水滴筹成立于 2016 年 7 月，隶属于北京纵情向前科技有限公司。水滴筹是社交筹款平台，是免费的大病筹款平台，也是国内大病网络筹款零手续费的开创者。水滴筹平台主要提供三类众筹项目：一是个人大病筹款，为经济困难的大病患者提供免费的筹款平台，是全社会爱心人士最为便捷的"指尖公益"平台；二是水滴公益，水滴公益是民政部门指定的互联网公开募捐平台，致力于为公益组织提供专业的社交筹款服务，同时为 4 亿水滴筹平台用户提供随手做公益的便捷通道；三是水滴集市，通过互联网，为偏远山区的农产品提供销售通道，协助当地把资源优势转化为发展优势，助力偏远山区的居民脱贫致富。

4.7.8　中e众筹平台

中 e 众筹是北京世通嘉华众筹投资管理有限公司旗下的众筹平台，成立于 2015 年 1 月。中 e 众筹是物权众筹的先行者，主营车辆众筹，旨在为众多的合格投资人提供优质的众筹项目，为筹资者提供优质的融资服务。中 e 众筹推荐的众筹项目以所筹车辆归投资人所有为前提，投资人委托第三方专业机构对该车辆所有权进行代持，并按投资人的指示卖出，达到赚取利润差价的目的。该众筹模式下，投资人要么持币，要么持车，投资周期短，车辆标的易变现，可以最大可能地保持投资人的资金流动性。

4.7.9　八点网

八点网成立于 2016 年 11 月，隶属于广东合众利网络科技有限公司。八点网深耕汽车众筹领域，致力于做安全、透明的物权众筹平台，为投融资双方提供一站式金融理财服务。八点网依托"汽车＋互联网"的模式，线上众筹，线下卖车，以收取服务费用作为平台固定收益。平台通过对接资金端(投资人)和资产端(融资车商)，以物权众筹的形式，为车商提供短期的流动资金。车辆出售后，利润分成可为投资人带来收益回报。周期短、收益高、风险小、透明度高是二手车众筹最主要的市场优势。目前，八点网主打浮动收益类产品，收益与车辆实际交易所得利润挂钩。产品平均投资周期 45 天，平均收益率约 20%。

4.7.10　人人贷众筹平台

人人贷是友信金服旗下的互联网金融平台，成立于 2010 年 5 月，主打个人借贷，属于债权众筹平台。平台采用线上、线下结合的模式，信息披露比较透明，公布每季度的相关运营数据，方便投资人了解平台的运行状况，及时预测和规避风险。人人贷平台始终坚持小额分散，并于 2016 年 2 月完成银行资金存管，是最早完成银行资金存管的平台之一。项目资金交由中国民生银行进行存管，设置风险准备金为投资人提供 100% 本金保障。

国内众筹平台众多，作为项目发起人，一定要弄清楚自己的产品适合哪个平台，自己的情况适合做哪种众筹，哪个平台的产品定位与自己相符。首先要对自己的产品有个了解，看看这个产品是什么领域的，是智能硬件、农业、影视、音乐还是游戏等。一些专业性众筹平台的众筹效果往往比综合性平台的众筹效果更好。因为专业性众筹平台的潜在用户更多，平台相关对口的渠道更多，可以为产品带来大量曝光和流量，从而使筹资成功率提高。更重要的是，专业性众筹平台上线的门槛会比那些综合性平台低，比如智能硬件类可以上点名时间，影视类可以上淘梦网，游戏类可以上摩点网，音乐类可以上 5SING 众筹，各领域专业性众筹平台可能会对项目提供专业指导，有助于整合资源、突出优势。

复习思考题

1. 什么叫众筹？在实践操作中，众筹与非法集资的界限是什么？

2. 目前我国开展的众筹的种类有哪些？请分别用一句话描述各类众筹的特点。

3. 什么是债权众筹？债权众筹与 P2P 的区别有哪些？

4. 什么是股权众筹？股权众筹平台的运行模式有哪些？

5. 股权众筹与风险投资的区别是什么？

6. 什么叫回报众筹？它的优势有哪些？可能面临的风险又有哪些？

7. 捐赠众筹的特点有哪些？如何成功地完成捐赠众筹？

8. 什么是物权众筹？它有哪些特点？如何运作？

9. 了解各种众筹的运作业务流程，注意它们之间的区别。

第 5 章
政 策 融 资

2015 年 9 月 10 日，李克强总理在夏季达沃斯开幕式致辞时说："大众创业、万众创新的热潮正在中国大地蓬勃兴起，参与的不仅有大学生、农民工、留学归国人员，也有企业科研人员、技术和管理骨干，草根与精英并肩。"创业、创新鼓励全民参与，各级政府部门为了支持中小企业发展以及"大众创业、万众创新"的进行，推出一些政策性的融资项目和融资渠道来支持创新型中小企业发展。这类政策融资一般采用无偿资助，或以政府信用作为担保的贴息贷款、资本金注入等形式。

5.1 科技型中小企业技术创新基金

科技型中小企业创新基金属于中央政府的专项基金，面向所有的科技型中小企业。

5.1.1 基金的设立

科技型中小企业技术创新基金是由国务院于 1999 年批准设立的中央政府的专项基金，由科技部主管、财政部监管，由科技部科技型中小企业技术创新基金管理中心负责具体实施。

科技型中小企业技术创新基金扶持各种所有制类型的科技型中小企业，同时也引导地方政府、企业、风险投资机构和金融机构对科技型中小企业进行投资，逐步推动建立符合市场经济规律的高新技术产业化投资机制，从而进一步优化科技投资资源，营造有利于科技型中小企业创新和发展的良好环境。

作为政府对科技型中小企业技术创新的资助手段，科技型中小企业技术创新基金采用贷款贴息、无偿资助和资本金投入等方式，通过支持成果转化和技术创新，培育和扶持科技型中小企业。创新基金重点支持处于产业初期(种子期和初创期)、技术含量高、市场前景好、风险较大、商业性资金进入尚不具备条件、最需要由政府支持的科技型中小企业项目，并为它们进行产业化扩张和引入商业性资本打下基础。

5.1.2　基金支持的项目

科技型中小企业技术创新基金主要支持以下项目。

(1) 相关高新技术领域中，自主创新性强、技术含量高、具有竞争力、市场前景好、在经济结构调整中发挥重要作用、具有自主知识产权的研究开发项目；

(2) 科技成果转化项目，特别是"863"计划、攻关计划等国家指令性研究发展计划和科技人员的创新成果项目，重大科技专项相关成果的产业化项目；

(3) "火炬"等高技术产业化指导性计划项目，利用高新技术改造传统产业的项目，以及商业性创业项目；

(4) 人才密集、技术关联性强、附加值高的直接促进、支撑、服务于产业发展的高技术服务业项目；

(5) 具有一定技术含量，且在国际市场上有较强竞争力、以出口为导向的项目，特别是具有我国传统优势，能带来更多市场机遇的项目；

(6) 有一定基础的初创期的科技型中小企业，尤其是科技孵化器内企业的项目；

(7) 海外留学人员回国创办企业的项目。

5.1.3　基金支持的方式

因为企业特点不同，以及项目所处阶段不同，科技型中小企业技术创新基金可以采用贷款贴息和无偿资助的方式来支持科技型中小企业的技术创新活动。

1. 贷款贴息

贷款贴息是指国家为扶持某行业或某些企业，对贷款项目在一定时期按一定比例给予利息补贴，遵循"谁安排，谁补贴"的原则。

科技型中小企业技术创新基金中关于贷款贴息的具体规定有以下几条。

(1) 主要用于支持产品具有一定的创新性，并且银行已经给予贷款或意向给予贷款但需要中试或扩大规模然后进行批量生产的项目。

(2) 项目计划新增投资额一般在 3000 万元以下，资金来源基本确定，投资结构合理，项目执行期为 1～3 年。

(3) 贷款贴息的贴息总额可按贷款有效期内发生贷款的实际利息计算；贴息总额一般不超过 100 万元，个别重大项目不超过 200 万元。

2. 无偿资助

科技型中小企业技术创新基金中关于无偿资助的具体规定有以下几条。

(1) 主要用于技术创新产品在研究、开发及中试阶段的必要补助。

(2) 企业注册资本不得少于 30 万元。

(3) 申请无偿资助的项目，目前尚未有销售或仅有少量销售。

(4) 无偿资助支持的项目执行期为两年，项目计划实现的技术、经济指标按两年进行测算；项目完成时要形成一定的生产能力，并且在项目完成时实现合理的销售收入。创新基金不支持实施期不满两年的项目，也不支持项目完成时仍无法实现销售的项目。

(5) 项目计划新增投资在 1000 万元以下，资金来源确定，投资结构合理。

(6) 在项目计划新增投资中，企业需有与申请创新基金数额等额或以上的自有资金匹配。

(7) 为了达到共同支持创新项目的目的，地方政府部门对项目应有不低于创新基金支持数额 50% 的支持资金；同等条件下，地方政府部门支持多的项目，创新基金将重点支持。

(8) 创新基金资助数额一般不超过 100 万元，个别重大项目不超过 200 万元。

(9) 企业应拥有申请项目的知识产权。

5.1.4　基金的获取

准备申请科技型中小企业技术创新基金项目的企业，可以按照创新基金管理中心发布的《科技型中小企业技术创新基金申请材料汇总》的要求准备项目申报材料。需要准备的材料有以下几项。

(1) 技术创新基金项目申请书。创新基金管理中心提供专门的项目申请软件，安装后按照要求填写申请书即可。其中，如果是申请贷款贴息项目，需要由企业开户所在地银行信贷部门和贷款审批银行在申请书的相应栏目中签署贷款意见。

(2) 技术创新基金项目可行性研究报告。技术创新基金项目可行性研究报告是提供给创新基金管理中心审查，以及供专家评审的主要文件和依据，报告撰写的质量直接关系到对该项目的评审结果，因此一定要严格按照创新基金管理中心制定的可行性研究报告提纲实事求是地撰写。一般要突出项目的关键技术和创新点，最好能有和国内外同类技术、产品的对比。该报告可以由企业自行编制，也可以委托有关中介机构编制。报告中所涉及的有关数据也必须按申请书的要求列举。

(3) 技术创新基金项目可行性研究报告的专家论证意见。可行性研究报告编制完成后，要由企业自行组织，或由项目推荐单位组织三名以上同行业的专家对该报告进行论证，论证意见和论证专家名单要附在可行性研究报告后面，一起交给管理中心。

(4) 技术创新基金申请项目概要。

(5) 技术创新基金项目合同(草本)。合同草本是软件自带的，供企业核对使用。里面的数据和内容全部来自项目申请书和可行性研究报告，申请企业在认真核实后，打印出合同草本，企业法定代表人在合同草本上签字并加盖公章。项目立项后，企业与管理中心签署正式的《科技型中小企业技术创新基金项目合同书》，这是管理中心进行项目监理和验收的依据，里面的数据依据合同草本生成，不能更改。

(6) 技术创新基金项目推荐意见表。企业提出的项目申请或投标，必须由一个推荐单位推荐。推荐单位一般在企业所在地区，必须是熟悉项目和企业情况的地市以上(含地市)人民政府的科技主管部门、行业主管部门或各国家高新技术产业开发区管理委员会。

(7) 技术创新基金项目有关附属证明材料，如营业执照、经过会计师或审计师事务所审计的会计报表、高新技术企业认定证书、专利证书、产权使用授权书等。

上述材料按照要求备齐后，还要按照要求将其保存在软盘中，并邮寄到基金管理中心等待批复。

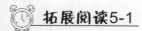拓展阅读5-1

150亿元创投基金助力辽宁科技型中小企业

金融助东北，科技创未来。2020年4月16日，在辽宁省科技厅、沈阳市科技局、沈阳高新区的指导下，知你基金、和财基金、德鸿资本、盛京基金小镇、建设银行等众多创投基金和金融机构分别与东北科技大市场签署战略合作协议，总量达150亿元的创投基金将直接投向辽宁省全省科技型中小企业。同时，沈阳科技金融服务中心、盛京基金小镇、东北科技大市场三方平台将联手为辽企创新提供资本支撑。

优秀的企业从初创成长到发展壮大离不开资本的支持。东北科技大市场由辽宁省科技厅、沈阳市科技局、沈阳高新区共同建设,旨在完善辽宁技术转移转化体系,加快科技服务业发展,为培育、壮大创新型企业提供全链条的科技服务。同时,也为辽宁省全省科技型中小企业搭建与政府、银行、创投等机构互通、融合的桥梁,使金融资本与科技成果有效对接,进而形成区域创投资本的集聚高地,为辽宁培育一批具有较强科研实力和影响力的科技型企业。

此前,在辽宁省科技厅的指导下,东北科技大市场与建设银行辽宁分行共同建设了"创业者港湾",并与工商银行、交通银行、浦发银行等多家支行和沈阳地区专业股权投资机构、证券公司合作,全力推进辽宁科技金融服务,为辽宁省全省科技型企业获得多层次资本市场的科技信贷提供支持,使得辽宁中小企业在天使轮、VC 轮阶段即可获得资本的青睐。

(资料来源: http://www.stdaily.com/index/kejixinwen/2020-04/17/content_923577.shtml)

5.2　中小企业发展专项资金

中小企业发展专项资金是中央财政专项支出,用来支持中小企业,特别是小微企业的发展。

5.2.1　专项资金的设立

中小企业发展专项资金于 2004 年设立,之后规模逐年增大,专项资金的管理规定也在不断调整、补充、细化。目前,中小企业发展专项资金遵循财政部、工业和信息化部、科技部和商务部四部委于 2014 年联合印发的《中小企业发展专项资金管理暂行办法》(财企〔2014〕38 号)文件规定实施。

中小企业发展专项资金就是中央财政预算安排,是用来支持中小企业特别是小微企业科技创新、改善中小企业融资环境、完善中小企业服务体系、加强国际合作等的资金。中小企业发展专项资金的宗旨是:贯彻落实国家宏观政策和扶持中小企业发展战略,弥补市场失灵,促进公平竞争,激发中小企业和非公有制经济的活力与创造力,促进扩大就业和改善民生。

中小企业发展专项资金是由财政部会同工业和信息化部、科技部、商务部按照职责分工共同管理。财政部负责资金的预算管理和资金拨付,会同另外三部委制定资金分配方案,并对资金的使用和管理情况等开展绩效评价与监督检查。

中小企业发展专项资金综合运用了无偿资助、股权投资、业务补助或奖励、代偿补偿、购买服务等支持方式,还采取市场化手段,引入竞争性分配办法,在鼓励创业投资机构、担保机构、公共服务机构等支持中小企业发展的过程中充分发挥了财政资金的引导和促进作用。

5.2.2 专项资金支持的领域及方式

1. 支持科技创新型中小企业

(1) 中小企业发展专项资金支持中小企业围绕电子信息、光机电一体化、资源与环境、新能源与高效节能、新材料、生物医药、现代农业及高技术服务等领域开展科技创新活动(国际科研合作项目除外)。专项资金采用无偿资助的方式，直接对科技型中小企业创新项目按照不超过相关研发支出40%的比例给予资助。每个创新项目的资助额度最高不超过300万元。

(2) 中小企业发展专项资金安排专门支出，设立科技型中小企业创业投资引导基金，用于引导创业投资企业、创业投资管理企业、具有投资功能的中小企业服务机构等投资于初创期科技型中小企业。引导基金采用阶段参股、风险补助和投资保障等方式，对上述创业投资机构及初创期科技型中小企业给予支持。

2. 支持为中小企业融资提供担保、再担保的机构

中小企业发展专项资金安排专门支出，采用业务补助、增量业务奖励、资本投入、代偿补偿、创新奖励等方式，支持中小企业信用担保机构、中小企业信用再担保机构增强资本实力、扩大中小企业融资担保和再担保业务规模。

(1) 业务补助：专项资金对担保机构开展的中小企业特别是小微企业融资担保业务，按照不超过年平均在保余额2%的比例给予补助；对再担保机构开展的中小企业融资再担保业务，按照不超过年平均在保余额0.5%的比例给予补助。

(2) 增量业务奖励：专项资金对担保机构按照不超过当年小微企业融资担保业务增长额3%的比例给予奖励；对再担保机构按照不超过当年小微企业融资再担保业务增长额1%的比例给予奖励。

(3) 资本投入：专项资金对中西部地区省级财政直接或间接出资新设或增资的担保机构、再担保机构，按照不超过省级财政出资额30%的比例给予资本投入支持，并委托地方出资单位代为履行出资人职责。

(4) 代偿补偿：中央和地方共同出资，设立代偿补偿资金账户，委托省级再担保机构实行专户管理，专项资金出资比例不超过60%。当省级再担保机构对担保机构开展的小微企业融资担保业务按照代偿额50%(含)以上的比例给予补偿时，代偿补偿资金按照不超过代偿额30%的比例对担保机构给予补偿。该代偿业务的追偿所得，按照代偿补偿比例缴回代偿补偿资金账户。

(5) 创新奖励：专项资金对积极探索创新小微企业融资担保业务且推广效用显著的担保机构，给予最高不超过 100 万元的奖励。

3. 支持各类中小企业公共服务平台和服务机构的建设和运行

中小企业发展专项资金采用无偿资助、业务奖励、政府购买服务等方式，对中小企业公共服务平台和服务机构给予支持。

(1) 无偿资助。专项资金对服务平台或机构实施的服务场地改造、软硬件设备及服务设施购置等提升服务能力的建设项目，按照不超过项目总投资额 30%的比例给予补助。每个建设项目补助额度最高不超过 500 万元。专项资金对中小企业参加的重点展会，给予减收或免收展位费、布展费、展品运输费等费用补贴。

(2) 业务奖励。专项资金对服务平台或机构开展的中小企业服务，综合考虑其服务中小企业的数量、收费标准、客户总体满意度等因素，按照不超过年度实际运营成本 40%的比例给予奖励。每个项目奖励额度最高不超过 500 万元。专项资金对保险机构面向中小企业开展的内贸信用险业务给予奖励支持。

(3) 政府购买服务。专项资金向服务平台或机构购买中小企业发展迫切需要、市场供给严重不足的公共性服务。

4. 支持中小企业进行国际合作

中小企业发展专项资金安排专门支出支持国内中小企业与欧盟企业、研究单位等在节能减排相关领域开展科研合作。

中小企业发展专项资金采用无偿资助的方式，对科研合作项目给予支持。研发项目按照不超过项目投资额 40%的比例给予资助，每个项目资助额度最高不超过 300 万元。交流项目按照不超过实际发生的国际差旅费(仅包括国际交通费、会议费)50%的比例给予资助，每个项目资助额度最高不超过 30 万元。

5.2.3 专项资金的获取

中小企业发展专项资金的申报和立项周期一般为每年一次，每年 3 月底前会下发申报通知，明确当年的专项资金支持重点、申报条件等事项。申请企业需要登录中小企业发展专项资金项目管理系统，按照使用说明填报相关信息。

财政部、工业和信息化部、科技部和商务部四部委通过政府购买服务等方式建立项目储备、申报、跟踪管理系统，建立专家评审制度，组织专家对地方和中央所属单位的申请项目进行评审、论证。根据专家评审意见提出项目立项计划，并向社会公示，项目公示期结束后，将公示期内没有异议的项目和经调查核实没有问题的项目列为立项项目。财政部再根据当年预算安排情况，对资金安排建议进行审定，在全国人民代表大会批准预算后 90 日内将项目支出预算指标下达到省级财政部门和中央所属单位。专项资金的支付，按照财政国库管理制度的有关规定执行。

⏰ 拓展阅读5-2

上海市中小企业发展专项资金管理办法

第一章　总则

第一条(目的和依据)

为贯彻落实国家及本市促进中小企业发展相关政策，支持中小企业创业创新，促进中小企业持续健康发展，根据《关于促进中小企业健康发展的指导意见》《上海市促进中小企业发展条例》《上海市预算绩效管理实施办法》以及财政资金管理的有关规定，结合本市实际，制定本办法。

第二条(定义)

上海市中小企业发展专项资金(以下简称"专项资金")是市政府为了贯彻落实国家和本市促进中小企业发展的有关政策而设立的用于支持本市中小企业发展、改善中小企业发展环境的专项补助性资金。

第三条(资金来源)

专项资金由市级财政预算安排，纳入上海市经济和信息化委员会(以下简称"市经济信息化委")部门预算。

第四条(使用原则)

专项资金的安排应当符合国家和本市的产业政策，坚持公开、公平、公正的原则，确保专项资金的规范、安全和高效使用。

第五条(管理职责)

市经济信息化委负责确定专项资金的年度使用方向和支持重点，与上海市财政局(以下简称"市财政局")共同对申报的项目进行审核，并对项目实施情况进行监督检查。

市财政局负责专项资金的预算管理和资金拨付，并对专项资金的使用情况进行监督检查。

第六条(监督制度)

专项资金的安排、拨付、使用，依法接受审计机关和纪检监察机关的监督，并主动接受市人大和社会的监督，确保专项资金规范、安全、有效运行。

第二章　资金支持对象及支持范围

第七条(支持对象)

专项资金的支持对象为本市依法设立的中小企业以及中小企业服务机构。

中小企业划分标准按工业和信息化部、国家统计局、发展改革委、财政部制定的《中小企业划型标准规定》执行。

第八条(支持范围)

专项资金主要用于以下方向：

(一) 支持中小企业转型升级。培育创业创新中小企业、专精特新中小企业、拟上市企业，鼓励中小企业加大研发投入，支持中小企业成长为专精特新"小巨人"和"制造业单项冠军"。

(二) 完善中小企业服务体系。支持专业化服务平台建设和培育，加强中小企业专业服务保障，推动中小企业获得信息咨询、创业辅导、技术支撑、投资融资、知识产权、财会税务、法律咨询、市场拓展、人力资源等专业服务。

(三) 改善中小企业融资环境。拓宽融资渠道，引导银行、担保机构等金融机构加大支持中小企业融资力度，降低中小企业融资成本。

(四) 支持中小企业开拓国内外市场。推动中小企业参与长三角区域一体化发展国家战略，促进国内、国际合作交流。

(五) 与国家相关扶持资金配套使用。

(六) 其他经市政府批准需要扶持的项目。

第九条(除外规定)

已获得其他市级财政性资金支持的项目，专项资金不再予以支持。

第三章　资金支持方式及额度

第十条(支持方式)

专项资金采取奖励、资助、贷款贴息、政府购买服务等方式。每个项目只能申请一次专项支持。

(一) 奖励。每个项目的奖励额度不超过 300 万元。

(二) 资助。按最高不超过该项目相关投入总额的 30%，每个项目的资助额度不超过

300 万元。

(三) 贷款贴息。贴息额按照同期国家基准利率计算的贷款利息发生额的一定比例确定。每个项目的贴息期限不超过 2 年，贴息额度不超过 300 万元。

(四) 政府购买服务。资金额度按项目合同金额确定，符合有关招投标规定的，按规定进行招投标。

第十一条(区级配套)

各区可以结合实际情况，安排相应的配套资金。

第四章 项目申报及评审

第十二条(项目指南)

市经济信息化委根据本市中小企业发展的实际情况，每年第一季度内编制年度专项资金项目指南，确定专项资金的年度支持方向和重点，并在市经济信息化委网站和其他指定网站发布。

第十三条(中小企业申报条件)

申报专项资金项目的中小企业应当具备以下基本条件：

(一) 企业治理结构完善;

(二) 财务管理制度健全，信用良好;

(三) 经营情况良好;

(四) 申报的项目符合专项资金当年度支持方向和重点;

(五) 当年度项目指南要求的其他条件。

第十四条(服务机构申报条件)

申报专项资金项目的中小企业服务机构应当具备以下基本条件：

(一) 拥有为中小企业服务的相应业务资格;

(二) 熟悉国家和本市促进中小企业发展的法律、法规和政策;

(三) 具有固定的工作场所、专业的中小企业服务人员及服务设施，在涉及的服务领域拥有丰富的工作经验;

(四) 经营规范，具有健全的财务管理制度;

(五) 当年度项目指南要求的其他条件。

第十五条(申报流程)

符合申报条件的单位，按照年度专项资金项目指南要求，向市经济信息化委或区经委(商务委、科经委)提出项目申报。区经委(商务委、科经委)对相关项目审核同意并征求同级财政部门

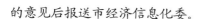

的意见后报送市经济信息化委。

第十六条(项目评审)

市经济信息化委会同市财政局建立专家评审制度,通过市经济信息化委专项资金项目管理与服务平台,依据本办法第十三条、第十四条的规定以及专项资金的当年度支持方向和重点,对申报的项目进行评审。

第五章　预算管理和资金拨付

第十七条(预算编制)

市经济信息化委根据部门预算编制的有关要求,每年的第三季度编制下一年度专项资金预算并纳入部门预算中,按照规定程序报送市财政局。

市财政局根据市经济信息化委提出的年度工作计划、上年度预算执行情况、以往年度绩效评价结果等因素,研究确定专项资金年度预算。

第十八条(预算执行)

市经济信息化委应当按照市财政局确定的专项资金年度预算,组织项目申报和评审,建立项目库,综合平衡专家评审意见,结合产业特点、区域分布等情况确定年度专项资金项目安排计划,并根据时间进度合理安排项目支出,确保专项资金预算按期完成。原则上当年预算当年执行。

第十九条(预算调整)

专项资金年度预算一经确定,必须严格执行,不得随意改变资金使用方向和内容;确有必要调整时,应当及时并按照规定程序报批。

第二十条(拨款申请)

对经批准的奖励、资助、贷款贴息、政府购买服务项目,由市经济信息化委根据专项资金年度预算,在批准的支持额度内向市财政局申请拨款。

第二十一条(资金拨付)

市财政局进行审核后,按照国库集中支付的有关规定拨付专项资金。

第六章　项目管理

第二十二条(项目管理合同)

项目承担单位应当与市经济信息化委签订项目管理合同。按照项目指南要求,需经区经委(商务委、科经委)审核的项目,项目单位应当与市经济信息化委、区经委(商务委、科经委)共同签订项目管理合同。

第二十三条(项目管理费用)

市经济信息化委因加强本领域项目管理、规范资金使用发生的监督、检查、评估、核查、验收等费用，在专项支持资金中列支，每年按照不超过当年专项资金总额的 1% 从严控制。

第二十四条(项目验收)

项目完成后，市经济信息化委或者受委托的第三方机构按照项目协议对项目进行验收，项目单位应当在 3 个月内配合验收工作报送相关材料。

第二十五条(项目变更和撤销)

专项资金项目发生重大变更，应当由项目单位说明变更事项和理由，报市经济信息化委审核。除不可抗力外，项目因故撤销的，项目单位应当将已拨付的专项资金上交市财政局。

第七章　监督管理

第二十六条(信息公开)

市经济信息化委应当依法、分项公开专项资金使用情况。

第二十七条(绩效评价)

市财政局、市经济信息化委依据有关规定组织实施专项资金项目绩效评价。

第二十八条(财务监督)

专项资金应当严格执行财政资金管理的有关规定，单独核算，专款专用，并按照国家有关财务规定进行相应的会计核算，严禁超范围、超标准开支，由市经济信息化委、市财政局开展不定期检查。

第二十九条(责任追究)

专项资金应当严格按照规定的用途使用，不得擅自挤占、截留和挪用。对弄虚作假骗取专项支持资金、擅自改变专项支持资金用途等违反国家法律法规或者有关纪律的行为，将追回全部已拨付的专项资金，取消该单位三年内申报专项资金项目的资格，并追究相关人员的责任。

第三十条(信用管理)

市经济信息化委对项目单位开展信用管理。在项目申报阶段实行守信承诺和信用审查制；记录项目单位在项目立项、实施、验收、评估等不同阶段的失信行为信息，按规定将有关信息提供给市公共信用信息服务平台，并根据其失信程度在不同管理环节采取相应约束措施。

第八章　附则

第三十一条(应用解释)

本办法由市经济信息化委、市财政局负责解释。

第三十二条(实施日期)

本办法自 2019 年 10 月 30 日起施行，有效期至 2024 年 10 月 29 日。

(资料来源: http://www.sheitc.sh.gov.cn/sjxwxgwj/20190929/0020-683972.html)

5.3　中小企业国际市场开拓资金

中小企业国际市场开拓资金是中央财政专项支出，用于支持中小企业开拓国际市场。

5.3.1　开拓资金的设立

中小企业国际市场开拓资金是中央财政设立的用于支持中小企业开拓国际市场各项业务的专项资金，设立于 2000 年，由财政部门和商务部门共同管理。

5.3.2　开拓资金支持的项目

1. 企业项目：中小企业独立开拓国际市场的项目

申请企业项目的中小企业要符合下列条件：

(1) 在中华人民共和国关境内注册，依法取得进出口经营资格的或依法办理对外贸易经营者备案登记的企业法人，上年度海关统计进出口额在 4500 万美元以下；

(2) 近三年在外经贸业务管理、财务管理、税收管理、外汇管理、海关管理等方面无违法、违规行为；

(3) 具有从事国际市场开拓的专业人员，对开拓国际市场有明确的工作安排和市场开拓计划；

(4) 未拖欠应缴还的财政性资金。

2. 团体项目：企、事业单位和社会团体组织中小企业开拓国际市场的项目

申请团体项目的项目组织单位要符合下列条件：

(1) 具有组织全国、行业或地方企业赴境外参加或举办经济贸易展览会的资格；

(2) 通过管理部门审核，具有组织中小企业培训的资格；

(3) 申请的团体项目应以支持中小企业开拓国际市场和提高中小企业的国际竞争力为

目的；

(4) 未拖欠应缴还的财政性资金。

5.3.3 开拓资金的支持内容

中小企业国际市场开拓资金的主要支持内容有境外展览会、企业管理体系认证、各类产品认证、境外专利申请、国际市场宣传推介、电子商务、境外广告和商标注册、国际市场考察、境外投(议)标、企业培训、境外收购技术和品牌等 11 项。

其中，中小企业国际市场开拓资金优先支持下列活动：

(1) 面向拉美、非洲、中东、东欧、东南亚、中亚等新兴国际市场的拓展；

(2) 取得质量管理体系认证、环境管理体系认证和产品认证等国际认证。

5.3.4 开拓资金的拨付

中小企业国际市场开拓资金直接由财政部拨付至省级财政部门，地方财政部门和商务部门再结合本地区实际确定支持的项目和支持的额度。

中小企业国际市场开拓资金对符合上文中提到的 11 项内容中支出不低于 1 万元的项目予以支持，支持金额原则上不超过项目支持内容所需金额的 50%。对中、西部地区和东北老工业基地的中小企业，以及面向拉美、非洲、中东、东欧、东南亚、中亚等新兴国际市场拓展的支持比例可提高到 70%。

5.3.5 开拓资金的获取

申请中小企业国际市场开拓资金一般要经过以下几步。

(1) 符合条件的中小企业按照规定的支持内容项目，向中小企业办公室或地方商务部门提出项目资金计划申请，并在提出项目资金计划申请时，提交申请单位基本情况、申请报告、申请项目基本情况，并附相关资料。

(2) 财政部和商务部批复下一年度项目资金计划后，地方商务部门对项目资金计划的具体内容进行公示。中小企业和项目组织单位根据地方商务部门与财政部门批复的项目资金计划着手准备有关活动。

(3) 中小企业或项目组织单位根据批复的年度项目资金计划，在项目实施 30 日前向中小企业办公室或地方商务部门提出项目实施申请，并在提出项目实施申请时，提交项目实施申请、项目实施说明，并附相关资料。

(4) 商务部或地方商务部门对年度项目资金计划内的项目实施申请，可在 10 日内直接审核批复，同时抄送地方财政部门。

(5) 对申请调整项目资金计划内容的项目，经中小企业办公室或地方商务部门提出初步意见，报商务部和财政部审批。

(6) 无法在年度内按项目资金计划完成的项目，中小企业或项目组织单位应及时向中小企业办公室或地方商务部门提出项目终止或顺延申请，然后由地方商务部门进行审批。

拓展阅读5-3

上海市中小企业国际市场开拓资金实施细则附件

附件1：中小企业国际市场开拓资金支持内容及申报要求

一、境外展览会

(一) 支持内容和标准(见表 1)

境外展览会是指在境外举办的国际性或地区性的综合或专业展览会，以及经我国相关主管部门批准在境外主办的各类展览会。

表 1　境外展览会的支持内容和标准

支持内容	最高支持比例	单个标准展位最高限额
展位费(场地、基本展台、桌椅、照明)	50%	15 000 元
公共布展费(只限团体项目)	展位费的 20%	3 000 元

(二) 申请要求

1. 境外展览会项目分企业项目和团体项目，企业或项目组织单位在申请时选择"境外展览会"类项目。

2. 企业应按实际参展标准展位(9 平方米)个数申请项目，单个展会每个企业最高可申请 3 个标准展位支持。单个展位超过 9 平方米的非标准展位，按 9 平方米标准展位核算。

3. 申请境外展览会项目，应具有组展方的邀请文件，并按国家相关规定办理外汇、出境等相关业务手续，其中团体项目须经国家相关部门批准。

4. 申请境外展览会团体项目，项目组织单位须经国家相关部门批准具有组织全国、行业或地区企业赴境外举办展览会资格。项目组织单位申请团体展览项目时，应提供参展企业汇总表，参展的企业应在 10 家(含 10 家)以上。

二、境外专利申请

(一) 支持内容和标准(见表2)

专利申请项目是指中小企业通过巴黎公约或 PCT (patent cooperation treaty)专利合作条约成员国提出的发明专利申请、实用新型专利申请或外观设计专利申请。

表2 境外专利申请的支持内容和标准

支持内容	最高支持比例	最高支持限额
发明专利	50%	50 000 元
实用新型专利	50%	50 000 元
外观设计专利	50%	50 000 元

(二) 申请要求

1. 专利申请项目由企业独立申请,申请时选择"专利申请"类项目。

2. 专利申请须在申请获得通过并取得相应证明的当年申请资金支持。

3. 专利申请项目只对申请过程中发生的申请费,包括国内申请人向境外申请专利时向有关专利审查机构缴纳的在申请阶段和授予专利权当年起三年内的官方规定费用、向专利检索机构支付的检索费用,以及向境内外代理机构支付的专利申请服务费等予以支持,其他费用不予支持。

4. 申请专利项目,需按不同支持内容分别申请,每个项目只允许申请一种专利内容。同一专利、同一国家(地区)只支持一次。

三、境外商标注册

(一) 支持内容和标准(见表3)

表3 境外商标注册的支持内容和标准

支持内容	最高支持比例	最高支持限额
注册费用	50%	10 000 元

(二) 申请要求

1. 商标注册项目由企业独立申请,申请时选择"商标注册"类项目。

2. 企业在境外进行产品商标注册,只对商标注册费用予以支持,不支持咨询服务、年费及其他相关费用。如委托本地有关单位办理海外商标注册,应严格区分注册费用和其他相关费用,并在合同、发票中予以明确。

3. 每个企业的每种产品在一个国别(地区)只支持一次商标注册费用。

四、管理体系认证

(一) 支持内容和标准(见表 4)

表4　管理体系认证的支持内容和标准

支持内容	最高支持比例	最高支持限额
认证费用	50%	10 000 元

(二) 申请要求

1. 企业管理体系认证项目由企业独立申请，申请时选择"企业管理体系认证"类项目。

2. 企业管理体系认证须在认证结束并取得相应资质的当年申请资金支持。

3. 企业管理体系认证只对企业初次认证的认证费或认证证书换证当年的审核费用按比例和限额予以支持，不支持咨询培训、年费等支出。

4. 企业进行管理体系认证应由在中国境内注册，并经中国认证认可监督管理委员会批准的认证机构(可通过 www.cnca.gov.cn 进行查询)进行认证。

5. 对不同的管理体系认证应分别申请，每个项目只允许申请一种管理体系认证。企业每年度最多可申请 3 个项目。

五、产品认证

(一) 支持内容和标准(见表 5)

表5　产品认证的支持内容和标准

支持内容	最高支持比例	最高支持限额
认证费用	50%	10 000 元

(二) 申请要求

1. 产品认证项目由企业独立申请，申请时选择"产品认证"类项目。

2. 产品认证应视具体产品进口国的有关法律、合同或机构对认证证明文件的要求，以及对证明文件发出机构的要求进行。产品认证不包括国家规定必须进行的强制性检测或认证。

3. 从事产品认证的机构应经我国或要求认证企业所在国主管部门批准、具有产品认证的合法资格，包括所在国主管部门批准的国外认证公司或经我国认监委和工商行政管理部门审核、注册的分支机构并被授权的代理公司(仅限直接授权)。

4. 产品认证须在认证结束并取得相应资质的当年申请资金支持。

5. 产品认证对认证过程中发生的认证费用、产品检验检测费予以支持。

6. 对不同的产品认证应分别申请,每个项目只允许申请一种产品认证。企业每年度最多可申请 3 个项目。

六、提高经营管理信息化水平

(一) 支持内容和标准(见表 6)

表 6 提高经营管理信息化水平的支持内容和标准

支持内容	最高支持比例	最高支持限额
ERP 云服务	50%	8 000 元
中国信保"信保通"电子数据交换服务(EDI)	50%	20 000 元

(二) 申请要求

1. 提高经营管理信息化水平项目由企业独立申请,申请时选择"提高经营管理信息化水平"类项目。

2. 提高经营管理信息化水平项目包括购买外贸企业 ERP 云服务,实现企业 ERP 系统与中国出口信用保险公司(上海分公司)"信保通" EDI 对接等。

3. 提高经营管理信息化水平项目对企业购买云服务费用、为实现"信保通" EDI 对接发生的 ERP 系统改造或升级费用予以支持。

4. 每个企业每年只支持一次购买 ERP 云服务项目。每个企业只支持一次中国出口信用保险公司(上海分公司)"信保通"项目。

5. 提高经营管理信息化水平应按不同项目内容分别申报。

七、提高经营管理科学决策水平

(一) 支持内容和标准(见表 7)

表 7 提高经营管理科学决策水平的支持内容和标准

支持内容	最高支持比例	最高支持限额	累计支持限额
海外企业标准资信报告	50%	400 元	
海外目标国家指定产品进口采购分析报告	50%	3 000 元	
海外采购商/供货商名录报告	50%	3 000 元	
国家风险分析报告	50%	500 元	20 000 元
重点行业研究报告	50%	5 000 元	
重点国别风险分析报告	50%	5 000 元	

（二）申请要求

1. 提高经营管理科学决策水平项目由企业独立申请，申请时选择"提高经营管理科学决策水平"类项目。

2. 提高经营管理科学决策水平项目包括向中国出口信用保险公司购买海外企业标准资信报告、海外目标国家指定产品进口采购分析报告、海外采购商/供货商名录报告、国家风险分析报告、重点行业研究报告、重点国别风险分析报告等。

3. 企业每年度最多可申请支持限额不超过 20 000 元。

八、增加全面风险管理能力

（一）支持内容和标准（见表 8）

表 8　增加全面风险管理能力的支持内容和标准

支持内容	最高支持比例	最高支持限额
风险管理咨询	50%	20 000 元
风险管理培训	50%	15 000 元

（二）申请要求

1. 增加全面风险管理能力项目由企业独立申请，申请时选择"增加全面风险管理能力"类项目。

2. 增加全面风险管理能力项目包括向中国出口信用保险公司(上海分公司)购买风险管理咨询服务、风险管理培训服务等。

3. 每个企业每年只支持一次风险管理咨询、风险管理培训项目。

九、培育竞争新优势

（一）支持内容和标准（见表 9）

表 9　培育竞争新优势的支持内容和标准

支持内容	最高支持比例	最高支持限额
风险管理平台服务	50%	5 000 元

（二）申请要求

1. 培育竞争新优势项目由企业独立申请，申请时选择"培育竞争新优势"类项目。

2. 培育竞争新优势项目包括通过中国出口信用保险公司(上海分公司)开发的信用风险管

理平台，购买各类资信报告、保单融资申请、应收账款管理等信用风险全流程服务。

3. 每个企业每年只支持一次风险管理平台服务项目。

附件2：中小企业国际市场开拓资金单位资质注册材料要求

一、注意事项

首次申请中小企业国际市场开拓资金的中小企业或项目单位，应通过市场开拓资金申报系统网站 www.smeimdf.org 注册并填写"中小企业或项目单位基本情况注册登记表"(以下简称"注册登记表")，网上确认提交后按归口管理向资金管理部门报送相应的材料(已在系统注册并经主管部门公示通过的企业请勿重复注册)。

1. 各单位必须如实填报本单位的相关信息，并对填报的信息负责。

2. 各单位在注册后请记住系统分配的用户代码及登录密码。为确保网上工作的顺利进行，请妥善保存登录密码，否则因此产生的后果将由各单位自行负责。

3. 注册信息中的"行政区划"项，各单位应根据注册所在地选择具体的区代码。

4. 企业注册时，应如实填写进出口企业代码和海关编码。选择唯一的行业划分，主营业务与商品可选择多项。

5. 为保证资金申请工作的顺利进行，各单位的联系人应相对稳定，并如实填写联系人信息，联系人变更应及时与区县商务主管部门联系修改相关信息。

二、资质注册提交材料要求

1. 网上填写完成并输出打印的注册登记表。

2. 工商营业执照复印件、组织机构证书复印件、税务登记证复印件或"三证合一"后的营业执照复印件。

3. 对外贸易经营者备案登记表(或外商独资企业批准证书)复印件。

4. 海关进出口货物收发货人报关注册登记证书。

5. 以上文件交复印件(一式两份)，复印件按顺序装订并加盖公章。

6. 提交的书面材料统一在A4纸上打印，并按顺序装订。

7. 各单位对网上填报信息及提交书面材料的真实性和合法性负责。

附件3：中小企业国际市场开拓资金项目资金拨付材料要求

一、境外展览项目

(一) 境外展(企业)项目

1. 展方的邀请函复印件。

2. 随组团单位参展的企业自行申报时，需提供国家部门批准参展的批复文件复印件及组团单位出具的展位未申请财政补助的证明。

3. 与展方签订展位的合同(协议)复印件。

4. 项目实际发生费用的合法凭证(发票)、支付外汇的银行付汇水单复印件或国内的银行付款凭证复印件及相关银行对账单复印件。

5. 项目申报单位参展人员的护照原件及复印件(复印首页、签证及出入境记录页)，因公出国还应提供出国任务批件原件及复印件。

6. 展会期间工作照片(照片粘贴在一张 A4 纸上)。

7. 项目总结。

8. 其他必要的证明材料。

(二) 境外展(团组)项目

1. 展方的邀请函复印件及国家有关部门批准参展的批复文件(除国家规定不需要相关批复)复印件。

2. 项目组织单位的招展通知复印件。

3. 与展方签订展位的合同(协议)复印件。

4. 公共布展摊位的搭建合同(协议)复印件。

5. 项目实际发生费用的合法凭证(发票)、支付外汇的银行付汇水单复印件或国内的银行付款凭证复印件及相关银行对账单复印件。

6. 参展人员的护照复印件(复印首页、签证及出入境记录页)，因公出国还应提供出国任务批件复印件。

7. 展会期间工作照片。

8. 项目总结。

9. 其他必要的证明材料。

二、境外专利申请项目

1. 专利申请受理通知书(中外文)或专利授权证书原件及复印件。

2. PCT 申请的国际检索报告等。

3. 专利审查机构、境内外专利代理机构、专利检索机构出具的发票等有效缴费凭证、银行付款凭证及相关银行对账单复印件。

4. 专利申请文件(中文)、评估报告、有关协议或合同复印件等。

5. 项目总结。

6. 其他必要的证明材料。

三、境外商标注册项目

1. 商标注册提供注册文件及标识和国外商标管理机构接受函(中外文)原件及复印件，如委托代理机构注册，需提供代理协议复印件。

2. 项目实际发生费用的合法凭证(发票)复印件、银行付款凭证及相关银行对账单复印件。

3. 项目总结。

4. 其他必要的证明材料。

四、管理体系认证项目

1. 项目申报单位与所委托的认证机构的合同复印件。

2. 认证证书原件及复印件。

3. 项目实际发生费用的合法凭证(发票)复印件、银行付款凭证及相关银行对账单复印件。

4. 提供认证单位的有关认证机构认可委员会的认证资格证复印件。

5. 项目总结。

6. 其他必要的证明材料。

五、产品认证项目

1. 项目申报单位与所委托的认证机构的合同复印件。

2. 认证证书原件及复印件，检验检测报告原件及复印件。

3. 项目实际发生费用的合法凭证(发票)，银行付款凭证及相关银行对账单复印件。

4. 认证机构资质证明材料(凡在国内的产品认证公司需提供国家认监委颁发的认证资格批准件、国外认证公司的授权书复印件)。

5. 项目总结。

6. 其他必要的证明材料。

六、提高经营管理信息化水平

1. 项目申报企业与ERP云服务提供单位的合同复印件、企业购买外贸企业ERP云服务功能介绍材料，或项目申报企业与第三方服务商完成ERP系统改造升级的合同复印件，及中国出口信用保险公司(上海分公司)提供的企业ERP系统与"信保通"EDI对接确认证明原件。

2. 服务商营业执照复印件。

3. 项目实际发生费用的合法凭证(发票)复印件、银行付款凭证复印件、相关银行对账单复印件。

4. 项目总结。

5. 其他必要的证明材料。

七、提高经营管理科学决策水平

1. 项目申报企业与中国出口信用保险公司(上海分公司)签订的资信协议复印件或资信产品申请表复印件。

2. 项目实际发生费用的合法凭证(发票)复印件、银行付款凭证复印件、相关银行对账单复印件。

3. 项目总结。

4. 其他必要的证明材料。

八、增加全面风险管理能力

1. 项目申报企业与中国出口信用保险公司(上海分公司)签订的风险管理咨询协议复印件或风险管理培训申请表复印件。

2. 咨询报告复印件或培训资料和参加培训的企业人员签到登记表原件及复印件。

3. 培训工作照片(照片粘贴在一张 A4 纸上)。

4. 项目实际发生费用的合法凭证(发票)复印件、银行付款凭证复印件、相关银行对账单复印件。

5. 项目总结。

6. 其他必要的证明材料。

九、培育竞争新优势

1. 项目申报企业与中国出口信用保险公司(上海分公司)签订的风险管理平台服务协议复印件。

2. 项目申报企业使用风险管理平台服务网页截图。

3. 项目实际发生费用的合法凭证(发票)复印件、银行付款凭证复印件、相关银行对账单复印件。

4. 项目总结。

5. 其他必要的证明材料。

十、申报材料统一要求

1. 每个项目均须提供网上填写完成并打印的项目资金拨付申请表。

2. 所有提交书面材料的每一页均须加盖单位公章。

3. 提交的书面材料统一在 A4 纸上打印,并按顺序装订。

4. 提交书面材料中的外文关键条款应提供中文翻译。

5. 各项目的总结应如实反映项目实际执行情况及取得的效果，字数不得少于500字。

6. 各单位对网上填报的信息及所提交书面材料的真实性和合法性负责。

7. 所提供的相关书面资料均一式两份。

(资料来源: https://smeimdf.mofcom.gov.cn/news/view.jsp?id=1111337970)

5.4　农业科技成果转化资金

农业科技成果转化资金是以中央财政为引导，吸收了社会各种渠道的资金，主要用于支持农业科技型企业。

5.4.1　转化资金的设立

农业科技成果转化资金设立于 2001 年，用于支持由科技部和财政部共同实施的，农业部负责监理的，农业部属科研、教学、推广单位承担的农业科技成果转化资金项目。

农业科技成果转化资金来自中央财政拨款，由科技部、财政部共同管理。农业科技成果转化资金是一种政府引导性资金，通过吸引地方、企业、科技开发机构和金融机构等渠道的资金投入，支持农业科技成果进入生产的前期性开发，一步步建立适应社会主义市场经济，符合农业科技发展规律，有效支撑农业科技成果向现实生产力转化的新型农业科技投入保障体系。

5.4.2　转化资金的支持项目

农业科技成果转化资金的支持对象主要为农业科技型企业。转化资金鼓励产学研结合，鼓励科技成果的持有单位以技术入股等多种形式参与成果转化和市场竞争，鼓励科研机构和大学通过创办企业的方式申报转化资金项目。服务于农业、农村，以社会效益和生态效益为主，公益性强的转化资金项目，可由科研单位和大学来承担。

一般来讲，转化资金重点支持的项目包括：

(1) 动植物新品种(或品系)及良种选育、繁育技术成果转化；

(2) 农副产品贮藏加工及增值技术成果转化；

(3) 集约化、规模化种养殖技术成果转化；

(4) 农业环境保护、防沙治沙、水土保持技术成果转化；

(5) 农业资源高效利用技术成果转化；

(6) 现代农业装备与技术成果转化。

需要注意的是，转化资金不支持已经成熟配套并大面积推广应用的科技成果转化项目，不支持有知识产权纠纷的项目，不支持低水平重复项目。

5.4.3　转化资金的支持方式

根据农业科技成果转化项目和项目承担单位的特点，转化资金分别以贷款贴息、无偿资助、资本金注入的方式来给予支持。

(1) 贷款贴息：对已具备一定产业化能力，具有市场前景，有望形成一定规模、取得一定效益，并已落实银行贷款的转化资金项目，采取贷款贴息的方式给予支持。转化资金贴息金额原则上不超过第一年到位贷款所应支付银行利息的总额，并根据不同情况予以贴息。

(2) 无偿资助：对具有较大社会和生态效益，或不易直接取得市场回报的农业科技成果的转化资金项目，采取无偿资助的方式来给予支持。转化资金资助总额一般不超过 200 万元，重大项目不超过 300 万元。另外，申请无偿资助的转化资金项目，申请单位需要匹配一定的自筹资金。

(3) 资本金注入：主要用于支持有较高技术水平和后续创新能力，对农业和农村经济结构调整及行业技术进步有较大促进作用，有很大的"潜力"能形成新兴产业的项目。

申请贷款贴息和无偿资助的转化资金项目，项目实施周期一般不超过两年。

5.4.4　转化资金的获取

1. 申报单位的条件

申报转化资金项目的单位应具有从事农业科技成果转化的能力，依法登记注册，具备独立法人资格，产权清晰，财务管理制度健全，并具备一定的农业科技开发业绩。

2. 转化资金支持的科技成果范围

转化资金支持的科技成果来源包括国家或国务院部门、省级农业科技计划所形成的科技成果，以及企业、科研单位自主研究开发形成的农业科技成果。

具体来说，转化资金支持的科技成果一定要具备以下条件：

(1) 符合国家农业、农村经济和农业科技发展战略、规划与政策，可以促进农业和农村经济结构的战略性调整，能增加农民收入，有利于改善农业生态环境和提高农业国际竞争力；

(2) 有较大推广应用潜力或者良好的市场开发前景；

(3) 技术水平高，核心知识产权归申报单位所有，或者属于已经引进吸收但需中试国产化，以利于掌握其核心技术的技术成果；

(4) 科技成果必须经省(区、市)或国家有关专门机构认定或审定。

3. 申报的程序

转化资金的申报程序如下。

(1) 符合申报条件的单位填写《农业科技成果转化资金项目申请书》并撰写《农业科技成果转化资金项目可行性研究报告》，报送国务院有关部门或省(区、市)科技厅(科委)。

(2) 国务院有关部门科技司或省(区、市)科技厅根据转化资金项目指南，组织项目申报，并对项目申报单位的资格，项目的先进性、真实性及转化可行性等进行审核，在申报书上签署推荐意见后，报送科技部。

(3) 科技部将对申报的项目进行形式审查。审查不合格的项目，当年不得再次申报。

(4) 形式审查合格的项目，科技部组织专家对项目进行评审。经评审认定合格的项目，纳入科技部项目库管理。同时，提出当年安排项目建议清单，由协调小组进行认定。

(5) 经认定的项目由科技部、财政部审核批准，并通过媒体向社会公告。

(6) 经批准的项目将根据科技部科技项目管理的有关规定，由科技部主管单位与项目承担单位签订项目合同。

⏰ 拓展阅读5-4

河北省农业科技成果转化项目至少享受30万元扶持

2020年度河北省农业科技成果转化资金项目支持重点为优质特色农产品新品种、农业绿色生产技术、农产品质量安全与新型农用物资、食品及农副产品加工和智慧农业。

省级农业科技成果转化资金项目采用直接补助的支持方式，项目支持额度为30万元以上。

申报条件为：申请单位是企业的，应当在河北省境内，并于2017年12月以前依法登记注册，企业注册资金应当大于所申报项目的支持额度，资产负债率不超过60%；申请单位为科研院所和高校的，转化成果应当具有自有知识产权，且与企业联合申报；申请单位为企业的，应当享有所转化科技成果的知识产权，不是自有成果的须与科研单位和高校联合申报；转化成果涉及行业许可的，应当有省级以上部门或其指定的法定资质机构审定、检测、许可；科技成果主要在河北省范围内适用，为河北省现代农业发展服务；申请单位应当具备相应的技术研发条件和转化能力。

（资料来源：http://www.he.xinhuanet.com/xinwen/2019-12/30/c_1125402295.htm，作者有删改）

5.5　中小企业服务体系专项补助资金

中小企业服务体系专项补助资金来源于中央财政，主要对中小企业服务机构开展的一些服务业务进行补助。

5.5.1　补助资金的设立

中小企业服务体系专项补助资金成立于 2003 年，是指中央财政预算安排的，用于支持中小企业服务机构开展有关促进中小企业发展的服务业务所发生支出的补助资金。

5.5.2　补助资金支持的项目及资助标准

补助资金按业务支出类别进行管理，采用无偿资助的方式发放，主要用于中小企业服务机构开展以下服务业务的补助。

(1) 培训服务，包括创业培训、中小企业经营管理及专业技术人员培训、中小企业服务机构从业人员培训和政府部门直接从事的中小企业管理工作人员培训。

培训经费中的场租费、授课费和教材费可按正常标准予以全额资助，场租费、授课费和教材费得到全额资助的中小企业服务机构不得再另行收取相关费用。培训发生的食宿费可予以适当补助，每人每天补助不超过 150 元。

(2) 信用服务，包括建立中小企业信用档案，开展中小企业信用征集与评价活动。信用服务业务经费按实际发生额来给予适当补助。

(3) 创业服务，指中小企业服务机构为创办小企业提供的创业指导、综合服务等活动。创业服务业务经费按实际发生额给予适当补助。

(4) 管理咨询服务，指中小企业服务机构为提高中小企业管理水平开展的管理咨询、企业诊断、信息服务等活动。管理咨询服务业务经费按实际发生额给予适当补助。

(5) 经财政部批准的其他支出。

需要注意的是，只要得到了政府对相关业务的部分补助，开展服务的机构在收取服务费用时应相应降低相关收费标准。

5.5.3　补助资金的获取

1. 补助资金的申请条件

申请中小企业服务体系专项补助资金的中小企业服务机构应具备以下条件：

(1) 具有法人资格，拥有为中小企业服务相应业务的资格；

(2) 熟悉国家和地方促进中小企业发展的法律、法规和政策，熟悉行业准入、工商和税务等登记方面的政策和规定，熟悉企业设立程序，熟悉企业管理业务；

(3) 具有从事中小企业服务业务的专业人员，包括法律、技术、经济等方面的专业人员；

(4) 在申请资助的业务领域有丰富的工作经验，并有与之相关的工作业绩；

(5) 有固定的工作场所；

(6) 有健全的财务管理制度；

(7) 其他应符合的条件。

确认企业符合条件之后，就可以提出申请了。

2. 补助资金的申请程序

(1) 由符合规定条件的单位提出申请。中央所属单位向国家发展改革委提出申请，并抄报财政部；地方所属单位向省级中小企业主管部门提出申请，省级中小企业主管部门联合同级财政部门上报国家发展改革委，并抄报财政部。

(2) 国家发展改革委将收到的申请报告和资料汇总后，提出资金使用计划报送财政部。

(3) 财政部审核批复中小企业补助资金使用计划，并按规定的程序拨付资金。

3. 补助资金申请所需的材料

(1) 中小企业服务体系建设专项补助资金申请书；

(2) 法人营业执照副本(复印件)；

(3) 提供服务的相应业务资格证书(复印件)；

(4) 申报单位基本情况及为中小企业提供相应业务服务的情况汇总；

(5) 为中小企业提供服务的服务合同、收费凭据、服务结果证明等相关服务证明材料(复印件);

(6) 服务对象(中小企业)对服务的满意程度进行评价的评价材料;

(7) 当年度省级中小企业主管部门、省财政厅关于开展中小企业服务体系专项补助资金申报工作通知文件中要求的其他相关材料。

5.6 中小企业平台式服务体系建设专项补助资金

中小企业平台式服务体系建设专项资金是由中央财政拨款,用于补助中小企业公共服务平台建设。

5.6.1 补助资金的设立

中小企业平台式服务体系是指各类社会服务机构为中小企业发展构建的具有平台式公共服务功能的服务体系。

中央补助地方中小企业平台式服务体系建设专项资金是由中央财政预算安排的,专项用于补助地方中小企业平台式服务体系建设的资金,设立于 2004 年。

中小企业平台式服务体系建设专项补助资金采取拨款补助的方式,补助对象为中小企业服务机构。

5.6.2 补助资金的支出项目

中小企业平台式服务体系建设专项补助资金用于中小企业公共服务平台建设,具体开支范围如下。

(1) 必要的设备购置支出。

(2) 软件开发或购置支出。

(3) 为拓展服务范围,对现有场地进行必要改造的支出。

(4) 购买行业先进、共性、适用技术成果的支出。

(5) 信息采集支出。

(6) 经财政部批准的其他支出。

5.6.3 补助资金的获取

1. 补助资金的申请条件

申请补助资金的中小企业服务机构的条件如下：

(1) 具有法人资格，拥有为中小企业服务相应业务的资格；

(2) 具有从事中小企业服务业务的专业人员，具备为中小企业提供社会服务的业务能力及必要的服务设施；

(3) 有为中小企业提供社会服务的工作场所；

(4) 有完整的服务规程和健全的财务管理制度；

(5) 其他应符合的条件。

2. 补助资金的申请与审批程序

确认企业符合申请补助资金的条件后，就可以等待财政部门的通知，然后按照通知要求申请补助。

(1) 财政部印发年度资金申报通知。

(2) 省级财政部门按项目组织申报材料，并在规定的时间内报送财政部。申报材料包括正式申请文件和项目的实施方案。

(3) 财政部在对地方申报补助资金项目进行评审的基础上，根据国家有关法律法规及预算管理的规定，编制、下达中小企业服务体系建设补助资金计划，并按有关规定及时拨付资金。

接受中小企业服务体系建设补助资金的中小企业服务机构应承担向中小企业提供技术、人才、信息、管理等平台服务的义务，并定期将提供平台服务的有关情况报地方财政部门备案。

5.7 中小企业信用担保资金

中小企业信用担保资金由中央财政出资，用于支持中小企业的信用担保及再担保机构。

5.7.1 担保资金的设立

中小企业信用担保资金是由中央财政预算安排，专门用于支持中小企业信用担保机构和中小企业信用再担保机构，增强其业务能力，扩大中小企业担保业务，改善中小企业特别是小型、微型企业融资环境的资金，设立于 2010 年。

财政部负责中小企业信用担保资金的预算管理及资金拨付，会同工业和信息化部确定项目资金分配方案，并对资金的使用情况进行监督检查。

工业和信息化部会同财政部确定担保资金的年度支持重点，建立担保资金项目管理系统，组织项目申报和审核，并对项目实施情况进行监督和检查，在担保机构业务信息报送工作的基础上开展担保(再担保)项目储备工作。

中小企业信用担保资金的设立过程如图 5-1 所示。

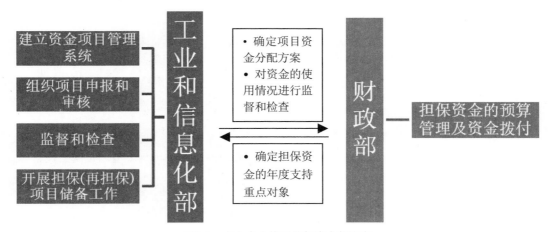

图5-1　中小企业信用担保资金的设立

5.7.2　担保资金的支持项目

(1) 业务补助。鼓励担保机构和再担保机构为中小企业特别是小型、微型企业提供担保(再担保)服务。对符合条件的担保机构开展的中型、小型、微型企业担保业务，分别按照不超过年平均在保余额的 1%、2%、3%给予补助。对符合条件的再担保机构开展的中型和小型、微型企业再担保业务，分别按照不超过年平均在保余额的 0.5%和 1%给予补助。

(2) 保费补助。鼓励担保机构为中小企业提供低费率担保服务。在不提高其他费用标准的前提下，对担保机构开展的担保费率低于银行同期贷款基准利率的 50%的中小企业担保业务给予补助，补助比例不超过银行同期贷款基准利率的 50%与实际担保费率之差，并重点补助小型、微型企业低费率担保业务。

(3) 资本金投入。鼓励担保机构扩大资本规模，提高信用水平，增强业务能力。特殊情况下，对符合条件的担保机构、再担保机构，按照不超过新增出资额的 30%给予注资支持。

(4) 其他。用于鼓励和引导担保机构、再担保机构开展中小企业信用担保(再担保)业务的其他支持方式。

需要注意的是,符合条件的担保机构、再担保机构可以同时申请以上不限于一项支持方式的资助,但单个担保机构当年获得担保资金的资助额不超过 2000 万元,单个再担保机构当年获得担保资金的资助额不超过 3000 万元(资本金投入方式除外)。

5.7.3 担保资金的获取

1. 担保机构申请担保资金的条件

申请担保资金的担保机构必须同时具备下列条件。

(1) 依据国家有关法律、法规设立和经营,具有独立企业法人资格,取得融资性担保机构经营许可证。

(2) 经营担保业务 2 年及以上,无不良信用记录。

(3) 担保业务符合国家有关法律、法规、业务管理规定及产业政策,当年新增中小企业担保业务额占新增担保业务总额的 70%以上或当年新增中小企业担保业务额在 10 亿元以上。

(4) 对单个企业提供的担保责任余额不超过担保机构净资产的 10%,对单个企业债券发行提供的担保责任余额不超过担保机构净资产的 30%。

(5) 东部地区担保机构当年新增担保业务额达平均净资产 [平均净资产=(年初净资产+年末净资产)/2]的 3.5 倍以上,且代偿率低于 2%;中部地区担保机构当年新增担保业务额达平均净资产的 3 倍以上,且代偿率低于 2%;西部地区担保机构当年新增担保业务额达平均净资产的 2.5 倍以上,且代偿率低于 2%。

(6) 平均年担保费率不超过银行同期贷款基准利率的 50%。

(7) 内部管理制度健全,运作规范,按规定提取准备金,并及时向财政部门报送企业财务会计报告和有关信息。

(8) 近 3 年没有因财政、财务或其他违法、违规行为受到县级以上财政部门及其他监管部门的处理处罚。

(9) 应当具备的其他条件。

2. 再担保机构申请担保资金的条件

申请担保资金的再担保机构必须同时具备下列条件:

(1) 依据国家有关法律、法规设立和经营，具有独立企业法人资格；

(2) 以担保机构为主要服务对象，经营中小企业再担保业务 1 年及以上；

(3) 再担保业务符合国家有关法律、法规、业务管理规定及产业政策，当年新增中小企业再担保业务额占新增再担保业务总额的 70% 以上；

(4) 当年新增再担保业务额达平均净资产的 5 倍以上；

(5) 平均年再担保费率不超过银行同期贷款基准利率的 15%；

(6) 内部制度健全，管理规范，及时向财政部门报送企业财务会计报告和有关信息；

(7) 近 3 年没有因财政、财务或其他违法、违规行为受到县级以上财政部门及其他监管部门的处理处罚；

(8) 应当具备的其他条件。

3. 担保资金的申请和审批程序

(1) 工业和信息化部、财政部每年联合下发申报通知，明确当年担保资金支持重点、资助比例、具体条件、申报组织等内容。各省级财政(财务)部门和同级中小企业主管部门负责本地区担保资金的申请、审核工作。

(2) 省级中小企业主管部门会同同级财政部门在本地区范围内公开组织担保资金的项目申报，建立专家评审制度，结合业务信息报送情况，对申请项目进行评审，并纳入担保资金项目管理系统进行管理。

(3) 省级财政部门会同同级中小企业主管部门依据专家评审意见确定申报的项目，并在规定时间内，将担保资金申请报告及其他相关资料上报财政部、工业和信息化部。

(4) 工业和信息化部会同财政部对各地上报的申请报告及项目情况进行审核，并提出项目计划。

(5) 经工业和信息化部、财政部审核批准后，项目计划向社会公示，接受监督，公示期不少于 7 个工作日。项目公示期结束后，工业和信息化部将公示期内没有异议和经调查核实没有问题的项目列为支持项目，向财政部提出资金使用计划。

(6) 财政部对资金使用计划进行审定，将预算指标下达到省级财政部门，并根据预算管理规定及时拨付担保资金。省级财政部门按照规定程序，及时、足额将资金拨付至担保机构、再担保机构。

(7) 担保机构、再担保机构收到担保资金后，应在 10 日内将资金到位时间、额度以及账务处理等信息以书面形式向省级财政部门反馈。

4. 申请担保资金的机构需准备的材料

申请担保资金的担保机构、再担保机构应提交担保资金申请报告，同时提供下列资料：

(1) 营业执照副本及章程(复印件)；

(2) 经会计师事务所审计的会计报表和审计报告(复印件)；

(3) 经会计师事务所专项审计的担保业务情况(包括担保业务明细、风险准备金提取及担保业务收费等)；

(4) 对申请资料真实性负责的声明；

(5) 其他需提供的资料。

对于刚刚开始创业的大学生，一般不需要申请中小企业信用担保资金。但是如果创业项目在融资时有担保企业担保，那么融资难度会下降很多。所以，当寻求担保机构为企业提供担保时，如果担保机构能够获得中小企业信用担保资金，那么企业的担保成本以及获取担保的难度将会有所降低。

5.8　清洁生产专项资金

清洁生产专项资金由中央财政出资，对中小企业实施的清洁生产项目进行补助。

5.8.1　专项资金的设立

清洁生产专项资金是指中央财政预算安排的，用于支持重点行业中小企业实施清洁生产的专项资金。清洁生产专项资金设立于 2004 年，采取拨款补助的管理方式。

这里的清洁生产，是指不断采取改进设计，使用清洁的能源和原料，采用先进的工艺技术与设备、改善管理、综合利用等措施，从源头削减污染，提高资源利用效率，减少或者避免生产、服务和产品使用过程中污染物的产生与排放，以减轻或者消除对人类健康和环境的危害。

清洁生产专项资金支持的重点行业是指石化、冶金、化工、轻工、纺织、建材等污染相对严重的行业。

5.8.2 专项资金支持的项目

(1) 通过采取改进产品设计，采用无毒无害的原材料，使用清洁的或者再生的能源，运用先进的、物耗低的生产工艺和设备等措施，从源头削减污染物的清洁生产项目；

(2) 通过采取改进生产流程、调整生产布局、改善管理、加强监测等措施，在生产过程中控制污染物产生的清洁生产项目；

(3) 对物料、水和能量等资源进行综合利用或循环使用的清洁生产项目；

(4) 采用成熟的清洁生产技术和工艺，具有推广示范效应的清洁生产项目；

(5) 其他具有推广示范效应的清洁生产项目。

5.8.3 专项资金的获取

1. 专项资金的申请条件

申请清洁生产专项资金补助的中小企业应当具备的条件：

(1) 具有法人资格；

(2) 熟悉所属行业的清洁生产技术和标准；

(3) 具备实施清洁生产的能力，包括实施清洁生产的技术方案、工艺流程、技术力量和项目资金来源等；

(4) 有健全的管理制度，财务、信用状况良好；

(5) 其他须具备的条件。

2. 专项资金的申报及审批程序

(1) 财政部印发年度资金申报通知；

(2) 省级财政部门按项目组织申报材料，申报材料包括正式申请文件和项目的实施方案，并在规定的时间内报送财政部；

(3) 财政部在对地方申报补助资金项目进行评审的基础上，根据国家有关法律法规及预算管理的规定，编制并下达清洁生产资金计划，并按有关规定及时拨付资金。

需要注意的是，接受清洁生产专项资金补助的中小企业要承担披露清洁生产工艺流程和技术方案的义务。披露时，企业受法律保护的知识产权和商业机密除外。

青岛市2016年清洁生产专项资金绩效报告

一、专项资金绩效情况

(一) 专项资金设立情况

根据《中华人民共和国清洁生产促进法》《山东省清洁生产促进条例》和《青岛市财政局清洁生产专项资金管理办法》(青财企〔2015〕37号)设立清洁生产专项资金,主要用于政府购买企业清洁生产环境减排贡献量和第三方中介机构审核认定服务费用。

(二) 年度绩效目标完成情况

截至2016年年末,全市累计推进完成11个园区自愿清洁生产建设,自愿清洁生产企业达601户。其中2016年自愿清洁生产企业35户,推进完成1个园区清洁生产建设。

二、专项资金项目绩效情况

(一) 2016年专项资金预算批复情况

市财政局发布《关于批复2016年市级部门预算的通知》(青财预指〔2016〕2号)文件,安排清洁生产专项资金800万元。

(二) 2016年项目安排情况

(1) 安排概况

2016年,清洁生产专项资金安排政府购买企业清洁生产环境减排贡献量项目和中介机构审核认定服务费项目两类,实际拨付资金57.5万元,其中,政府购买企业清洁生产环境减排贡献量项目3个,补助金额49万元,中介机构审核认定服务费项目4个,补助金额8.5万元。

(2) 各项目绩效情况

2016年9月,市经济信息化委和市财政局下发《关于做好青岛市2016年清洁生产专项资金项目申报工作的通知》(青经信字〔2016〕65号),组织申报2016年清洁生产专项资金项目。

此次首次采取政府购买企业清洁生产环境减排贡献量的支持方式,共有17家企业提报了项目申报资料,聘请专家对申报资料进行了初审,并委托4家有资质的第三方能量评估审核机构现场核查项目情况,计算环境减排贡献量,为每家企业出具清洁生产环境减排贡献量审核认定报告,对于每份审核认定报告的质量,组织第三方机构相互交叉审核,并出具了评审意见。

按照政府每当量吨1000元的价格购买企业环境减排贡献量标准核算及最高补助不超过30万元的上限规定,此次实际补助3家企业,补助金额合计49万元。

另外14家企业不符合申报条件和要求,此次不纳入补助范围。不符合的原因主要分四类:

一是申报主体不是规模以上企业；二是项目单位为外资企业；三是减排贡献量未达到申报要求；四是项目不在申报要求的期间竣工。

通过创新实施政府购买企业清洁生产环境减排贡献量方式，支持企业实施清洁生产改造项目，资金支持方式由原来注重数量向注重质量转变，促进了企业节能降耗增效，有效地推进了清洁生产工作开展。

(资料来源：http://www.qingdao.gov.cn/n172/n24624151/n24625275/n24625289/n24625345/170713095530888163.html)

5.9 国家科技成果转化引导基金

国家科技成果转化引导基金由国家财政拨款并吸收社会投资和捐赠，用于引导、带动社会资本向科技成果领域转化。

5.9.1 引导基金的设立

为贯彻落实《国家中长期科学和技术发展规划纲要》，加速推动科技成果转化与应用，引导社会力量和地方政府加大科技成果转化投入，科技部、财政部在 2011 年设立国家科技成果转化引导基金，充分发挥财政资金的杠杆和引导作用，创新财政科技投入方式，带动金融资本和民间投资向科技成果转化集聚，进一步完善多元化、多层次、多渠道的科技投融资体系。

国家科技成果转化引导基金遵循引导性、间接性、非营利性、市场化的原则，主要用于支持转化利用财政资金形成的科技成果，包括国家(行业、部门)科技计划(专项、项目)、地方科技计划(专项、项目)及其他由事业单位产生的新技术、新产品、新工艺、新材料、新装置及其系统等。

国家科技成果转化引导基金的资金来源为中央财政拨款、投资收益和社会捐赠。

5.9.2 引导基金的支持方式

国家科技成果转化引导基金的支持方式有设立创业投资子基金、给予贷款风险补偿和给予绩效奖励三种，每一种支持方式的设立和运作规定都略有不同。

1. 设立创业投资子基金

国家科技成果转化引导基金与符合条件的投资机构共同发起设立创业投资子基金，为转化科技成果的企业提供股权投资。科技部负责按规定批准发起设立子基金，鼓励地方创业投资引导性基金参与发起设立子基金。

创业投资子基金的设立和运作要遵循以下规定。

(1) 国家科技成果转化引导基金不作为子基金的第一大股东或出资人，对子基金的参股比例为子基金总额的 20%~30%，其余资金由投资机构依法募集。

(2) 子基金应以不低于转化基金出资额 3 倍的资金投资于转化成果库中科技成果的企业，其他投资方向应符合国家重点支持的高新技术领域。

(3) 子基金不得从事贷款或股票(投资企业上市除外)、期货、房地产、证券投资基金、企业债券、金融衍生品等投资，也不得用于赞助、捐赠等支出，待投资金应当存放银行或购买国债。

(4) 子基金存续期一般不超过 8 年，鼓励其他投资者购买国家科技成果转化引导基金在子基金中的股权。

(5) 子基金应当在科技部、财政部招标选择的银行开设托管账户，存续期内产生的股权转让、分红、清算等资金应进入子基金托管账户，不得循环投资。

(6) 子基金应当委托投资管理公司或管理团队进行管理。

(7) 国家科技成果转化引导基金向子基金派出代表，对子基金行使出资人职责。

(8) 子基金存续期结束时，年平均收益达到一定要求的，投资管理公司或管理团队可提取一定比例的业绩提成；子基金出资各方按照出资比例或相关协议约定获取投资收益，并可把部分收益奖励给投资管理公司或管理团队。

(9) 子基金应当在投资人协议和子基金章程中载明规定的相关事项。

2. 给予贷款风险补偿

科技部、财政部招标确定合作银行，对合作银行符合下列条件的贷款可由国家科技成果转化引导基金给予一定的风险补偿：

(1) 向年销售额 3 亿元以下的科技型中小企业发放用于转化成果库中科技成果的贷款；

(2) 上述贷款的期限为 1 年期(含 1 年)以上；

(3) 贷款发生地省级政府出资共同开展成果转化贷款风险补偿；

(4) 年度风险补偿额按照合作银行当年的成果转化贷款额进行核定，补偿比例不超过贷款额的 2%。

3. 给予绩效奖励

对于为转化科技成果做出突出贡献的企业、科研机构、高等院校和科技中介服务机构，国家科技成果转化引导基金可给予一次性资金奖励。绩效奖励对象所转化的成果应同时符合以下条件：

(1) 国家科技成果转化引导基金主要用于支持转化利用财政资金形成的科技成果，包括国家(行业、部门)科技计划(专项、项目)、地方科技计划(专项、项目)及其他由事业单位产生的新技术、新产品、新工艺、新材料、新装置及其系统等；

(2) 在培育战略性新兴产业和支撑当前国家重点行业、关键领域发展中发挥了重要作用；

(3) 未曾获得中央和地方财政用于科技成果转化方面的资金支持。

绩效奖励项目由有关部门和省级科技部门、财政部门向科技部、财政部推荐。科技部、财政部组织专家或委托中介机构对申请绩效奖励的项目的经济和社会效益进行评价，科技部依据评价结果提出绩效奖励对象和额度的建议报送财政部。

绩效奖励资金应当分别用于以下方面：①获奖企业的研究开发活动；②获奖科研机构、高等院校的研究开发、成果转移转化活动；③获奖科技中介服务机构的技术转移活动；④获奖单位对创造科技成果和提供技术服务的科研人员的奖励。

5.10 中小企业发展基金

2012 年 4 月，国务院在《关于进一步支持小型微型企业健康发展的意见》中提出，要依法设立国家中小企业发展基金；2015 年 9 月，国务院在《国务院关于国家中小企业发展基金设立方案的批复》(国函〔2015〕142 号)中要求，工信部会同财政部、科技部、发展改革委、工商总局五部门积极推动国家中小企业发展基金实体基金设立和投入运营。

中小企业发展基金的政策导向主要是面向新兴产业、民族特色产业(民族特色手工业、珠宝玉石、中医药、特色文化)。

中小企业发展基金主要用于引导地方、创投机构及其他社会资金支持处于初创期的小微企业，实现政府与市场携手增强创业创新动力。

中小企业发展基金的运作主要采取母基金的方式，与国内优秀创投管理机构形成战略合作，进行市场化投资。同时，国家中小企业发展基金兼具融资担保功能。

2016年1月，国家中小企业发展基金的首只实体基金落户深圳。该基金共有资金60亿元，中央财政出资15亿元，吸引深圳市政府、金融机构、大型民营企业等其他社会资本出资45亿元，中央财政资金放大效应显著。中小企业发展基金2016年已设立四只实体基金并开始投入运营，基金总规模为195亿元人民币，分别为中小企业发展基金(深圳有限合伙)、中小企业发展基金(江苏有限合伙)、中小企业发展基金(江苏南通有限合伙)、中小企业发展基金(深圳南山有限合伙)，基金管理人分别为深圳国中创业投资管理有限公司、江苏毅达股权投资基金管理有限公司、清控银杏创业投资管理(北京)有限公司、深圳市富海中小企业发展基金股权投资管理有限公司(由深圳市东方富海投资管理股份有限公司组建并委派核心管理团队专职管理)。

中小企业发展基金成立仅一年多，即到2017年12月底，四只实体基金就已完成投资项目130个，投资金额38.24亿元；所投项目涵盖高端装备制造、新能源新材料、生物医药、信息技术等中国制造2025的十大重点领域，以及大健康、消费品与现代服务业、节能环保、互联网新媒体等多个行业；所投项目区域分布华东、华南、华中、东北、华北及西部地区，基本覆盖了全国各区域，兼顾了对欠发达地区项目的投资。

2020年5月，为贯彻落实《关于促进中小企业健康发展的指导意见》及国务院的决策部署，在工信部与财政部的牵头推动下，中央财政出资150亿元，与上海国盛、中国烟草等社会出资人发起成立了国家中小企业发展基金有限公司(母基金)，主要通过投资设立子基金等方式(同时保留部分可投资金用于跟随子基金直接投资相关优质项目)，使基金总规模达到1000亿元以上，重点解决创新型中小企业的中长期股权融资问题，更好地服务实体经济，更好地促进中小企业创新发展，在培育新业态、新模式、新增量、新动能等方面发挥积极作用。

国家中小企业发展基金有限公司将按照市场化、职业经理人机制运作的原则，择优遴选优秀管理机构负责子基金的投资运营管理，实现股东效益目标与政策性目标的有机统一。

⏰ 拓展阅读5-6

国家队入场——国家中小企业发展基金有限公司正式成立

2020年6月22日，国家中小企业发展基金有限公司正式成立，注册资本357.5亿元人民币。该公司由财政部、中国烟草、中国人寿等国家部委、国企牵头，标志着国家中小企业发展基金正式作为母基金开展实体运营，并有望通过引导社会资本使子基金总规模放大至1000亿元。

国家中小企业发展基金设有基金理事会，理事会则由国家财政部、工信部、科技部、发改委、工商总局等五部委组成。理事会办公室设在工业和信息化部中小企业局，负责理事会日常工作，并贯彻三个原则：一是基金投向要进一步体现市场化运作与政策目标的有机结合，统筹考虑行业性、区域性等政策要求；二是要实现与各地方政府引导基金、市场化基金的联动投资，充分体现国家财政资金的放大效应；三是要研究、探索投贷联动机制，为中小企业提供更加多元化的融资服务方式。

国家中小企业发展基金有限公司的股东包括：国家级机构，有财政部、国务院国有资产监督管理委员会、中国证监会、全国社保基金理事会、中国民用航空局等；省级机构，有上海市国有资产监督管理委员会、广东省人民政府、上海市财政局、辽宁省国有资产监督管理委员会等；市及区级的股东，有中山市人民政府国有资产监督管理委员会、合肥市人民政府国有资产监督管理委员会、深圳市人民政府国有资产监督管理委员会等。此外，深圳证券交易所、上海证券交易所等，也都在其股东行列中。基于此，国家中小企业发展基金有限公司被称为中小企业发展基金中的"国家队"。

全国政协经济委员会副主任刘世锦曾指出，我国中小企业具有"五六七八九"的典型特征，即贡献了 50% 以上的税收，60% 以上的 GDP，70% 以上的技术创新，80% 以上的城镇劳动就业，以及 90% 以上的企业数量。中国经济的发展离不开中小企业。在中小企业发展过程中，国家中小企业发展基金有限公司的成立，可以更好地服务中小企业，从而让中小企业主更专注主业发展，更好地为经济发展做贡献。

早在 2016 年 1 月，国家中小企业发展基金已陆续发起四只有限合伙制子基金，四年多来在资本回报与社会价值上都取得良好反馈。此次"国家队"以"有限公司"的身份高调进场，表明之前四只子基金的成功经验值得复制和推广，国家在通过市场手段发展中小企业这一战略实施上将更加主动和有担当，对中小企业无疑是重大利好。

从短期来看，中小企业能借助外力度过疫情带来的挑战。从长期来看，因为国家中小企业发展基金在投资决策上更具宏观思维、更有远见，往往能知微见著地发现具备长足发展力的初创企业，因此国家中小企业发展基金有限公司的成立更能为社会资本给中小企业提供股权资本支持指明方向。届时，将会有更多优质创新中小企业脱颖而出，为国民经济发展增添活力。

国家中小企业发展基金意在扶持中小企业，实现产业经济结构优化。国家中小企业发展基金投资的企业基本覆盖了全国各个区域的种子期、初创期、成长型中小企业，涵盖高端装备制造、新能源、新材料、生物医药、节能环保、信息技术等领域，同时也兼顾了欠发达地区的项目投资。可见，它关注的是整个中小企业群体的经济活力。此外，国家中小企业发展基金也比较青睐技术处于行业较高水平，特别是对产业链有重大示范效应的技术解决方案。

尤其是在 2020 年全球新冠肺炎疫情防控期间，我国成立国家中小企业发展基金母基金公司，有利于提振市场和投资者信心，助力中小企业复工复产，维护产业链稳定。同时，国家中小企业发展基金有限公司通过投资设立一批子基金，使基金总规模放大到1000亿元以上，有利于逐步形成子基金生态体系，对进一步聚焦促进中小企业发展的政策目标，促进区域协同发展与产业发展相结合，科学、规范管理，引导并带动更多社会资本支持中小企业创新发展具有重大意义。

(资料来源：https://baijiahao.baidu.com/s?id=1670371808022512550，作者有删改)

复习思考题

1. 学习了各类政策性基金或资金后，你认为国家推出这些政策性融资的目的是什么？有何意义？

2. 了解各类政策融资对融资人或项目的要求，并思考自己在创新创业过程中可能会享受哪种政策融资？为获得相应的政策性资金支持，需要准备哪些材料？

第6章
融资决策与融资操作

实际上，在真正的实践操作里，很多刚开始创业的企业及中小企业没有明确的融资计划，融资的盲目性比较大。比如，可能因生产经营计划制订不合理，导致融资额度偏差，既有可能是因为融资额度不足导致经营无法展开，也有可能因为融资额度过高导致企业股权分散或融资成本过高。更有甚者，有的企业被招摇撞骗的投资公司或者投资中介诱惑、欺诈而上当受骗，后果严重的会使企业蒙受巨大损失，影响企业的正常发展。此外，由于有的中小型企业缺乏充足的心理准备，一旦几次融资行动受挫，就会轻易放弃融资计划，从而错失一些可能成功的融资机会，延缓了企业发展的步伐。

对于企业来说，企业融资的目的是将所融资金投入企业运营，最终获取经济效益，实现股东价值最大化。因此，无论是采取哪种融资方式，都需要掌握一些融资应当遵循的原则及融资的方法和渠道，以便更精准、更有效地把握融资的机会，给企业带来更大的收益。

6.1　融资决策的原则

为确保企业融资活动顺利进行，并尽可能以最小的成本获得所需资金，企业在进行融资时，要遵循以下原则。

6.1.1　收益与风险相匹配的原则

企业融资的目的是将所融资金投入企业运营，最终获取经济效益，实现利润的最大化。因此，在融资之前，企业往往会预测本次融资所带来的最终收益，因为收益越大，利润就越多，所以很多企业往往把收益最大化放在第一位。不过，天下没有免费的午餐，在融资取得收益的同时，企业肯定也要承担相应的风险。对企业而言，收益与风险同在，尽管融资风险是不确定的，可一旦发生，企业就要承担百分之百的损失。因此，企业在融资之前不能仅仅考虑收益问题，更应该理性地进行定量及定性分析，尽可能地降低融资风险，提高融资的安全性。

一般来讲，任何融资都有可能面临诸如政策变化风险、法律风险、财务风险、信用风险等。投融资界有一个普遍认同的观点，即投融资的风险是必然的，是不确定的，因此，融资中更重要的是怎么把风险控制到最小，使收益与风险相匹配。对此，简单来说，可以首先测算融资的最终收益有多大，然后列举企业可能支出的融资成本以及可能遇到的风险因素，并根据经验预测这些风险一旦转变为损失，损失会有多大。如果融资的最终收益大于这些损失，并且这样的损失企业能够承受，那么企业的融资行为就是可行的，也就基本达到了融资收益与融资风险相匹配。当然，风险的接受程度因企业而异，并没有既定的数量上的规定，风险和收益怎样才算匹配还需企业管理者自己做出判断。

6.1.2 融资规模量力而行的原则

确定企业的融资规模，在中小企业融资过程中也非常重要。如果筹资过多，可能造成资金的闲置或浪费，增加融资成本；或者可能导致企业负债过多，使其无法承受，偿还困难，增加经营风险。但是如果企业筹资不足，又会影响企业投融资计划及其他业务的正常开展。因此，企业在刚开始进行融资决策的时候，要根据企业对资金的需要、企业自身的实际条件，以及融资的难易程度和成本情况，量力而行地确定企业合理的融资规模。

一般来说，融资规模的确定需要考虑两个因素：资金形式和资金的需求期限。

1. 资金形式

资金形式一般包括固定资金、流动资金和发展资金。固定资金用来购买一系列企业需要的生产设备及交通运输工具等，也就是企业长期发展必不可少的资金，一般需求量较大，期限较长，可以通过发行股票、长期贷款等多种方式解决。流动资金用来支撑企业在短期内的资金需求，如员工工资、办公费等，一般需求量小，可以通过自有资金或者贷款解决。发展资金是企业在发展过程中用来进行研发技术、市场开拓的资金，这部分资金需求量很大，仅仅依靠中小企业自身的力量是不够的，因此对于这部分资金可以采取增资扩股、银行贷款的方式解决。

2. 资金的需求期限

不同的企业、同一个企业不同的业务过程对资金需求期限的要求也是不同的。比如，高科技企业由于新产品从推出到被社会所接受需要较长的过程，对资金期限一般要求较长；而传统企业由于产品成熟，只要质量和市场开拓良好，一般情况下资金回收也快，实际上对资金的需求量较小。

总之，中小型企业在考虑融资规模时，一定要仔细分析需求资金的形式和需求期限的要求，做出合理的安排，压缩规模，以够用为原则。

6.1.3 融资成本最小化原则

融资成本是指企业实际承担的融资代价(或费用)，具体包括两部分：融资费用和使用费用。

融资费用是指企业在资金筹集过程中发生的各种费用，如向中介机构支付中介费；使用费用是指企业因使用资金而向其提供者支付的报酬，如股票融资向股东支付的股息、红利，发行债券和借款向债权人支付的利息。

企业融资成本是衡量企业融资效率的决定性因素，对于中小企业选择哪种融资方式有着重要意义。因为融资成本的计算要涉及很多种因素，具体运用时有一定的难度。一般情况下，按照融资来源划分的主要融资方式按融资成本由小到大的顺序排列依次为财政融资、商业融资、内部融资、银行融资、债券融资、债转股融资、股票融资。

6.1.4 资本结构合理化原则

资本结构就是企业各种资本来源的构成及比例关系，其中债权资本和权益资本的构成比例在企业资本结构的决策中居于核心地位。

债权资本是指通过借款从外部债权人处获得的资本。权益资本又叫权益性资本，是指投资者所投入的资本金减去负债后的余额，它表现出的是出资者权益，其资本的取得主要通过接受投资、发行股票或内部融资形成。

企业的资本结构既意味着不同的融资成本，也影响着企业运营的效率。简单地说，债权和股权占比不同，企业的经营成本、经营风险、经营目标都会有所不同。一般来讲，资本结构中权益性资本占比高的企业会更注重长期目标。

6.1.5　融资期限适宜原则

企业融资按照期限来划分，以一年时间为界，分为短期融资和长期融资。融资期限的选择主要取决于融资的用途和融资成本等因素。比如，从资金用途来看，如果融资是用于企业流动资产，由于流动资产具有周期短、易于变现、经营中所需补充数额较小及占用时间短等特点，企业宜于选择各种短期融资方式，如商业信用、短期贷款等。如果融资是用于长期投资或购置固定资产，这类资产一般要求资金数额大、占用时间长，因而适宜选择各种长期融资方式，如长期贷款、企业内部积累、租赁融资、发行债券、股票等。

6.1.6　保持企业控制权原则

企业控制权是指相关主体对企业施以不同程度的影响力。控制权具体体现在：控制者拥有进入相关机构的权利，例如进入公司制企业的董事会或监事会；参与企业决策的权利，并对最终的决策具有较大的影响力；在有要求时，利益能够得到体现，比如工作环境得以改善、有权参与利润分成等。

在市场经济条件下，企业融资行为所导致的企业不同的融资结构与控制权之间存在紧密联系。比如在债权、股权比例已经确定的企业里，一般情况下，股东或经理是企业控制权的拥有者；在企业面临清算、处于破产状态时，企业控制权就转移到债权人手中；在企业完全依靠内源融资维持生存的状态下，企业控制权就可能被员工所掌握(实际中，股东和经理仍有可能控制企业)。

中小企业管理者创办企业一个很大的初衷就是要把自己的企业做大做强，所以企业管理者要把控制权牢牢地抓在手里，特别是通过股权融资、增资扩股时，一定要确保自己是最大的股东。

6.1.7　融资方式最适宜原则

中小企业在融资时通常有多种融资方式可供选择，不同的融资方式因为特点不同，给企业带来的影响也是不一样的，并不是所有的融资方式都适用于每一个企业。例如，某些融资方式能够筹集的资金数量和期限与企业所需的资金数量和期限不适应；有的筹资方式手续烦琐，不适合企业迫切急需资金时使用；有些筹资方式则是由于企业的性质而无法使用，比如只有股份有限公司才能发行股票，利用股权进行融资。

企业可以通过融资增加企业本身的实力，从而加强竞争力；也可以通过融资来扩大市场份额；还可以通过融资增大企业规模和获利能力，充分利用规模经济的优势，从而提高企业在市场上的竞争力。但是需要注意的是，每个企业一定要根据自身的需求来选择合适的融资方式。例如，通常初次发行普通股并上市流通融资，不仅会给企业带来巨额的资金，还会大大提高企业的知名度和商誉，使企业的竞争力获得极大提高。再如，企业想开拓国际市场，通过各种渠道在国际资本市场上融资，尤其是与较为知名的国际金融机构或投资人合作也能够提高自己的知名度，这样就可以迅速被人们认识，无形之中提高了自身形象，也增强了企业的竞争力。当然，这种通过选择有实力的融资合作伙伴的方法来提高企业竞争力的做法在国内也是可以运用的。

总之，企业的管理者一定要根据企业的不同特点选择最适宜的投资方式。

6.1.8　把握最佳融资机会原则

融资机会，是指由有利于企业融资的诸多因素构成的有利的融资环境和时机。企业选择融资机会的过程，就是企业寻求与企业内部条件相适应的外部环境的过程。

从企业内部的角度来说，过早融资会造成资金的闲置，但是过晚融资又会丧失投资机会。从企业外部的角度来说，因为市场瞬息万变，如果把握不好会直接影响企业融资，使其难度加大。因此，企业的管理者一定要用敏捷的思路及时分析利弊并把握最佳融资机会。

6.1.9　融资方式和合作机构的稳定性原则

融资行为属于企业长期发展的一种战略，因此在企业融资过程中，一定要注意力争使本企业的融资方式和合作的金融机构保持稳定。融资方式稳定，就可以使企业能够以相对较低的成本获得稳定的、长期的资金支持。例如，某企业通过发行债券融资，如果企业能够持续使用此方式，则会逐步增加债权人对企业的信誉的了解，从而吸引更多的人不断地购买企业债券。如果合作的金融机构保持稳定的话，既可以节约融资过程中的交易成本，又能够获取诸如利率、手续费等方面的优惠，所以融资过程中，企业的管理者要尽可能保持合作的融资机构相对稳定。

拓展阅读6-1

拿到国内第一笔风险投资的创业者之悲情启示

视美乐创始人邱虹云有着"清华爱迪生"之称，也曾被誉为"中国大学生创业第一人"。1999 年 3 月，邱虹云与同学组队参加了清华大学第二届学生创业计划竞赛，之后又参加了全国大学生创业计划竞赛的决赛，获得了金奖。同年 5 月，视美乐诞生，注册资金 50 万元。其核心技术为多媒体超大屏幕投影电视，被专家称为"具有革命意义的产品"。视美乐也被称为中国第一家高科技学生创业公司。1999年年底，视美乐拿到了上海第一百货的250万元风险投资，出让了30%股权，这是国内第一笔风险投资。邱虹云的事迹经众多媒体报道后引发反响，轰动一时。

然而，备受资本追捧的视美乐最终却"栽倒"在资本手里。青岛澳柯玛集团有限责任公司看好视美乐的市场前景，出资3000万元，2000年4月25日，视美乐公司与青岛澳柯玛集团有限责任公司共同组建北京澳柯玛视美乐信息技术有限公司，双方各占50%的股份。原视美乐公司的主要技术人员全部进入澳柯玛视美乐公司。澳柯玛携带大量资金进入，视美乐管理层提出要做最好的投影仪，走高端路线，而邱虹云从技术角度提出的判断是，当时还不足以和巨头竞争，应当走中低端民用道路。但是因为邱虹云专注于研发，并没有在管理层坚持自己的意见，致使产品发展方向与最初的梦想越来越远。经过多番折腾之后，青岛澳柯玛集团后来控股澳视70%的股份，三位视美乐创始人只作为小股东存在，后来相继退出了公司管理层。最终，这次创业以3位创始人陆续离开公司结束，邱虹云也渐渐淡出了大众视野。而随着澳柯玛侵占上市公司资金案发，视美乐从此一蹶不振，这场资本合作以双输告终。

学生办公司有他们的优势，比如有闯劲，不怕吃苦，能够不计时间、不计报酬地拼命干。但是，缺点是不懂商业运作，没有企业运营方面的经验。视美乐本来凭借创新的技术极有可能三五年内上市，20年成长为中国的索尼、爱普生，但是因为缺乏资金，又不懂商业运作，在融资过程中逐步丧失了对企业经营管理的主导权。

视美乐的失败也启发我们，在企业发展之初，特别是遇到困难的时候，应该选择怎样的发展道路直接关系企业的未来。创业者必须明确创业的目的是什么，并能够坚持这一目标，取得合作者的共识。当然，如果选择被收购，则一定要选择一个合适的收购者，这样才能使企业的利益最大化。

当然也有人认为，视美乐的失败并不是因为学生创业资金不足、管理经验不足造成的，而是因为18年前，中国的制造业和配套水平比今天不知落后多少代，成熟的配套和加工能力跟不上，一切从零开始从，注定他们的创业是个悲剧。

无论失败的原因是什么，对于邱虹云而言，这次创业的失败也丰富了他在技术上和管理上的经验。创业失败后，他重新回到清华校园，攻读光学工程博士学位，深入挖掘自己的技术专长，并通过对CCD①技术的深入研究，进行了二次创业。他在2008年创建了北京星敏科信息技

---

① CCD即电荷耦合元件，是一种半导体器件。

术有限公司，从事高性能制冷 CCD 相机的设计和制造。2015 年，邱虹云率领公司团队参加了在夏威夷举办的 IAU 国际天文学联合会大会展览。不少来自国内的天文学专家看到了 IAU 大会历史上首家来自中国的天文观测设备参展商，都抑制不住激动之情。目前，北京星敏科信息技术有限公司的产品已批量生产并出口欧美，覆盖了天文、生物医学以及实验室应用等多个领域，是国内唯一一家可以生产科学级 CCD 的厂家，是全球四大天文 CCD 制造商之一。就算是普通的天文爱好者，也可以用邱虹云研制的相机在北京郊区拍到第二个地球开普勒 452b，在市区拍到美丽的深空天体。

(资料来源：作者根据互联网资料整理编写)

6.2　融资操作流程与方法

前面已经详细介绍了多种适合中小企业创新创业的融资方式，融资方式不同，具体的操作流程和方法也不一样。不过，无论何种融资方式的融资操作流程与方法都存在一些共性的关键操作步骤，在此介绍如下。

6.2.1　融资前的需求分析与评估

企业在融资前要客观地分析自身的融资需求，并审慎地评估融资可能面临的困难、风险与代价。企业应在对自身进行充分的调查、研究的基础上，通过系统的诊断分析来判断资金需求，以此来评估企业融资的必要性和可行性，然后根据企业目前的资金状况计算出合理的融资量和融资成本，以此来形成融资评估报告。

1. 企业自身的融资需求分析

融资前，企业对自身融资需求的分析可以采用回答一系列问题的方式来进行测评，这些问题包括：

(1) 企业为什么要融资？

(2) 企业对未来发展有什么战略？

(3) 不融资会有不好的影响吗？有哪些不好的影响？

(4) 企业资金需求是否合理？

(5) 企业用什么还钱？还款来源是否合理？

(6) 企业如何看待自己目前的企业形象？

(7) 企业有哪些吸引投资的条件？

(8) 企业的融资风险有哪些？风险多大？

(9) 融资付出的代价有哪些？

2. 对是否满足投资人或市场融资的需求进行评估

企业在融资前，除了对自身的融资需求进行分析外，还需要分析企业发展趋势和发展战略，判断是否满足投资人或者市场融资的需求。可以从以下几个方面入手分析：

(1) 企业自身的发展历史和未来的规划；

(2) 企业所在行业的发展状况及政策影响；

(3) 企业在产业链中的位置与主要竞争对手；

(4) 企业的主营业务和盈利模式；

(5) 企业发展的优势、劣势及可能面临的风险和相应对策；

(6) 企业的财务状况，销售收益明细；

(7) 团队素质及企业结构。

总之，企业要客观分析自身的融资需求，并审慎地评估融资可能遇到的困难、面临的风险与可能付出的代价等。

6.2.2 融资渠道和方式的选择

企业确认自身需要融资后，就要着手慎重选择融资的渠道和方式。本书已经介绍了多种融资渠道和方式，此处归纳如下。

在诸多筹资渠道中，企业一般都会优先考虑内部融资，因为内部融资具有风险小、投资成本低以及筹资快的突出优点。如果需要外部融资，则借贷、租赁等方式相对来讲速度快、弹性大、发行成本低，是信誉较高的企业进行筹资的最佳途径。

随着金融市场的不断发展、完善，越来越多的企业选择发行有价证券来融资。在有价证券中，企业一般更偏爱先发行一般公司债券；其次是复合公司债券，如可转换公司债券；最后考虑发行普通股票或配股。因为普通股票的发行成本远高于债券发行成本，具有一定的风险，而且股票在市场上的可控性也比较低，这可能会给公司带来不利影响。

企业融资渠道及决策程序如图 6-1 所示。

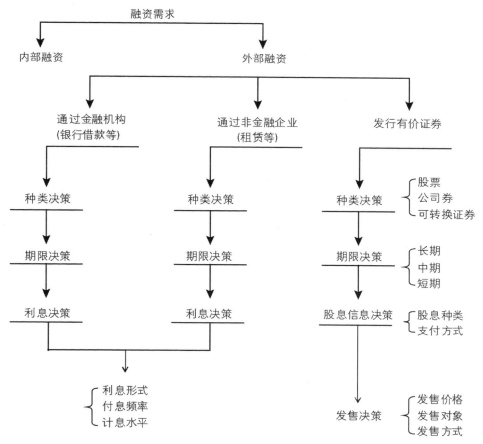

图6-1 企业融资渠道及决策程序

6.2.3 融资数量与期限的确定

　　确认融资渠道和方式后，就应考虑融资期限的问题。当然，如果选择通过发行股票的方式来融资，因为股票没有届满期，所以就不存在融资期限的确定问题。融资企业应该根据自己制定的目标来确定融资的数量和期限，确保融资数量合理、融资期限符合实际需求，节约融资成本。

6.2.4 融资种类与资金结构的确定

　　一般而言，企业总资产由流动资产和非流动资产两部分构成。流动资产又分为两种不同的形态：一种是数量随生产经营的变动而变动的流动资产，即所谓的暂时性流动资产；另一种是类似于固定资产，能够长期保持稳定水平的流动资产，即所谓的永久性流动资产，包括储备资产、生产资产、成品资产、结算资产和货币资产。按结构上的配比原则，中小企业用于固定资产和永久性流动资产的资金，采用中长期融资方式筹措为宜；因为季节性、周期性和随机因素造成企业经营活动变化所需的资金，采用短期融资方式筹措会带来更好的效果。

融资在资金结构上的配比关系关乎企业经营的成败。有关调查显示，在一些中小企业融资失败的案例中，并不是他们没有筹措到资金，而是由于经营者不了解各种资金的特性而将短期融资不恰当地用在了长期投资项目上，导致资金无法按期收回，既违反了融资合同，又影响了自身信誉，最后导致经营失败。所以，企业要合理确定融资种类和资金结构。

6.2.5 融资资料的准备

企业无论采取何种融资渠道和方式，在融资前，都需要有针对性地准备材料，并对企业进行合理包装。

1. 真实、适度地准备硬件材料，展示企业价值

公司的无形资产，如产品的测试和鉴定，企业标准的制定，专利、商标、著作权的申请，科技成果鉴定，科技进步奖的评选，企业信用的评级，重点新产品的申请，重信誉、守合同的评比，出口创汇企业的评选， ISO9000 质量体系认定，高新技术项目(企业)或软件企业的认定，知名专家顾问等都是企业的硬件材料。企业可以将这些材料整理并提供给资金供给者，用来展示企业的价值，吸引投资。

2. 充分利用企业内、外部资源，对企业进行合理、适度的包装

企业为了顺利、及时地获取资金，需要进行一定的包装。包装不是作假，而是通过详细分析，正确评估本企业拥有的核心技术、生产及市场方面的优势与劣势、发展潜力、财务状况等，把本企业的内在价值充分挖掘出来，也就是通常所说的价值发现。同时，企业还应借助外部资源，比如邀请行业专家、知名人士加入项目组成为顾问等，对企业进行合理包装。总之，全力整合企业内、外部资源，并合理、适度包装，将自身的优势充分展示出来，使投资方充分、全面地认识企业，愿意进行投资。

6.2.6 融资沟通与谈判

企业完成了以上准备后就可以进入与资金供给者面对面进行融资沟通与谈判的环节。在这一阶段，融资方需要真实、客观并冷静地与资金供给者进行交流。

1. 直入主题式沟通是一种相对高效的沟通方式

(1) 清楚、直观地表述思想。企业在与资金供给者面对面进行沟通时，应该直观、真诚、

合理地进行交流。尽管在双方会谈之前，一般融资企业已经预先将企业的经营计划、融资计划交给了投资者，不过，在与投资者进行面对面交流时，融资企业仍应把经营计划和融资计划的主要内容再简明、清晰地陈述一遍，确保投资人充分了解企业的计划。在交流过程中，企业应尽可能以直观的方式表述企业的计划，可以借助一些幻灯片或视频，在视觉上带来更直观的表达。融资企业陈诉的内容应包含与融资项目有关的所有重要因素。陈述时间尽可能简短，这样不仅能保证内容的简明、清楚，还可以腾出更多的时间来回答投资者的提问。

(2) 利用数据说话。融资领域的无数事实证明，那些努力收集数据信息的融资企业总会取得较大的成功。他们总是可以充满信心说："根据我们知道的情况，我们会这样做……"很多企业了解市场中的很多信息，但并不是每个企业都愿意花心思去收集市场信息和数据，他们总是依赖于第三方对市场的预测和评估。如果只是利用第三方的信息，那么不仅不能说服投资者，实际上往往导致企业自身也常常受到这些信息的误导。因此，只有真正掌握并理解市场数据，才能抓住投资者的心。

(3) 对融资项目和企业的介绍要保持客观、真实的态度。融资企业在做财务模型规划时，应该基于基本的客观现实。例如在一个特定的行业中，绝大多数企业都只能获得一般利润，而某融资企业制订的一项经营计划显示该企业能获得行业平均利润的 4 倍，由于融资企业所提供数据的可信度太低，反而会被投资者，特别是那些经验丰富的风险投资人放弃。所以一切从实际出发，才能让企业的企划书被投资者看好。

2. 谈判技巧——谈判的六要和六不要

(1) 谈判六要：①企业家要对自己企业的产品有热情和自信；②企业家要保持自己的立场，知道自己的底线，不要唯投资者是从；③企业家要牢记自己和投资人之间是长期的合作伙伴，要基于共赢的理念进行合作；④企业家要了解投资人(谈判对手)的个人情况；⑤企业家要了解投资人以前资助的项目，明白投资者看好那些项目的原因，并加以利用；⑥企业家要只对自己可以接受的交易进行谈判。

(2) 谈判六不要：①不要回避问题；②不要给出模糊的答案；③不要隐藏重要的问题；④不要期望对方立即做出决定，要有耐心；⑤不要把交易的价格定死，要有灵活性；⑥不要带律师参加会谈，以免在细节上过多地纠缠。

6.2.7　融资全过程的科学管理

要想获得融资成功，必须对融资全过程进行科学管理。

1. 认真实施并及时调整融资计划

为了确保企业预期生产经营计划的完成,就必须保证融通的资金按计划的时间、计划的数额进入企业账户,否则,企业不能按时完成任务,融资就没了意义。如果资金提前入账,会增加企业财务上的负担;如果资金许久未到位,则会耽搁企业的生产运营。因此,做出融资决策以后,应及时实施融资计划,对融资活动的全过程进行管理。同时,由于融资活动受制约的因素很多,企业只能把握与企业内部相关的融资因素,而企业外部因素的变化,即融资过程中融资环境的变化等,企业是无法控制的。因此,除了在融资决策时进行必要的预测外,企业还要对融资过程进行监控,以便及时进行融资活动,或及时改变融资计划。例如,在申请银行贷款时,花费的时间和费用很多,但贷款取得的前景仍不明朗时,就应及时调整融资计划。学会随机应变,方能取得成功。

2. 对融资进度进行细致的管理

融资进度管理,应从融资所需的工作量、时间、费用三方面来把握。首先,从融资工作量来看,成功融资一般需要完成多个子项目,这就需要明确子项目工作的难易和工作内容的先后安排。例如,企业申请银行信贷包括企业提出贷款申请、银行审查借款申请、签订借款合同、企业取得借款和借款的归还五个步骤,而每一步骤又涉及一些具体工作,比如在银行审查借款申请阶段,企业要协助银行及时提供相关资料等,这就要求企业根据这些子项目的难易和先后组织人员与相应材料。其次,从时间来看,企业最好制定融资项目的进度表,使融资在规定时间内完成规定的工作量;从费用来看,企业应对融资活动中产生的费用进行合理控制,尤其是融资的总成本。

6.2.8 融资风险防范与全过程控制

在融资过程中,每个方面和环节都可能存在风险,企业要能够敏锐地捕捉到风险并灵活掌握风险规避方法,然后及时转嫁风险,尽量控制风险的发生及扩散,降低风险损失。

(1) 抗击风险的最佳武器其实就是自身足够强大,因此,在融资风险防范中,企业首先要做的就是提高自身的获利能力。如果企业的获利能力得到提高,那么经营性融资风险就可以降低或避免。企业既应该研究如何减少成本和费用,也应当制定合理的盈利策略,在搞好产品经营的同时积极开展资本经营。此外,还可以提前预测可能发生的情况,及时解决相关问题。例如,在利率趋于上升时期,尽量采用固定利率制借入款项,以避免支付较高的利息;在利率趋于下降的时期，尽量采取浮动利率制灵活融资，以减少利息带来的压力。

（2）企业应考虑优化企业资本结构。从财务的角度来看，企业经营不善往往与企业资本结构不合理有关，例如在企业利润低的时候往往有较高的负债率，企业在管理资产结构时要仔细考虑，因为稍有不慎，就会给企业带来巨大的损失。企业应根据自己的获利能力合理安排资本结构。改善资本结构可以采取以下两种方式：一是进行股权融资，不仅可以融入充足的资金，而且可以带来很多的资源；二是根据企业的发展和负债的可能，在企业内部调节相应的资金结构。

（3）当企业经营面临亏损甚至破产风险时，可以实施债务重组。当企业严重亏损，有可能破产时，这时企业需要进行"脱胎换骨"的改造，也就是债务重组。通俗来说，债务重组就是采取与债权人协商的方式，对债权人、所有者和企业等各方面都有利的债务实施重组计划，包括将部分债务转化为股权资本、豁免部分债务、降低利息等。通过债务重组，可以优化资源配置，减少同业或者相关企业的竞争。

6.3　融资误区

融资是企业发展的一个重要环节，是长期发展战略。不少企业特别是中小企业在发展过程中往往把融资当作一个短期行为来看待，希望搞突击拿到银行贷款或股权融资，而实际上这样做成功的机会很少。中小企业要想改变融资难的局面，须走出融资误区。融资过程中一般存在八大误区，如图 6-2 所示，为了让准备创业或者已经开始创业的同学避免这些融资误区，下面将融资误区尽量清晰、明了地介绍给大家，希望会对未来进行创业的同学有帮助。

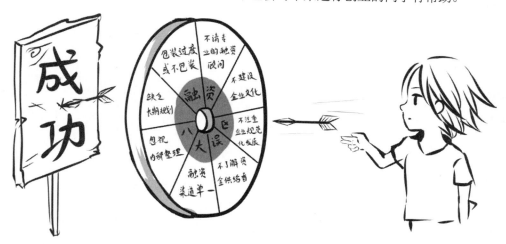

图6-2　融资过程中的八大误区

6.3.1 融资准备过程走极端，过度包装或不包装

为了在短期内获得大量资金，不少企业会走极端——造假，比如捏造财务报表、提供虚假的经营信息，这些都属于过度包装的行为。还有一些企业，认为目前的盈利水平高，不需要进行包装，但是实际上，中小企业之所以融资难，一个很重要的原因就是金融机构与中小企业之间的信息不对称，这就让金融机构不敢向中小企业提供资金。因此，通过合理、适度的企业包装，树立良好的企业形象，向金融机构传达可信的企业财务信息，是成功获取资金支持的一条可行的路径。

6.3.2 缺乏长期规划，临时抱佛脚

很多企业认为，融资是在资金短缺的时候去做的。正所谓没有远虑必有近忧，很多企业都是在企业面临资金困难时才想到去融资，而忽略了资本的本性是逐利而不是救急，更不是慈善。因此，企业在正常经营时就应该考虑未来的融资策略，与资金供给方建立广泛联系，避免临时抱佛脚。

6.3.3 急于拿资金，忽视企业内部治理

有些企业融资时只要得到资金，却不及时去做一些基础工作。企业融资前，应该先将企业梳理一遍，厘清企业的产权关系、资产权属关系、关联企业间的关系，把企业及公司业务清晰地展示在投资者面前，让投资者和债权人放心，让融资谈判更具有说服力。

6.3.4 融资视野狭窄，融资渠道单一

好多企业在融资时只能想到银行贷款或者股权融资等相对单一的融资渠道，实际上，随着金融市场的发展，不只是银行贷款和股权融资，租赁、担保、合作、购并等方式都可以达到融资目的。此外，随着互联网金融的发展，诸如众筹、P2P等网络融资模式不断涌现；同时，创新创业企业还可以申请国家推出的创新创业奖励资金、各种基金等。企业可以开拓思路，根据自己的需要，选择适合的融资方式。

6.3.5 只关注资金的获取，不深入了解资金供给者

企业在融资时，往往只考虑如何得到资金，却没有深入了解资金供给者——债权人或者投资人的情况，不去认真考虑不同的资金供给者会给自己的生产经营、企业发展、品牌提升带来

什么影响，能否共同合作、长期合作等。

随着创新创业领域天使投资、风险投资等的发展，投资人对融资企业发展的影响是巨大的。在企业发展的不同阶段，投资人不仅为企业提供资金的支持，更能够利用自身丰富的投资经验、市场运作能力和领先的行业发展理念，帮助融资企业进行经营战略的制定，参与企业的管理，从而帮助企业选择更为有利的投资项目，进行更为成功的市场运作。

6.3.6　只关注融资，不注重企业的规范化发展

规范化管理强调的是在管理的过程中，要充分体现人的价值，是在对人的本质特性准确把握的基础上，通过确立一套价值观念体系来引导下属员工的意志行为，是将企业标准提炼出来后，让全体员工有规可依、企业有规可循。没有规矩不成方圆，规范化管理是一个企业走向现代化、制度化的标志。企业融资也是企业成长的过程，是企业走向规范化的一个机会，因此，企业在融资过程中，应不断促进企业走向规范化，通过企业规范化来规范员工的行为，促进企业发展，这也更利于企业获得长期的、稳定的投资。

6.3.7　只顾扩张，不注重企业文化的塑造和信誉的树立

一些中小企业在融资过程中只顾企业扩张，不注重凝聚企业内部氛围，导致企业员工人心不齐、没有凝聚力，从而影响了企业经营业绩和长久的发展。此外，采用银行借款等债权融资方式时，企业因为经营中的失误或者市场变化，或者钱到手后便不在意合同中规定的还本付息条件，从而造成信誉下降、资金链条断裂，并且会进一步失去未来与债权人长期合作的机会。

6.3.8　为节约成本，不聘请专业的融资顾问

中小企业都有很强的融资意愿，但是很多企业特别是初创企业，对融资的相关知识比较陌生，总以为打个电话、见个面就能得到投资。也有不少企业认为融资只需写一份商业计划书，参加一个路演，风投就主动上门了，并且为了节约成本随便找个机构或个人，甚至学生来写商业计划书，也不管他是否有融资的经验和融资的渠道。其实企业融资是一件非常专业的事，融资顾问要有丰富的融资经验、广泛的融资渠道，同时还要对资本市场和投资人有充分的认识与了解，才能为企业制定最优的融资方案，并减少融资风险。因此，企业的融资工作可以交给专业的员工或者外聘专业的融资顾问完成，以便尽可能按计划完成融资目标，推动企业顺利发展。

拓展阅读6-2

团宝网昙花一现——盲目扩张、不注重内部管理

可能目前很多在校大学生都没听说过团宝网，不过，很多人肯定都在自己生活的小区里通过各种团购网购买过物美价廉的生活用品。团宝网其实就是国内较早开展团购业务的网站，并最先推出在今天司空见惯的"一日多团""随时退""单人成团"等团购模式。

团宝网于2010年3月上线，不过很遗憾的是在2012年12月就关闭了。2010年3月开始，团宝网的团购业务率先开通368座城市，鼎盛时期员工达2300人，每天提供超过2万个团购选择，拥有超过1800万会员，月独立IP数亿，日独立IP过千万，在百度风云榜和Alexa用户访问量排名上位列榜首。团宝网曾经是国内最具规模的团购网站，也是国内唯一一家实现2010年度盈利的团购网站，当时没有人认为团宝网会出现大问题。在当时，"百团大战"如火如荼，各家团购网站都纷纷聘请代言人大肆做广告，以进一步扩张和提高知名度。2010年和2011年，团宝网获得十多项荣誉。

不过，与其他众多团购网站一样，团宝网最终没能在倒闭潮中幸存。从2011年下半年起，小的团购网站开始成批倒闭，团宝网因新一轮融资没能顺利完成，最终在2012年春节前资金链断裂，于2012年12月关闭。

团宝网失败的原因在于动辄上亿美元的融资让整个团购行业陷入迷失之中，在巨额数字面前忘记了如何合理利用它们。也许当时团购的火热和投资人的狂热遮掩了这一行业即将出现的危机，创业公司的资金来得太容易，让它们忘记了公司需要核算成本。当钱花完之后，整个行业突然进入"冬天"，投资方拒绝继续投入，资金链的断裂让公司陷入危机，团宝网的盲目扩张导致了自身的失败。有分析认为，包括团宝网在内，团购网站几乎都犯了同样的错误。团购行业的净利率很低，竞争激烈时，甚至是赔本赚吆喝，自身的造血能力很低，如果没有资本的支持，那么倒闭的概率很大。团宝网就犯了这样的错误，由于团宝网没有找到第三轮融资，给团宝网带来致命一击。

另外，团宝网在管理上的混乱、不规范尤为突出。在向投资者做宣传的过程中，团宝网并没有练好内功，是"自己淘汰了自己"。当创业公司员工超过2000人时，管理层缺乏管理经验，在快速扩张的时期，每个管理人员都不得不花费大量的时间在人员招聘和带新人上。由于精力的大量消耗，许多人在业务上以及内部管理上有些力不从心。但是，在快速扩张的时候，正是需要加强管理的时候，而各业务部门的总监经常在外地四处奔波，其创始人、董事长兼CEO任春雷也四处寻求融资，整个公司的中层管理经常处于"真空"的状态。同时，中层、高

层人员的离职也导致管理团队不稳定；新招来的员工对团宝网没有认同感，忠诚度不高；团队成员非常年轻，缺乏责任感。

在公司发展上，团宝网也在寻求团购差异化，但从结果来看，这些创新收效甚微，有些甚至还是"搬起石头砸自己的脚"。2011 年 9 月 28 日，团宝网推出效仿 Swoopo 竞拍模式的"财迷老道"网站，但是这一活动不仅不赚钱，甚至连用户的眼球都没有赚着。针对流量下滑，任春雷曾经做过一次变革，将 3 天结束的团购项目改为永不结束，导致团购项目太多，每个项目能够在首页上展示的机会大大减少了，而那些好的项目却无法得到充分的展现，这让用户的体验大幅下降，营业额也大幅下滑。

（资料来源：https://www.xcrozz.com/hangye/96.html，作者有删改）

复习思考题

1. 融资决策的原则有哪些？

2. 融资谈判的技巧有哪些？

3. 现实中可能存在的融资误区有哪些？应如何规避？

第 7 章
融资的风险及防范

大学生在创业初期的首要任务就是筹集资金。筹资是创业的起点，没有资金就会"寸步难行"。筹集资金往往伴随着一定的融资风险，不同的筹资方式带来的风险也不同。那么，融资风险到底有哪些？应该怎样避免呢？

7.1　创新创业融资的风险

通过融资行为获取资金的过程中以及获得资金后进行投资都会伴随各种风险，在此总结归纳为七大风险，如图 7-1 所示。尤其对于刚刚创业的大学生和中小企业，不仅融资难，融资的风险也有很多。

图7-1　创业融资的七大风险

7.1.1　融资渠道受限的风险

大学生在创新创业过程中，融资渠道单一，资金筹集几乎是每一位大学生创业者都会遇到的难题。在创业融资风险调查中发现，大学生创业的资金来源主要是自有资金及亲朋借款，而天使投资、风险投资和向银行贷款等比例极小。融资渠道受限导致项目规模无法扩大，资金链断裂的风险也较大。

融资是企业资本运动的起点，也是企业收益分配规则赖以遵循的基础。足够的资本规模，可以保证企业投资的需要；合理的资本结构，可以降低和规避融资风险；融资方式的妥善搭配，可以降低资本成本。因此，融资机制的形成，直接决定和影响企业的经营活动及企业财务目标的实现。不过，因为大学生财经知识有限，对融资渠道、融资方式了解不多，只依赖自有资金和亲朋借款，会由于受资金规模制约而导致创业受限；若只考虑银行贷款，由于银行贷款申请难、手续复杂，可能也会导致创业计划无从谈起。如果没有广泛的融资渠道，创业受阻的概率极大。因此，大学生创业要积累资金、市场、人才和产品或服务等各方面的知识与能力，拓宽融资视野，除了银行贷款、自筹资金、民间借贷等传统方式外，还可以充分利用风险投资、创业基金等融资渠道。

7.1.2　融资成本较高的风险

金融机构是否贷款，以及贷款额度大小是根据借款人的信用等级来评定的。信用越高，贷款越容易，贷款额度越大，且贷款利率也越低；当信用较低时，金融机构出于自身风险的考虑，会提高贷款利率，并且会减小贷款额度。大学生创业者在银行贷款时，贷款额度会受到极大限制，且融资成本较高。据调查，许多商业银行在向符合条件的创业者提供小额贷款时，利率一般都会在大型企业贷款利率标准的基础上上浮 5%～10%。处于初创阶段的创业企业，经营状况不稳定，有时会出现经营问题，导致延期归还贷款或者难以归还贷款，需要承受具有惩罚性质的滞纳金或高额的利息费用，从而增加了资金使用成本。

7.1.3　融资信用缺失的风险

信用缺失的风险主要是指融资项目进行过程中存在的欺诈和违约的可能。对不同的融资方式，信用缺失风险有不同的表现。

1.　从银行获取贷款后可能面临的信用缺失风险

大学生创业者在取得贷款后，由于经营等多方面原因，导致创业者不能按合同约定还款，造成违约，这会对个人及企业信用产生影响。

一般来讲，新创企业内部往往尚未建立健全、严格、规范的管理制度，通常情况下，管理模式全靠发起人的工作热情带动。由于缺乏系统、有效的管理，企业内部缺乏企业监管和财务制度等，问题会慢慢地凸显出来。在创业发展初期，矛盾不明显，但随着企业发展规模的扩大，问题会越来越严重，主要表现在资金的收支程序不规范，预计资金回收与业务进展不同步，无法按期归还贷款本息，直接激化了企业融资信用缺失风险。

2.　利用众筹方式融资可能面临的信用缺失风险

项目发起人在融资过程中作为资金筹集者，往往只须向众筹平台提交信息并通过审核后便可以开展融资。这虽然给发起人融资提供了便利，但无形中也增加了风险，为什么？原因有三：一是众筹平台与筹资人即发起人具有共同利益关系，也就是说，众筹平台的佣金来源于发起人成功筹资后所筹资金的比率，所以众筹平台并非独立的第三方，对发起人信息审核的真实性、公正性存在疑点，从而为欺骗式的众筹埋下伏笔；二是筹资人筹到资金后，在投资时不能有效控制资金用途和流向，筹资人可能出现不经投资人同意，擅自变更资金用途的行为；三是筹资人事先承诺的回报并无法律约束，筹资人后期经营管理不善会导致投资人无法收回资金。这些风险虽然直接后果是坑了投资人，但从长期来看，也使得筹资人信用丧失殆尽，这次众筹相当于"一锤子"买卖，以后很难再获得资金支持。

3. 利用股权融资可能面临的信用缺失风险

当企业由于发展需要，对短期资金的使用极为迫切时，可能会通过低价进行股权买卖和技术创意的兜售来获取资金。因为低价转让股权或技术专利，所以很容易出现事后的毁约，从而使创业企业在发展初期就面临诚信和责任问题。如果出现这种情况，就难以树立企业品牌，市场开发也带来困难，随之而来的后果是融资渠道被截断，企业也就无法立足于市场。

7.1.4　融资政策变动的风险

政策风险与政府的方针紧密相关，政策的连续性、稳定性会直接影响政策风险，大学生创业者需时刻关注国家及地方对创业者的扶持政策，并充分利用创业政策。

政府作为大学生创业的坚强后盾，颁布了一系列支持大学自主创业的政策，如税费减免、贷款贴息、政策培训、无偿使用办公场所等规定，但在执行和落实的过程中往往存在一些诸如某些创业扶持政策不便操作、享受优惠政策有诸多限制等问题，如学生生源地限制、审批周期过长、审批程序复杂等。例如，某创业孵化基地的申请程序规定：第一，由创业的大学生向所在学校或毕业学校就业主管部门提出申请，经学校毕业生就业主管部门审核盖章后报送项目管理办公室；第二，项目管理办公室对申报创业基地的孵化项目进行审核；第三，创业基地孵化项目的项目负责人答辩、专家评审、专家组集体评审；第四，项目评审结果由项目管理办公室负责通知项目负责人所在学校，由学校负责通知项目负责人。这样漫长的申请和审批环节，人为增加了审批程序，为了能够满足条件，已经毕业的大学生不得不返回毕业学校，前往就业主管部门进行审核、盖章。申请审批时间越长，政策变动的风险越大，并且由于市场瞬息万变，也容易导致错失创业机会或开拓创业项目的良机。

7.1.5　非法集资的风险

大学生进行创新创业融资时，一定要学习相关法律常识，避免因不当的融资行为导致成为非法集资。

1. 非法集资的概念及特点

根据国务院〔1998〕247 号令《非法金融机构和非法金融业务活动取缔办法》规定，非法集资是指单位或个人未依照法定程序经有关部门批准，以发行股票、债券、彩票、投资基金证券或其他债权凭证的方式向社会公众筹集资金，并承诺在一定期限内以货币、实物及其他方式向出资人还本付息或给予回报的行为。

非法集资有以下几个特点：

(1) 未经有关部门依法批准，包括没有批准权限的部门批准的集资以及有审批权限的部门超越权限批准的集资；

(2) 承诺在一定期限内给出资人还本付息，还本付息的形式除以货币形式为主外，还包括以实物形式或其他形式；

(3) 向社会不特定对象即社会公众筹集资金；

(4) 以合法形式掩盖其非法集资的性质。

2. 非法集资的具体形式

非法集资的具体形式如下：

(1) 通过发行有价证券、会员卡或债务凭证等形式吸收资金；

(2) 对物业、地产等资产进行等份分割，通过出售其份额的处置权进行高息集资；

(3) 利用民间会社等形式进行非法集资；

(4) 以签订商品经销等经济合同的形式进行非法集资；

(5) 以发行或变相发行彩票的形式集资；

(6) 利用传销或秘密串联的形式非法集资；

(7) 利用果园或庄园开发的形式进行非法集资；

(8) 利用现代电子网络技术构造的虚拟产品，如"电子商铺""电子百货"投资委托经营、到期回购等方式进行非法集资；

(9) 利用互联网设立投资基金进行非法集资；

(10) 利用电子黄金投资的形式进行非法集资。

大学生在创业筹资时，可能会因为对相关融资方式的规定了解不够透彻，导致在操作中违反规定，从而面临非法集资的风险。一般来讲，大学生作为筹资人，主要是在采取众筹和股权融资时容易因操作不当造成既定事实的非法融资。

3. 众筹中潜在的非法集资风险

中国人民银行发布的《2014 年中国金融稳定报告》将众筹融资界定为"通过网络平台为项目发起人筹集从事某项创业或活动的小额资金，并由项目发起人向投资人提供一定回报的融资模式"。与传统的融资方式相比，通过众筹平台募集资金具有门槛低、创新性、开放性、多样化的特点和优势，但其潜在的法律风险、信用风险也很高。

1) 众筹中潜在的非法集资风险分类

通过众筹方式融资，可能面临的风险可以分为以下几类。

(1) 股权类众筹是目前法律风险最大的一类众筹，可能涉及非法集资风险。

众筹平台进行股权融资时应遵循如下原则：①不得采用广告、公开劝诱和变相公开的方式发行股份，如通过媒体、推介会、传单、手机短信等途径向社会公开宣传；②不得向不特定主体募集资金；③平台应当对投资方的资格进行审核，确保投资方具备合格投资人的身份；④充分的风险提醒，不得承诺收益；⑤不向超过 200 个特定对象发行股份；⑥不得为平台本身公开募股。在股权融资过程中违背上述任何一项原则均涉嫌非法集资。

(2) 向不特定对象吸收资金涉及非法集资风险。众筹平台先归集资金，再寻找借款对象等，使放贷人资金进入平台的中间账户，产生资金池；众筹平台通过网站等媒体向社会公开宣传融资项目，承诺在一定期限内以实物或者现金方式给予回报，向不特定对象吸收资金。以上行为就涉嫌非法集资。

(3) 从事融资、担保类业务可能涉及非法集资风险。众筹平台未经有关部门依法批准许可从事融资、担保类业务，且未受到相应的监管，其融资、经营行为涉嫌非法集资。

(4) 虚构众筹项目，涉及非法集资。众筹平台未能及时发现甚至默许借款人在平台上以多个虚假借款人的名义发布大量虚假且具有吸引力的项目，向不特定多数人募集资金，用于投资房地产、股票、债券、期货等，有的直接将非法募集的资金高利贷出赚取利差。

2) 众筹中非法集资的行为认定

在众筹中，如果存在如下行为，就可以认定为非法集资。

(1) 约定固定回报。股权众筹作为一种融资模式，对于投资者而言，应当是风险和利益共担的。发行人为了增加项目的吸引力，而在股权众筹计划中约定固定回报或承诺投资本金不受损失，这样的行为就涉嫌非法集资了。

(2) 回报类众筹发布虚假信息。回报类众筹如果不能够规范运作，使融资方乘机发布虚假信息，可能触碰集资诈骗的刑事法律风险，若未达到刑事立案标准，则可能构成金融类行政违法行为。

(3) 股权众筹的投资者不合格。"金融资产不低于 300 万元人民币或最近三年个人年均收入不低于 50 万元人民币的个人"是目前对于股权众筹的投资者的法定要求。

(4) 股权众筹平台兼营个体网络借贷、网络小额贷款业务。根据 2014 年 12 月出台的《私募股权众筹融资管理办法(试行)》，股权众筹平台不得兼营 P2P 或网络小额贷款业务。如果存在兼营情况，则涉嫌非法集资。

(5) 融资者同一时间通过两个或两个以上的股权众筹平台就同一融资项目进行融资，就可以认定为非法集资。

4. 股权融资潜在的非法集资风险

1) 股权融资涉及非法集资的表现

(1) 融资对象即投资主体不特定。按照规定，私募股权融资只能面向特定对象，而且还有人数限制(股份公司制股权基金的投资者不超过 200 人，合伙制和有限责任公司制股权基金的投资者不超过 50 人)。如果面向不特定投资人，则涉嫌非法集资。

(2) 私募股权融资公开吸引投资。按照规定，私募股权融资只能以非公开方式进行，通常由基金管理人私下与投资者进行协商。如果公开吸引投资，则涉嫌非法集资。

(3) 承诺回报快。私募股权融资通常是长期融资，对投资人而言，需要持有一个公司的股票或长期投资一个公司，属于长线投资方式，投资期限一般为 5～7 年。如果融资期限短，承诺短期给予回报，则可能涉嫌非法集资。

(4) 承诺高回报。按照法律规定，私募股权融资不得承诺保本或固定回报。

(5) 虚构项目。涉及非法集资的项目管理人虚构项目，搞庞氏骗局和自融，或者实际投资过程中"明股实债"，均涉嫌非法集资。

2) 股权融资中涉及非法集资的行为认定

(1) 非法吸收公众存款罪。非法吸收公众存款或者变相吸收公众存款，扰乱金融秩序的，处三年以下有期徒刑或者拘役，并处或者单处二万元以上二十万元以下罚金；数额巨大或者有其他严重情节的，处三年以上十年以下有期徒刑，并处五万元以上五十万元以下罚金。单位犯罪的，对单位判处罚金，并对其直接负责的主管人员和其他直接责任人员，依照前述规定处罚。

(2) 集资诈骗罪。以非法占有为目的，使用诈骗方法非法集资，根据集资数额的不同，处以不同年份的有期徒刑及不同数额的罚金。

(3) 涉嫌参与洗钱犯罪。一是通过网络认证查明身份信息困难较大。P2P 网络借贷平台通常要求借款人必须在发布信息前进行注册，登记身份证号、手机号、职业、住址、单位等个人信息，并上传身份证扫描件电子版。对于客户信息，上传的资料真实性难以保证，网站无法具体核实。二是平台的隐蔽性、匿名性和实时性导致资金流向监管难度较大，借贷平台对此有查证的困难。多数网络信贷平台都是通过支付宝之类的第三方支付平台来完成的，洗钱者登录网上银行服务器只要经过密钥认证，几乎可以在匿名的方式下即时转账，在瞬间实现非法所得的转移。

(4) 以股权融资为幌子从事传销诈骗。按照相关法律法规，收益来自拉下线的提成，人数超过 30 人，层级超过三级即可定性为非法传销。

(5) 私募基金将募集来的资金用于债权投资，严重者涉嫌触犯非法经营罪。从事借贷业务属于国务院规定需经许可的项目，目前法律、法规未授权私募股权基金从事债权投资，债权投资达到一定规模，就涉嫌经营非法金融业务。根据相关行政法规规定，中国人民银行可予以没收非法所得，处非法所得 1 倍以上 5 倍以下的罚款；没有非法所得的，处 10 万元以上 50 万元以下的罚款等行政处罚，工商行政管理部门还可注销工商登记。

(6) 借助筹资成立有限合伙制企业之名，发起人只向投资者告之所投公司和承诺收益，未具体解释被投资公司的背景、经营和财务情况，无形中给投资人了解具体项目设置了障碍，涉嫌非法集资。

7.1.6　经营风险

获得融资并不意味着创业成功。大学生的创业历程中，获得融资仅仅是万里长征的第一步，关键是项目本身的价值及后期成功运作带来的回报。许多大学生的创业获奖项目在获得风险投资资金支持后，因为企业在具体的生产经营过程中面临生产技术、原材料供应、生产运营、劳动力等问题，导致诸如资源枯竭、劳动力短缺等经营风险，从而造成企业运作失败，难以支撑，照样败走麦城。例如清华大学学生邱虹云的多媒体超大屏幕投影电视项目、华中科技大学学生李玲玲的防撬锁项目、任春雷的团购项目等，在耗尽了风投的数百万元资金后均以失败告终。

有了资金并不代表有效益，还需要经历市场的考验，脚踏实地地进行长期积累与运营，在这些过程中可能会面临来自经营的、财务的、系统的、自身的各种风险。例如初创期企业一般资金需求量大，产品占领市场也需要一段期间；新产品的研发和市场开拓需要大量资金投入，企业内部积累又需时日，存在较大的经营风险；企业的各种财务关系尚待建立，而各种可供抵押的资金有限，外部筹资能力弱，偿债能力差，财务风险较大。

7.1.7 财务风险

财务风险是指企业在各项财务活动过程中，由于受各种难以预料或控制的因素影响，企业财务状况具有不确定性，从而使企业有蒙受损失的可能性。财务风险主要包含企业可能丧失偿债能力和股东收益的可变性两类风险。随着债务、租赁和优先股筹资在企业资本结构中所占比重的提高，企业支出的固定费用将会增加，企业丧失现金偿付能力的可能性也会增大。企业财务风险导致股东可能得到的收益相对变差。具体来讲，例如企业股权变动、融资过程中出资人资金没有及时到位等财务风险，影响了企业的资金安全、资金效率等。

拓展阅读7-1

中国大学生创业第一人创业失败带来的反思

华中科技大学新闻系 96 级学生李玲玲，凭着"高杆喷药器"和"新型防撬锁"两项专利，于 1999 年 7 月获得了武汉世博投资公司给予的 10 万元大学生创业风险资金，创立了武汉天行健科技有限责任公司(以下简称天行健)，成为中国大学生创业第一人[1]。不过，天行健开业后，常常是做做停停。李玲玲以专利入股，尽管只占 40%的股份，但因其是公司董事长，所以在天行健的管理运作中，李玲玲一直按自己的意志行事，武汉世博投资公司的意图根本贯彻不到公司的运作中去。一年之后，她的专利技术高杆喷药器还是样品，她与武汉世博投资公司的矛盾变得公开化，公司陷入瘫痪，当时账面只剩 700 多元。后来，李玲玲本人也离开公司。

从李玲玲身上可以了解创业者可能出现的问题：大学生创业者由于社会经验不足，普遍存在一个心理，即把一切想象得很美好、很简单。所以，创业者应该充分了解创业中的困难。创业实际上意味着冒险和付出，意味着失败和挫折，一腔热血的大学生创业者往往对严峻的社会现实、复杂的人际关系及这些因素对创业的影响准备不足。不少创业者心理素质较差，真正操作起来往往眼高手低、急功近利；有的创业者一时受到挫折便难以承受，甚至一蹶不振。

大学生创业存在明显缺陷，主要表现在他们对实际工作毫无了解。很多大学生懂一点技术，而对市场营销缺乏认识。大学生从校园进入社会需要相当长的适应时间，从心态的调整、对公共关系的把握，到对市场和营销的认识都存在一个磨合过程。当然，在此过程中，社会各界也应该积极扶持和帮助大学生成长。

(资料来源：https://www.795.com.cn/wz/20443.html，作者有删改)

---

[1] 网络中关于中国大学生创业第一人，分别冠之于李玲玲和邱虹云。两者均于 1999 年注册公司，邱虹云的公司是 5 月份注册，李玲玲的公司是 7 月份注册；两者均在 1999 年获得外部投资，李玲玲于 7 月获得创业风险资金，邱虹云于 12 月获得风险投资。

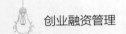

7.2　创新创业融资风险的防范措施

对风险进行防范在融资中是非常重要的，它能帮助我们化解很多难题。本节将详细地对创新创业融资风险进行解读。

7.2.1　出现融资风险的原因

出现融资风险的原因可以分为自身因素和外界因素两种。

1. 自身因素

(1) 认知，即个人的认知。例如债权众筹，因为是刚性兑付，时间到后，融资方必须偿还本金和约定利息。而对于大学生来说，偿还债务的能力较差，项目极有可能被破产清算。这就需要项目发起人有敏锐的洞察力与决断力，能对投资项目的预算做出准确估计，一般来说不仅涉及项目本身的筹资额，也包括后期的风险评测。因为其体现在产品的生产过程中，所以也叫作产品技术的不确定性。通常情况下，众筹项目中所展示的产品一般处于研发阶段，只是概念产品，筹资方最后生产出的实物可能与最初的设计存在一定出入，可能无法达到预期设想。因此，创业团队需要对自身有一个较好的定位，比如在条件允许的情况下，可以邀请专业的人才一起参与，可以在一定程度上减小产品不确定性的风险。

(2) 管理，即团队内部的管理。一个优秀的项目被发送至众筹网站，筹资方可能会在短时间内获得大笔资金，那么如何记录并处理这些资金，如何与出资人保持良好的关系，如何回复潜在出资人的电子邮件，如何在以上事情的干扰下继续进行项目研究，都是项目发起人需要思考的。因此在众筹的初期，对于大学生来说，如何建立内部管理机制是首要问题，比如怎么形成层次分明的组织架构以及奖惩分明的利益制度等。"初出茅庐"的大学生们在经营企业的过程中会遇到重重困难，因此需要外部力量的介入，比如学校、社会组织、政府机构，来帮助其渡过难关。大部分的众筹项目其实是基于网络运作的，投资者的数目将远远超过传统意义上的众筹项目。按照常理来说，在做出重要决策之前，筹款方会根据众筹初期达成的协议向股东汇报项目的大致运作方式及资金将以何种方式分配到各个部分。然而，由于众筹会涉及许多外地的股东，信息的沟通与传递极易出现断点，例如手机关机或静音等原因导致联系不上，需要外地股东签订的协议无法准时寄达等，严重时可能会导致投资人撤资。

对于大学生群体来说，在筹资时兼顾各投资者对资金去向的要求就显得格外重要。其实降低风险的方法有很多，例如采用有限合伙的方法，即投资方的所有成员成立一个有限合伙企业，也可简单理解为成立一个私募资金，并以这个有限合伙企业的名义投资创业项目。对于筹资方来说，股东是该有限合伙企业，许多问题只需面对该有限合伙企业的法定代表人，从而将需要面对所有股东对项目方带来的干扰简化为与法定代表人的交流。

2. 外界因素

风险不仅存在于企业内部，外界因素对风险的影响也是不可低估的。

(1) 法律以及监管制度不完善。首先，一套完善的法律有助于营造优质的创业环境，受益方不仅仅是投资人，创业者也同样受益。筹资人在签署合同时因经验不足，可能会无法正确识别合同上的一些漏洞，从而面临法律风险，甚至承担不必要的责任。同时，此类风险不仅仅局限于投资双方，也存在于与平台签约时。完备的法律可以帮助大学生有效规避此类风险，所以学校应当尽可能聘请职业律师来帮助学生。其次，公共财政也可有所作为，比如成立大学生创新创业专项基金，直接参股或发挥杠杆作用，帮助撬动社会资本。例如，武汉市设立了大学生创业贷款担保基金，该政策的内容包括为在校或毕业 5 年内的大学生创业企业提供无抵押担保贷款，担保贷款额度最高可达 200 万元。此外，扩大政府性创业基金规模，引导其他各类创业投资基金积极参与也有助于大学生创业企业的发展。比如可以加大向大学生创业企业投资的力度，并按照每年的综合评价，按比例选出优秀大学生创业团队，适当给予一定数额的项目资助。这些做法都能帮助学生有效地规避众筹所带来的各类风险。

(2) 忽视隐性成本。创新，作为经济发展的引擎和主要的推动力，已经得到社会各界的关注和支持，新的产品从设计到投入市场所需时间将远远低于人们的预估。在大学生融资的过程中，时间成本显得尤为重要，产品更新换代速度快可能会导致与竞争者设计理念的重合，如果竞争对手是实力雄厚的大型企业，其研发效率必然更快，产品的出现则会更早于筹资方的预计。因此，即使按照预计时间达到了预定的目标，其最终价值也会大打折扣，甚至还可能会导致亏损。

7.2.2　防范融资风险的原则和策略

创业过程是一个整合资源进行创新的过程，创业者应有一个合理的融资计划或规划作为指导，确保创业企业健康发展。大学生创业前必须对自身能力做客观评价，充分发挥专业特长，明确风险，并掌握一些防范融资风险的策略，从而把风险控制在自己能应对的范围内。

1. 防范融资风险的基本原则

(1) 强化风险认识，提高防范意识。大学生创业的成败与其自身的综合素质紧密相关，可以通过实践活动丰富社会经验，提高经营管理水平和融资风险防范意识，提升自身创业能力。在创业过程中，大学生需要注重培养合作的精神，将团队的凝聚力作为企业管理的核心素质。在创业初期阶段，企业的存亡与企业成员休戚相关，企业凝聚力的高度发展也可以使企业拥有较为强大的市场应对能力，使企业在发展过程中对融资风险有着更强的防范能力。高校则要为大学生提高风险防范的意识提供帮助，例如开设风险防范培训，积极组织学生进行创业实践，在实践中培养大学生的创业风险防范意识，增强抵御创业风险的能力。

(2) 健全管理机制，合理规避风险。由于创业者缺乏管理知识，创业企业的管理机制建设也不完善，相应地增加了融资风险。创业者在发展初期应该建立行之有效的股权结构，完善股权的结构管理制度，避免少数股东通过资金或收购行为进行股权控制。同时，在与融资对象或者服务群体进行交流的过程中，要注意树立企业良好形象，确保大学生创业群体拥有良好的企业信誉。大学生在创业过程中肯定会遇到各种困难和障碍，对创业者来说，要做到不逃避、不躲避，积极应对。融资风险是大学生创业过程中必须面对的风险，因此大学生创业个体对融资风险一定要有正确的认识。在融资过程中认真考虑融资需求，分析各种融资渠道，在众多的融资渠道中选择融资风险最小的渠道进行融资。

(3) 充分利用政策，降低融资风险。由于自主创业对社会就业压力的缓解和社会经济的稳定发展都有重要作用，政府对大学生自主创业的融资进行了政策扶持，针对相关融资风险，出台了一系列政策措施。例如在创业初期给予税收优惠政策，设立创业投资基金扩大大学生群体的融资渠道，改善融资环境等。因此，大学生创业个体必须熟悉创业所在地区的融资政策及政府相关法规，以便充分利用扶持政策，扩大创业融资渠道，规避融资风险。大学生在创业初期可能因自我准备不足、缺乏风险管理意识和能力、缺乏专业指导而使其创业受到不少限制。从金融企业和政府角度来看，金融机构对大学生创业融资的积极性有待提高，政府则需要对现有政策进行规范和不断创新。

2. 防范融资风险的具体策略

创业者在面对不同的融资风险时所采取的策略也不同，要做到量体裁衣，才能在出现问题时及时解决。针对前述融资风险，可以采取以下具体防范策略。

(1) 结合实际情况，选择适当的融资方式。大学生在创业融资过程中，根据企业不同的发展阶段和实际状况，选择适合自身的融资方式，是有效规避融资风险的一个重要途径。企业运营初期，在资金来源有限、存在很大风险且风险承担能力不强的情况下，应主要考虑亲朋好友的资助或政府的相关扶持；企业成长阶段，在销售量和营业额不断增长，希望扩大生产规模和增加经济效益的情况下，需要大量的外部资金注入，此时就可以选择银行贷款的融资方式或吸引风险投资等股权融资方式。在企业扩展壮大阶段，企业已拥有一定的经济效益，进入稳步发展的状态，风险也逐渐减小，此时融资需求进一步增大，应选择上市公开筹集资金的方式或者寻找风投合作。总之，在企业不同的发展阶段，应当选择最适当的融资方式，才能有效地规避融资风险。

(2) 根据资金需求，提前做好测算。融资是需要成本的。大学生在创业初期，应详细测算所需的资金数额，提前测算好资金需求量，这是"重中之重"。此外，融资企业在与潜在的投资者、贷款者洽谈协商时，如果不能确定本企业所需的资金数额，也会在一定程度上影响投资方的决策。因此，大学生在创业时应详细测算资金需求，并规划融资节奏，节约使用资金，不仅可提高企业的市场竞争力，还可提高企业的融资能力，降低融资成本和风险，为企业发展提供有力保障。

(3) 树立正确的融资风险观，提高风险防范意识。大学生在创业中只有树立正确的融资风险观，不断提高风险防范意识，才能减小创业融资的风险。例如，高校可定期开展防范风险方面的培训，并组织想创业的大学生进行实践训练，增强大学生抵御创业风险的能力。此外，大学生在初次创业的过程中，还会遇到各种各样的困难和阻碍，虽然没有相关的经验和技能，但是也应当用一种积极的心态去应对，科学、合理地降低融资风险。

(4) 正确认识和利用当地的创业融资政策。目前，各地政府为了支持大学生自主创业，出台了一系列针对融资风险的政策，在一定程度上为大学生创业提供了一定的保障。例如，制定税收优惠政策、设立专门的创业投资基金，都可以为大学生创造良好的创业融资环境。大学生在自主创业过程中，应掌握和理解当地政府出台的相关扶持政策和法律法规，并充分利用这些政策，扬长避短，不断扩大融资渠道，有效规避创业融资的风险。

7.2.3　利用外部力量防范融资风险

为改善大学生创业环境，解决大学生创业融资难的问题，需要个人、政府、社会等各方面共同努力，来防范各类融资风险。

1. 构建多元化担保体系，突破小额创业贷款瓶颈

由于大学生创业风险较大，所以银行不愿为大学生创业投资。为保障资金安全，银行贷款要求抵押担保。而构建多元化的担保体系，既可以保障银行的资金安全，也可以消除银行贷款时对大学生创业者的担忧。要充分发挥学校共青团、就业指导中心的作用，提供合适的担保人，督促结息与还款等日常贷款管理职能，这样既可以降低银行调查成本，又有利于控制信贷风险。例如，在大学里引入社会信用评价体系，对于信用记录良好的学生，学校可提供贷款担保。劳动保障部门也应进一步加大对应届大学毕业生自主创业的扶持力度，帮助大学生解决创业启动资金短缺等难题，进一步提高融资担保额度。比如招募合伙人，通过合伙的方式募集资金；还可以充分利用政府和事业单位对大学生创业的扶持政策，拓宽资金来源。个人经营策略得当，善于创新，才能确保创业公司茁壮成长，良好的经营业绩也将为公司带来后续资本注入。

2. 借鉴先进融资经验，风险投资是大学生创业的重要资金渠道

目前国外的风险投资业已较为成熟，但是我国在这方面才刚刚起步，积极借鉴国外先进经验，建立健全风险投资机制，满足大学生自主创业者的融资需求。大学生创业初期创业资金比较少，所以吸引风险投资就显得尤为重要，应主动建立风险投资引入机制。一般来说，风险投资家比较看中大学生所掌握的先进技术和独特创意，所以往往会因创业项目的技术先进性和创意新颖性而对其进行资助。因此，致力于高科技或创意领域创业的大学生，要注重技术创新和创意新颖，开发具有自主知识产权或有新颖创意的产品，以有亮点的新技术、新创意取得资金支持，吸引风险投资者。

3. 加强互联网金融监管

互联网金融具有效率更高、成本较低的特点，但是由于互联网金融处于起步阶段，还没有完善的监管和法律硬约束，缺乏有效的准入标准和准入限制，行业面临诸多政策、法律和交易风险。金融机构和非金融机构，特别是非金融机构在互联网上发布产品还没有明确、具体的准入及交易操作规则，加之信用体系共享机制目前还没有完善，可能会导致不良经营者在互联网平台从事非法经营活动。网络投融资发生问题时，"向谁投诉，找谁解决"的问题也越来越多。当前互联网金融风险隐患多，法律地位不明确，且游离于金融监管体系之外，对金融体系安全、社会稳定产生重大冲击，加强互联网金融监管已经刻不容缓。无论是线上还是线下，只要实际从事金融活动，就应按照现有的金融法规纳入监管范畴。监管部门在不断发现问题的同时，也

在制定解决问题的有效措施，逐步规范并促进互联网金融健康发展。

拓展阅读7-2

一元卖公司

胡腾是北京师范大学国际贸易专业的学生。2002 年 7 月，胡腾陪一位学长参加大学生招聘会，奔波于各个招聘点，广泛散发个人简历，然而他的学长和其他大部分毕业生一样，最终没有找到合适的工作。这件事对胡腾触动很大，他想开办一家公司，帮助大学生找工作，从中收取中介费。2003 年 7 月，胡腾从家人处筹集了 8 万元创业基金，其他 6 位同学凑了 4 万元，大家一起在武汉创办了一家公司。8 月 27 日，胡腾正式注册成立了思迈人才顾问有限公司，任总经理，并建立了专业的人才网站——思迈人才网。开业之初，由于人才网络、企业网络没有运作起来，各种服务项目没法展开。于是，胡腾决定从最基础的为大学生找家教和其他兼职做起。为便于工作，胡腾在武汉市高校聘请了 24 名代理人，代理人的主要任务是收集大学生的电话，散发公司传单，召开大学生求职聚会等。为了宣传公司，胡腾决定发布一些广告来提高知名度。胡腾选择了一家报价较低的广告公司，受其游说进行广告设计，而 8000 元的预算仅印制了 3 种宣传品。胡腾将这一系列行为落实到实际中，但情况并不理想，很多学大生怀疑思迈提供免费服务的真实性，不敢报名。截至 2003 年 9 月底，仅有 500 名学生报名。联系大学生不理想，收集家长需求方面也遇到挫折。为了取得家长需求信息，胡腾花 5000 元在报纸上刊登广告，仅仅换来了 35 位客户，且多是需要美术、音乐等特殊家教，最终没有做成。截至 2003 年 10 月 8 日，公司 12 万元的创业资金已花去 5 万多元，却无任何收入。当初参与投资的 6 名同学逐渐失去了耐心，抽走了 4 万元的股份。三个月的时间，公司净亏 7.8 万元。面对这种情况，胡腾以 1 元钱的价格转让了公司。

针对思迈公司的失败，胡腾自己进行了反思。一是公司缺乏有效的财务监管。尽管公司名义上有个会计，但公司的存折、银行卡和密码都在胡腾手上，会计根本无法有效监管和控制。二是公司缺乏严格的管理机制。由于员工大部分属于自愿帮忙，并无工资约束，很多员工经常因为要上课而不来上班，造成公司运作陷于瘫痪。三是缺乏对行业的详细了解。据一位有多年人才中介行业工作经验的人士介绍，一个成功的人才中介公司应先扩大影响，当知名度达到一定的程度，方可介入实际运作，从而实现高效收入。前期，公司一般会亏损半年至一年以上，而胡腾此前构想的亏损时间仅为两个多月，亏损资金也仅有几万元。亏损预期时间太短，预期亏损资金太少，这也是公司失败的主要原因。

针对胡腾的创业遭遇，当时也有记者采访一些专家和教授。时任武汉大学就业指导中心处长钱建国接受记者采访时说，胡腾创业不成功，主要原因是他的创业没有与自己的专业、特长联系起来。胡腾是学国际贸易专业的，却干起了人才中介，而他又缺乏人才中介的从业经验和实力，所以他的失败也在情理之中。华中师范大学社科院严正教授指出，胡腾没有实际工作和商业竞争的经验，对市场也缺乏了解，不具备合格经理人的条件。湖北经济管理大学对外合作交流办主任邵文华认为，大学生创业前必须对自身能力做客观评价，充分发挥专业特长，把风险想清楚，要使风险在自己能控制的范围内。

(资料来源：https://www.nijianzhi.com/News/info/id/6309.html)

复习思考题

1. 大学生在进行创新创业融资的过程中，可能会面临哪些风险？

2. 在融资过程中，出现融资风险的原因有哪些？

3. 大学生融资过程中，防范融资风险的原则是什么？

4. 怎样发挥自身力量并借助外部力量防范可能出现的融资风险？

第 8 章
融资诈骗的辨识及防范

创新创业过程中，资金起着举足轻重的作用。同样，无论是创新融资还是创业融资，都是一个很艰难的过程。于是就有一些不法之徒就此进行诈骗。本章主要为大家介绍融资诈骗的辨识及防范方法。

8.1　融资诈骗的一般方式

创业需要大量资金，但是向银行申请贷款的手续繁杂，且较难获批，所以很多人想通过其他途径进行融资。一些不法之徒抓住融资人想尽快寻找创业资金的紧迫心理，钻法律、法规、政策的漏洞，欺骗或诈骗融资人。这些不法之徒有哪些"花招"呢？

8.1.1　高利贷性质的校园贷款

一些民间非法高利贷机构利用创业者急于融资的心理，把自己包装成投资机构，对企业普遍"撒网"，用"无抵押快速贷款"做诱饵吸引创业者的眼球，待创业企业上钩之后，就对创业者放款，要求企业在较短时间内还款并支付高额利息。

高利贷性质的校园贷款基本都具有如下几个特征：

(1) 借贷门槛低，以"不看信用积分、审批极快、迅速放款"为诱饵，吸引急需用钱的高校学生借款。

(2) 巧借名目扣款，通过骗取借款人签订所谓"正式"合同，制造民间借贷假象，再以利息、手续费等名义收取各类费用。导致实际放款金额远低于合同借款，例如借款 3000 元可能只能拿到 1500 元。

(3) 肆意违反合同，要求借款人立即偿还"虚高借款"，对无法偿还的借款人层层转贷，垒高债务。

(4) 刻意制造逾期陷阱，随后以违约的名义收取高额滞纳金、手续费。

(5) 使用软暴力手段催收，例如使用软件群发带有侮辱性的信息，达到勒索的目的。

 拓展阅读8-1

校园套路贷

重庆某大学的大学生小张想创业，无奈手头资金紧张。一天，他接到了推销办理贷款的电话，对方称"不需要征信，手续简单，秒批到账"。抱着试试看的心态，小张借款 3000 元，约定一个月内还清。签完合同，对方以"周息 30%和手续费 100 元"的理由扣除 1000 元，小张实际拿到 2000 元。4 天后，对方要求小张还清 3000 元借款，要挟称"不按时还款，就骚扰你的同学和朋友"，并提出若资金不足可以从其他贷款公司借款填平债务。于是，小张陆续找了 13 家借贷公司，"借新债还旧债"，贷款十多次，最终债务高达 10 万余元。此后，借贷公司的催款方式不断"升级"，发送一些不雅信息，并打电话骚扰小张的亲朋好友，小张只好报警求助。原本创业借款 3000 元，最后竟背上了 10 万余元债务，小张就是掉进了"套路贷"的陷阱。

接到报警后，公安机关立即展开侦查，并请检察机关介入。侦查发现，犯罪团伙以金融科技公司的名义对外发放贷款，通过各种网贷、微贷平台以及校园贴吧、兼职群投放广告。选择在高校发放"套路贷"，正是看中大学生群体涉世未深、珍惜名誉、有家庭兜底还款、坏账率低等特点。继"校园贷""裸条借贷"后，"套路贷"又盯上大学生。最终重庆市永川区人民检察院以涉嫌敲诈勒索罪依法批捕了该市首例校园"套路贷"案件 15 名犯罪嫌疑人。

大学生创业融资一定要慎重，要到银行等正规金融机构办理。遭遇"套路贷"后，要沉着、冷静，避免直接与对方发生暴力对抗，保存相关证据，及时报警求助。

实际上，"套路贷"不仅仅针对在校的大学生，就在本书修改定稿之际，广西南宁某大学教师借了 3 万元，却因为贷款公司设下陷阱，使他在借款期到达时无法还款。贷款公司设的陷阱是：贷款公司给他的还款账号怎么也打不进去钱。结果到期后第二天，贷款公司就以其逾期构成违约为理由，让其在 3 天内连本带利归还 6 万元。3 天不还清，本利就继续翻番地往上滚，

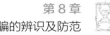

导致两年内 3 万元的欠款变成 350 万元。贷款公司又利用借款人的高校教师身份，不断对其进行骚扰威胁，导致该教师名下价值 700 万元的别墅也被抵押给贷款公司还债。

(资料来源：作者根据互联网资料整理编写)

8.1.2　网络贷款陷阱

目前网络贷款平台众多，真假难辨，往往导致融资人上当受骗。网络是虚拟环境，融资人一定要选择正规平台，融资前要问清楚利息、违约金等如何收取，以免掉入高利贷的陷阱。签订合同后，务必及时还款，保护个人良好的征信记录。

拓展阅读8-2

大学生通过手机App借款2000元创业，1年后催还6800多元

中国某大学学生小李想开一家快餐店，但缺少资金。小李用手机下载了闪银 App，注册账号后通过网络平台借款 2000 元。双方约定按月还款，12 期付清本金及利息。小李认为，借款 2000 元，按时还款的话，本金和利息约 2500 元。因快餐店经营不善，小李未按时还款。他分别于 4 月、5 月登录闪银 App，得知未及时还款会产生滞纳金，但是他没有找到滞纳金的收取方式。他以为，如果一年不还款，最多贷款会翻倍，便做好了还款 4000 元的准备。结果小李收到闪银公司的报案通知，通知称：小李借款经多次催缴未还，已涉嫌诈骗。接到通知后，小李立即登录闪银 App，面对账单，他傻了眼。第一个月还款金额 906.67 元，其中滞纳金为 704 元。滞纳金占应还款额的 77%！小李与闪银 App 的客服联系，客服没有就小李的利息问题进行明确答复，而是一再强调：30 天以内的逾期，每天按照万分之八收取利息，超过 30 天的，每天按照千分之一收取。值得注意的是，闪银计算逾期的本金并不是每期的应还款额，而是按借款总金额计算的。这样，在借款将近一年后，小李借入本金 2000 元，最终闪银要求小李偿还本金、利息及违约金总计 6840 元，偿还额是借入本金的 3.42 倍。

(资料来源：http://jiangsu.sina.com.cn/news/s/2016-03-20/detail-ifxqnski7752206.shtml，作者有删改)

网上贷款很容易，但涉足需谨慎。案例中，借贷双方对贷款本息偿还及违约等问题并没有很清晰、明确的约定。当然，即使合同中有约定，也要看约定是否符合国家相关规定。最高人民法院 2015 年发布了《最高人民法院关于审理民间借贷案件适用法律若干问题的规定》，司法解释设定了民间借贷利率的三个区间：第一个是司法保护区，对于年利率 24% 以下的民间借贷，法院予以司法保护；第二个是无效区，对于年利率超过 36% 的民间借贷，超过部分，法院将认

定无效；第三个是自然债务区，即年利率为24%～36%，这个区间作为一个自然债务，如果要提起诉讼，要求法院保护，法院不会保护你，但是当事人愿意自动履行，法院也不反对。不过，2020年8月20日，最高人民法院正式发布新修订的《最高人民法院关于审理民间借贷案件适用法律若干问题的规定》，取消了2015年规定中的"以24%和36%为基准的两线三区"的规定，代之以中国人民银行授权全国银行间同业拆借中心每月20日发布的一年期贷款市场报价利率(LPR)的4倍为标准确定民间借贷利率的司法保护上限。按照目前我国一年期贷款市场报价利率的情况来看，相当于大幅度降低了民间借贷利率的司法保护上限，对融资人是一个利好的消息，如图8-1所示。

8.1.3　融资诈骗的常用托辞

骗子在诈骗时，有一些既定的套路，其诈骗的托辞往往也有一定的规律可循。融资诈骗常用的托辞主要有以下几种，如图8-1所示。

图8-1　融资诈骗的常用托辞

1. 考察费

骗子与企业联系业务时，在不了解企业情况的前提下通常会要求到企业考察，且以考察为名要求被考察企业支付考察费。很多创业者认为，融资就是别人给自己钱，不会遇到骗子，就有了麻痹思想。诈骗者利用创业者急于求成的心理，先是夸赞公司规模、专业程度以取得创业者的信任，然后对融资项目大加赞赏，让创业者觉得遇上了"贵人"，最后借考察项目的名义骗取考察费、公关费等，收费后就销声匿迹。

例如，余先生投资 5 万元开了一家小企业，企业发展势头良好，资产逐渐增至 20 多万元。余先生计划实施企业扩张，但苦于资金有限，于是想通过融资扩大业务。他先后找过十几家风险投资公司和投资中介公司，有些虽然收下了项目材料，但之后杳无音信。就在此时，遇见了一家对他有兴趣的投资公司，自称是大型国有企业下属的风险投资公司，有项目专员、助理、副总、总监，对余先生的项目询问得很详细，评价也很高，投资部总监还表示"先做朋友、再做项目"。此时，余先生非常感动，投资公司提出要考察项目的真实性，并按惯例由项目方先预付考察费。钱寄出去之后不久，余先生发现那家投资公司的电话、投资总监的手机号码全都变成了空号。

对创业者来说，融资虽很重要，但找一家正规的投资公司更重要。除了要对投资公司的背景进行全面调查，还需要保持警惕心态，特别是对各种付款要求，多问几个为什么，必要时可用法律合同来保障自己的利益。

2. 项目受理费

项目受理费是指骗子在收到企业的有关资料后要求融资企业缴纳对项目进行评估和项目预审发生的费用。一些号称有外资背景的投资机构往往把收取项目受理费作为费用转嫁的方式。

例如，女青年王某到无锡月城派出所报案称：其在某网吧上网时，浏览到一个网址名为"大学生创业贷款"的网页，该网页详细介绍了大学生创业贷款申请条件及相关资格证书，王某信以为真，按照网页上面的要求，将申请的 30 000 元贷款的利息总计 1440 元汇到对方银行账户上，后来对方又要求支付 3000 元安全费，王某才意识到自己被骗。

3. 商业计划书撰写费

骗子一般要求融资企业提供项目的商业计划书。然而，企业制作了商业计划书后，这些骗子却又以各种理由不予认可，并声称标准的商业计划书是项目继续的必要环节，由此向融资企业提供所谓"国际标准格式"的商业计划书，并收取商业计划书撰写费。

4. 评估费

在融资过程中，骗子会要求对资产或项目进行评估，要求企业到指定的融资服务机构或评估机构进行评估，从而套取评估费。

5. 律师费

律师费是最具有欺诈性的费用之一。如今骗子公司收取考察费、评估费、保证金比较困难，收取律师费则总会屡屡得手。

由于大学生缺乏社会阅历，自主创业对大学生具有很大的挑战，对创业的理解还属于传统观念，因此创业的成功率较低。因大学生未在社会其他新型融资渠道上涉足，其融资方式通常仅局限于亲朋借款或银行贷款，因此融资渠道较窄。大学生应该不断提高自己的综合素质，重点培养自己的企业经营管理能力、为人处世能力、社会交往能力等，在富有冒险精神的同时不失理性，不断完善自己。

⏰ 拓展阅读8-3

利用微信缴纳年金 大学生融资不成反被骗

某高校大三学生吴伟看到身边有创业成功的同学，心生羡慕，也想尝试着创业挣钱。不过，因为其家境较为贫寒，苦于没有创业资金而无法实施创业计划。有一天，他摆弄手机看朋友圈时，忽然有一条添加好友的信息，他立即同意。对方向吴伟做自我介绍，称自己是某贷款公司信贷员，目前推出交年费得高额贷款的项目，可以向吴伟发放免担保贷款。吴伟一听大喜，立即按照对方的要求，将个人相关信息及创业计划填好发了过去。对方第二天通过微信又主动联系吴伟，称其公司已经审核了吴伟的个人信息和创业计划，现在只要吴伟通过微信给对方转账1000元的年费就可以获得免担保的贷款10万元。吴伟立即通过微信给对方转账1000元。吴伟转好1000元后准备让对方给他转10万元贷款本金时，却发现对方已经将他从微信中删除了。

其实这个骗局很明显。吴伟因为太急于获得创业资金，在根本不了解对方的情况下，仅仅通过微信就盲目相信对方的每一句话，以为自己得到了一个天上掉下来的馅饼。

如果大家需要申请网络贷款，一定选择在正规网站备案，同时在工商部门有登记的正规的网络贷款公司，然后通过网络贷款公司平台办理各项手续，而不是与所谓的信贷员进行私下的私人交易。此外，对于那些无须抵押、担保等低门槛的高额贷款，或者在贷款发放前收取各种费用的机构，一定要仔细甄别，分清是"馅饼"还是"陷阱"。

（资料来源：作者根据实际调研编写）

8.2　融资诈骗的防范及案例分析

企业要发展就需要不断寻求新的融资渠道，由此催生了一大批投资公司，也有不少骗子公司混杂其中。一些中小企业和创业者由于缺乏金融知识、工商信息闭塞和急于求成心理等因素，面对融资诈骗时不能理智、正确地甄别，有的甚至落入诈骗陷阱并为此付出了高昂的代价。对于大学生创新创业者，增强融资诈骗防范知识，及时规避融资诈骗风险是非常必要的。

8.2.1　防范融资诈骗的方法

防范融资诈骗，最重要的就是识别出假投资人。

1. 区别真假融资服务机构的方法

区别真假融资服务机构，需了解融资服务机构的以下情况：

(1) 是否站在企业的角度考虑问题；

(2) 是否具有融资的经验和专业度；

(3) 收取的费用与其提供的服务价值是否一致，质量性价比如何；

(4) 提供的服务是否符合企业的实际情况；

(5) 合同中是否存在合同条款陷阱；

(6) 与资金供给方存在什么关系，财务是否独立；

(7) 服务机构的背景及融资服务人员的品质如何；

(8) 与真正的服务机构盈利模式是否相同(真正的服务机构以提供智力服务或者风险代理为目的)。

2. 区别真假投资公司的方法

正规的资金供给方在服务工作流程上与设置骗局的机构有很多区别，主要包括：

(1) 自己承担交通费；

(2) 在融资过程中不要求企业进行资产或项目评估；

(3) 在操作过程中需要中介机构介入时，不会指定融资服务机构，如事务所、评估机构；

(4) 自己承担全部或一部分运作费用；

(5) 对拟投资的项目或对合作企业的考察和论证从一开始就非常细致，亲自与企业及其融资服务机构一起进行项目论证；

(6) 有严格的投资方向、投资原则；

(7) 对不具备条件的融资企业，立即淘汰，不会帮助融资企业撰写商业计划书等；

(8) 在达成合作之前不收过程费用；

(9) 不急于与企业签订合作协议；

(10) 签订的合作协议非常公平，没有设置合同条款陷阱。

3. 切实提高自我防范意识

(1) 对投资公司或融资服务机构进行调查确认；

(2) 谨慎接受专家建议，从工作流程和选择标准上对资金方或融资机构进行严格把关，提高防范意识和防范技术；

(3) 不要存有投机取巧心理；

(4) 企业对资金供给方及融资服务机构缺少判断力，是陷入融资骗局的重要原因之一，企业应在融资实践中不断积累经验，主动学习相关知识，提高判断力；

(5) 聘请专业融资顾问全程跟踪，可选择具有职业操守、经验丰富、能够站在企业角度的融资服务机构作为融资顾问，或者聘请律师参与，事先对融资服务机构的性质和真实性进行评估，在签署协议前谨慎抉择，防患于未然。

拓展阅读8-4

真假投资人

对于创业者，能获得融资是一件喜事。正所谓万事开头难，有了资金便解决了创业启动资金问题，对创业者可谓是一大助力。而不少投资公司正是抓住广大创业者不熟悉融资知识及急于获取资金的迫切心理开展骗局，萧阆就是一名受害者。

萧阆是一个创业者，创业所选择的是他熟悉的行业。萧阆顺利获得天使投资之后，开始了A轮融资。他有一个认识多年的朋友，得知萧阆融资的消息之后，帮助他介绍了几位投资人，其中就有匈奴投资。经过前期接触，一切顺利，对方决定投资，双方签订了投资协议，对萧阆的公司估值2亿元，对方投资2000万元获得10%的股权，约定了还款的时间及细节。

萧阗没想到，这是一个精心策划的骗局，甚至萧阗的朋友也参与其中。签完投资协议后的第四天，匈奴投资按合同约定支付了第一笔投资款：200万元人民币。按合同约定，待萧阗的公司完成工商变更之后，匈奴投资再拨付第二笔投资款：1800万元人民币。两个月之后，萧阗完成工商变更，对方却并未按照约定将投资款拨付。萧阗一直催促，对方无动于衷，答复是资金需要周转，请稍等。3个月之后的某一天，萧阗接到一个熟人电话，说他们公司要收购萧阗的公司，价格为4亿元。萧阗非常纳闷，他从没有想过要出售公司，并且公司目前业务发展非常顺利，不可能出售。于是，萧阗找到了匈奴投资。然而他发现，出售人正是匈奴投资！

萧阗基于对朋友的信赖，在投资款尚未进入公司时便进行了工商变更，使得匈奴投资公司以微小的投入得以撬动萧阗的企业。匈奴投资表示，萧阗要么配合他们进行出售，然后大家一起分钱，要么萧阗就自己发展，匈奴投资不会再出一分钱。萧阗才明白他们早就策划好了骗局，通过200万元做2000万元的杠杆投资萧阗的创业企业，然后以4亿元转手卖给上市公司，该上市公司的实际控制人正是匈奴投资实际控制人的丈夫。经调查发现，对方的官方网站没有任何创始人的介绍，完全是一个"空壳公司"。最后，萧阗被迫放弃了这个项目。

这是一场精心布置的骗局，这告诉我们，在创业的时候，要时刻擦亮眼睛，不要过度依赖和相信其他人，一定要学会辨别真假！即使是朋友，在涉及资金等问题时，也要签订完善的合同并严格遵照合同办理，要"先小人后君子"。同时，在选择投资公司时应提前调查清楚公司背景，不能盲目签订合同，像萧阗一样轻易落入了诈骗者精心布置的融资陷阱。

(资料来源：https://dy.163.com/article/DJB8J4R20511D4L4.html，作者有删改)

8.2.2　典型诈骗案例分析

我们已经对融资诈骗的防范方法有了认知，下面对一些典型的诈骗案例进行分析。

1. 新型传销"资本运作"诈骗

目前，传销已经开始借助各种幌子"改头换面"，有的是利用互联网进行非法传销活动，改变过去面对面拉人入伙的方式；有的则号称搞"纯资本运作"，通过编造政策背景、组织名称等方式，蛊惑有正当职业和稳定收入的人群来加入传销。无论传销团伙采用什么方式和手段，最终都是以承诺高额回报为诱饵，巧立名目或以产品变相收取不等价费用等手段进行非法集资，诱骗无辜百姓。

⏰ **拓展阅读8-5**

天上掉落的馅饼实为传销陷阱

2018年年初，福建的贾女士连续接到老乡从西安打来的电话，西安下属的一个县城要大开发，正是赚钱的好机会。贾女士和丈夫辛苦工作攒了几万元钱，正准备投资做生意。听到老乡反复介绍，贾女士夫妇有点动心，并前往西安考察。

到了西安之后，老乡先带贾女士夫妇在西安周边参观，再把他们带到其他的老乡家去串门，讲投资赚钱的门道。他们夫妇并不知道老乡口中所说的赚钱项目到底是什么，但根据这些人的介绍，参加这个项目，每个人只要投资69 800元，两年以后就能挣到1040万元。

为了高额回报，贾女士夫妇每人先交了500元入伙费，又以每股3300元的价格购买了42股股份，投资额达到139 600元。两个人参加了多次投资人介绍后会发现，所谓的投资根本没有什么工程项目，会上讲的内容基本是如何继续发展下线，怎样吸引其他人继续投资。贾女士夫妇彻底明白，他们参加的根本就不是投资，而是传销。为了防止贾女士夫妇影响其他人，传销组织还将他们与其他人隔开单独居住，并派人监视。2018年3月22日，贾女士趁传销团伙不备，向西安市公安未央分局经侦大队报案。

传销人员一般是在无任何店铺、无任何产品的情况下，通过拉人头、缴纳资格费等手段组织传销。大学生在创业之初，千万不要因为急于创业，找不到合适的投资项目而落入传销的陷阱。

(资料来源：http://www.chinanews.com/fortune/2013/07-22/5066695.shtml，作者有删改)

2. 民间融资担保和借贷公司诈骗

随着我国市场经济改革的步伐不断加快，民间借贷发展势头愈发迅猛，其在缓解企业融资难、缓解信贷短缺、活跃市场等方面具有不可代替的作用。但是，因为目前监管缺失，加上融资人借钱心切，全国各省都存在庞大的民间融资担保和借贷诈骗市场，诈骗手段各式各样，以至于民间借贷案件数量和数额不断上升。

目前来说，民间融资诈骗案件主要有以下特点：

(1) 利用融资人不熟悉土地、房产抵押政策、法规，不了解抵押流程等特点，设置合同陷阱。

(2) 民间资金来源成本很高，而投放利率往往较低。

(3) 借款合同与抵押合同合并，骗子用《借款抵押合同》欺骗融资人，而房产局办理抵押时不采纳。

(4) 债权人为个人，抵押权人为公司，两者无关联，故为无效合同。

(5) 诈骗公司除了营业执照外，无任何相关行业资质，无法办理房产、土地抵押。

(6) 抵押权人为公司，房产抵押政策规定公司与公司之间不能办理抵押；土地抵押依照国土资源部 2012 年 143 号文第 5 条规定，土地抵押只能抵押给银行等有金融许可证的部门，一旦融资人提出土地不能办理抵押时，诈骗公司会悄悄加上"变性的土地"等字眼，而实际上土地变性比登天还难。

(7) 签合同前后会设置各类条件，让融资人进行各类评估，最后把不能办理贷款的责任推给融资人，并强加违约责任给客户。

(8) 诈骗公司要求对《借款抵押合同》进行公证，由于债权人为个人，抵押权人为公司，两者不一致且无逻辑关系，公证处一定会拒绝公证。

(9) 巧妙利用共管账户：共管账户必须双方同时到场并出示身份证方可取款，一方凭存折、卡、密码取不出钱。骗子让客户把钱存到共管账户上，是让客户放松警惕，从而放心地将利息汇入账户，但是钱一旦进入账户则很难再拿到。

总之，凡是在未贷到款的情况下，让客户出任何费用的人都是骗子，大家一定要擦亮眼睛。

拓展阅读8-6

"自融自保"风险甚于高利贷

自融自保是近年来随着互联网金融的发展而出现的一种通过融资平台进行虚假融资和担保的行为，主要发生在 P2P 网络借贷平台上和民间融资担保诈骗中。按照国家的相关规定，P2P 网络借贷平台只是一个信用中介，不允许为自身或具有关联关系的借款人融资。但是实际运作中，有一些 P2P 平台筹集的资金并没有真正地流向真实借款人，而是平台本身或股东借款自用，例如用于平台、股东的自有企业或偿还债务等。这就是"自融"。"自保"则是指 P2P 平台为了获得更多投资人的投资，违反国家制定的"不得向出借人提供担保或者承诺保本保息"的规定，也就是非法地用自有资金或者用与平台进行合作的其他机构的自有资金为投资人的本息提供担保的行为。

自融自保本意就是给自己融资，自己给自己做担保。对于 P2P 平台而言，就是 P2P 平台利用借贷中介的便利，给自己融资，同时用自己筹集的资金为自己的筹资业务做担保。如果平台遇到大项目坏账或者逾期，而平台也没有能力偿还或者先行垫付时，因为筹集的资金是平台自己用了，同时所谓的担保也是平台自己或者合作机构(一般来讲这个合作机构也是平台投资的)

提供的，那么无法偿还投资人的借款时，平台跑路的风险是极大的，这样投资人的钱就无法赎回了。据悉，我国近些年出现问题的P2P平台中约有四分之一涉嫌自融自保，不仅有很大的道德风险，而且可能涉嫌非法集资、诈骗等违法犯罪行为。对于民间融资担保诈骗，则是担保机构与民间借贷中介机构或者理财机构串通，融资给自己用，自己给自己做担保，这其实同样涉嫌非法集资或诈骗。

不过，对于资金供给者来说，民间借贷不仅意味着较高的利息收益，同时也意味着自身需要承担较高的风险，所以，如果能引入合规合法的第三方担保，比如P2P平台通过购买保险的形式为逾期不还的借款进行赔付，或者是将平台资金交由银行托管，这无疑会因为这些保证措施的存在大大提高了投资的安全性，从而激发更多人投资的欲望。

正基于此，民间借贷引入第三方担保的模式在四川曾一度被认为是民间金融的创新，并被不断宣扬。然而，这种模式最大的缺陷是没有在居间理财公司和担保公司之间进行有效隔离，一旦两者合谋，就成为事实上的自融自保行为，会导致投资者上当受骗。所以，如何防范违法行为的产生就成为"重中之重"。

监管机构给融资性担保公司颁发的经营许可证成了不法分子利用的工具。以"自融"为目的的担保公司本身就是一个风险源头，同时这种风险极易沿着担保链条向外界传递，使其比普通民间融资行为乃至高利贷所产生的风险更大。为居间理财提供担保的融资性担保公司，不仅联结着面向公众的集资链条，而且联结着包括企业甚至银行在内的担保链条，风险的交叉传导和对外发散有可能诱发整个行业乃至地区金融体系内的"蝴蝶效应"，其中最明显的就是担保公司的"自担自用"或所谓的"关联担保"。

例如四川汇通信用融资担保公司案，担保公司的实际控制人、股东、员工及其他关联方设立多个投资理财类公司向民间集资，由汇通对其理财产品提供收益及本金担保，但所融资金却流入其另外的关联公司使用。据了解，发生风险事件的融资性担保公司大都不在其财务报表上反映从事的关联担保及民间借贷担保业务，导致其参与民间理财担保业务的真实情况很难理清。汇通公司披着合法的外衣，利用旗下投资公司的合法资格作为掩护，采用非法手段，以侵占资金出借人的钱财为目的，隐瞒其他投资理财公司与汇通公司的关系，虚构投资事实，在汇通公司高管的操纵下，汇通股东集体诈骗债权人资金高达53亿元，受害群众近万人。

(资料来源：http://caijing.chinadaily.com.cn/2015-01/13/content_19301564.htm，作者有删改)

3. 以招商引资为诱饵进行的诈骗

随着我国改革开放的进一步扩大，各行各业对资金的需求不断增大，因而各种名目的引资、融资活动层出不穷，其中不乏以假乱真、浑水摸鱼之徒，不少企业和单位纷纷掉进其精心设置的圈套，以致遭受巨大的经济损失。

某些以招商引资为诱饵的诈骗分子抓住国内企业急需资金的心理，打着国际财团的幌子，以引进外资或融通资金为诱饵，施展各种骗术，骗取国内企业的佣金、手续费或银行的"承诺书""意向书""还款担保书"等证明文件，以达到其不可告人的目的。

这类诈骗的特点主要有：

(1) 诈骗分子举着"国际财团"的招牌，声称可为国内企业引进资金或融通资金，以支持地方经济建设；

(2) 资金来源渠道神秘、诡异，关系错综复杂；

(3) 金额巨大，动辄数以亿计；

(4) 条件优惠，期限长、利率低，且当事人均可获得数目可观的"佣金"或"手续费"；

(5) 诈骗分子旨在骗取企业费用或银行的"承诺书""意向书""还款担保书"等证明文件，以便进一步招摇撞骗。

🕐 拓展阅读8-7

害人害己的融资方式——非法吸收公众存款

对于任何一家企业，充足的资金都是投资和企业正常运转的关键要素。不过，当企业生产经营过程中遇到资金短缺时，切莫"有病乱求医"，否则将会与我们要讲述的这个真实案例中的多名被告一样，面临刑事处罚。

2020 年 6 月，四川省广汉市人民法院对一起人民检察院以非法吸收公众存款罪起诉的案件进行了初审判决；2020 年 9 月，四川省德阳市中级人民法院对该案件进行了终审判决，涉案的 9 名被告人分别受到了不同刑期和罚金的处罚。

这个案例是围绕德阳德嘉投资理财咨询服务有限公司(以下简称德嘉公司)展开的。德嘉公司成立于 2011 年 7 月，注册资金为 100 万元，后逐步增资到 2000 万元。其经营范围为：理财咨询服务(不含金融、证券、期货)，投资信息咨询服务(不含期货、证券咨询)，融资信息咨询服务，企业管理信息咨询服务，企业营销策划。德嘉公司具体经营模式为：通过公司门店、网站、散发宣传单、举办"周年庆"等活动及投资人口口相传等方式向社会公众宣传投资、融资信息。

公司以投资理财中介的身份出现，与用款方和投资人代表三方签订借款合同及居间服务协议，并由德嘉公司指定投资人代表，由一般民间投资人对投资人代表进行确认。用款人按合同约定提供指定的收款账户(部分项目的收款账户由德嘉公司进行监管),德嘉公司根据事前掌握或登记的投资人信息向投资人安排或推荐项目,投资人确定投资后将款打入指定收款账户。用款人按德嘉公司的要求在空白借款凭据上加盖公司的印章或由借款自然人逐一签名并按手印,由德嘉公司代为填开,部分用款人直接向民间投资人开具借款凭证。一般情况下,德嘉公司向借款人收取近 3%(不高于3%)的月息,向投资人支付不低于 1.62%的月息,其中的差额作为德嘉公司的日常开支费用以及各种抵押、担保、登记、法律服务、诉讼等相关费用。

2011 年 7 月—2014 年 10 月,德嘉公司以项目借款合同的名义,主要采取银行转账、现金存款等方式收取 913 名出借人资金。各项目在案发时共签订居间服务合同总金额 895 462 000.00 元,截至 2015 年 3 月,实际收取出借人资金金额总计 1 068 330 000.00 元,项目到期展期 144 756 000.00 元,的项目之间到期转投增加 293 592 000.00 元,累计收取资金 1 506 678 000.00 元,已归还出借人本金金额总计 903 521 136.48 元,已支付出借人资金利息金额总计 66 810 422.00 元,项目到期展期减少 144 756 000.00 元,项目之间到期转投减少 292 212 000.00 元,扣除已归还本金及已支付利息后,累计尚有 99 378 441.52 元资金未予归还出借人,所涉及的未归还本金的出借人人数 461 名,未归还本金金额 166 188 863.52 元。

与此同时,与德嘉公司有资金往来的借款项目有 152 个,德嘉公司向各借款项目拨付资金增加金额总计 1 379 855 000.00 元,各借款项目累计向德嘉公司回转资金总计 1 228 337 418.00 元(其中归还本金 875 477 700.00 元、支付利息金额 43 763 233.00 元、支付居间费 19 008 644.00 元、支付考察费 17 497 841.00 元),扣除已回转的资金金额后,各借款项目累计有 151 517 582.00 元应归还德嘉公司,其中各借款项目尚未归还的借款本金合计 231 697 300.00 元,涉及有未归还本金余额的项目 56 个。

法院判决认为,德嘉公司实际经营的业务已经超越了核准的经营范围,属于非法吸收公众存款。根据最高人民法院《关于审理非法集资刑事案件具体应用法律若干问题的解释》的规定,认定是否构成非法吸收公众存款罪主要从以下四个方面考虑。

(1) 未经有关部门依法批准或者借用合法经营的形式吸收资金。德嘉公司作为一家投资理财咨询服务公司,其营业执照注明的经营范围只包括理财、投资、融资和企业管理的信息咨询服务以及企业营销策划,并不具有理财、投资、融资等业务的经营范围和能力。但在实际经营过程中,德嘉公司以居间服务的名义大量吸收民间资金,然后进行放贷,其具体行为模式已经超出了居间服务的范围,实质上就是一种吸存放贷的行为。德嘉公司在操作具体的民间借贷项目过程中,实质上已经将投资人与借款人分离开来,由自身充当了吸收存款和发放贷款的两方角色。其行为已经不是单纯的融资、借贷信息咨询服务,本质上与银行等金融机构吸存放贷的工作模式相同。

其一，在借款合同中，德嘉公司一方面扮演居间人的角色，另一方面又扮演了出借人代表的角色，看似三方的借款合同实际上只是德嘉公司与借款人双方的一种"贷款协议"。客观证据也表明，实际投资人拿到的借款合同通常是已经有三方签字盖章的复印件，于实际投资人而言，借款合同类似告知书的性质，而无合同之义。

其二，《中华人民共和国合同法》规定，居间合同是"居间人向委托人报告订立合同的机会或者提供订立合同的媒介服务，委托人支付报酬的合同"，但德嘉公司与投资人签订的居间合同主要约定了借款用途、利率、期限、借贷关系及借贷相关事项的处理、借贷违约责任等内容，完全不符合正常的居间合同应有之内容，实质上就是一种民间借贷合同。

其三，由借款人向投资人开具的借款凭证，除极个别情况外，均由借款人在德嘉公司提供的空白凭证上签名盖章，再由德嘉公司的员工根据实际情况填写相关内容，交由投资人保管。整个借款凭证的填制由德嘉公司控制，凭证内容与实际项目投资情况是否匹配难以查证，无法证明借贷关系的真实性和钱款往来的真实情况。

(2) 通过媒体、推介会、传单、手机短信等途径向社会公开宣传。德嘉公司主要负责人的供述、德嘉公司员工、投资人的证词以及宣传片截图、宣传单原件等书证、物证可以证明：德嘉公司通过在德阳广播电视台打广告、制作并上传网络宣传片、发放宣传资料等形式向社会公开宣传其具有代为投资理财性质的各项业务。

(3) 承诺在一定期限内以货币、实物、股权等方式还本付息或者给付回报。在德嘉公司的宣传资料上，显著位置上写有"收益率高——投资人可以获得月 1.5%(或以上)的收益，是银行存款利息的 4 倍，且按月收息"的字样，明显属于承诺每月不低于 1.5%的投资回报。实际操作中，根据合同显示和言词证据，德嘉公司向借款人收取 3%的月息，其中 1.62%返还投资人作为贷款月利，剩余部分由德嘉公司支配。借款人无法按时支付月利或还本付息时，德嘉公司有垫付行为，侧面印证了德嘉公司对"一定期限内给付投资回报"做出了承诺。

(4) 向社会公众即社会不特定对象吸收资金。证据显示，截至案发，德嘉公司融资客户超过 450 人，其中大部分客户系通过宣传资料或口口相传的方式知晓德嘉公司的理财业务并进行投资。德嘉公司的融资行为已经超越了单位内部或亲友之间的范围，符合向社会公众吸收资金的特点。

综上，德嘉公司的经营模式符合非法吸收公众存款罪的四个主要特点，可以认定其非法吸收公众存款行为成立。

德嘉公司的法人代表方某、监事杨某、副总经理陈某均以非法吸收公众存款罪被分别判处有期徒刑3年、缓刑5年，并处罚金35万元；有期徒刑2年、缓刑4年，并处罚金12万；有期徒刑2年、缓刑3年，并处罚金12万元。

这个案例中的其余6名被告人则都是因在企业生产经营中需要资金，而通过德嘉公司进行融资。这6名被告人的共同特点是：他们都是在明知德嘉公司运作模式和资金来源的情况下，许以高达2.1%或3%的月息，以企业或个人名义向集资参与人融资。

其中，谭某因通过德嘉公司融资1200万元，同时还介绍其他人融资，犯有骗取贷款罪、金融凭证诈骗罪，数罪并罚，被判14年有期徒刑，并处罚金80万元；刘某，某房地产公司法人代表，通过德嘉公司总计融资5500万元，涉及集资参与人300余人次，已偿还部分金额，被判处有期徒刑3年、缓刑5年，并处罚金25万元；张某，某矿产有限公司总经理，通过德嘉公司融资800万元，一直未予归还，被判处有期徒刑1年8个月，并处罚金10万元；倪某，某矿业公司法定代表人，以个人名义通过德嘉公司向多名集资参与人融资550万元，用于资金运转，后该笔融资款项由德嘉公司代还，被告人倪某本人也已部分归还借款，被判处有期徒刑1年2个月，缓刑2年，并处罚金7万元；马某，某房产有限公司经理，通过德嘉公司向30余名集资参与人融资1000万元，在二审期间归还了部分集资款，被判处有期徒刑1年10个月，缓刑2年，并处罚金10万元；尹某，以个人名义通过德嘉公司向7名集资参与人融资200万元，用以支付项目保证金，已部分归还，被判处有期徒刑10个月，缓刑1年6个月，并处罚金5万元。

同时，上述9名被告人均被要求退还违法所得。

这个真实的案例到二审终审就画上了句号，但留给人们的警示是值得每个人牢记的：一是不能跨越法律的界限，做出非法融资的行为；二是不能存有侥幸心理，在明知自己面对的债权人的行为属于非法行为时，还去参与其中。

(资料来源：作者根据中国裁判文书网(2018)川0681刑初8号判决书和(2020)川06刑终94号判决书编写)

复习思考题

1. 现实生活中，对于大学生而言，融资诈骗主要存在于哪些领域？常用的诈骗托辞有哪些？

2. 如何识别真假投资人？

参考文献

[1] 黄达，张杰. 金融学[M]. 4 版. 北京：中国人民大学出版社，2018.

[2] 兹维·博迪，罗伯特·C. 莫顿，戴维·L. 克利顿. 金融学[M]. 2 版. 北京：中国人民大学出版社，2018.

[3] 李忠，陈中放. 企业融资模式与应用[M]. 北京：高等教育出版社，2017.

[4] 罗国锋，张超卓，吴星海. 创新创业融资：天使、风投与众筹[M]. 北京：经济管理出版社，2016.

[5] 贾圣林，张瑞东，等. 互联网金融理论与实务[M]. 北京：清华大学出版社，2019.

[6] 黄宝凤. 创业与投融资[M]. 北京：高等教育出版社，2019.

[7] 张劲松. 网络金融[M]. 4 版. 北京：机械工业出版社，2018.

[8] 杨勇. 中国式众筹：改变你我未来的方法[M]. 北京：北京联合出版公司，2017.

[9] 郑备军，陈铨亚，傅承峰. 中国中小企业融资机制与创新——基于传统信用模式的研究[M]. 杭州：浙江大学出版社，2016.

[10] 陈中放，胡军辉. 互联网金融[M]. 北京：高等教育出版社，2017.

[11] 彦涛. 小公司做大做强 24 招[M]. 上海：立信会计出版社，2016.

[12] 郭宇宽. 创业学绝味：一根鸭脖的商业奇迹[M]. 北京：企业管理出版社，2014.

[13] 赵凡禹. 零资金创业的 24 堂课[M]. 上海：立信会计出版社，2015.

[14] 何维克. 创业从 0 到 1：开启财富与机遇的秘密[M]. 北京：民主与建设出版社，2016.

[15] 张元萍. 创业投资实验教程[M]. 北京：中国人民大学出版社，2013.

[16] 陈雨露，马勇. 中国农村金融论纲[M]. 北京：中国金融出版社，2010.

[17] 杨勇. 温州民间借贷政府监管问题研究[D]. 成都：四川师范大学，2019.

[18] 钟腾，汪昌云. 金融发展与企业创新产出——基于不同融资模式对比视角[J]. 金融研究，2017(12):127-142.

[19] 徐勇，马卓坚. VCD 业二"烈士"[J]. 企业活力，2000(10)：14-15.

[20] 大学生创新创业政策[EB/OL]. http://www.xuexila.com/chuangyee/zhengce/c225972.html.

[21] 江苏：小微企业可凭纳税记录申请信用贷款[EB/OL]. http://js.people.com.cn/n/2015/0603/c360301-25113344.html.

[22] 中国银行业监督管理委员会令(2007 年第 4 号)，个人定期存单质押贷款办法[EB/OL]. http://www.gov.cn/gongbao/content/2008/content_912555.htm.

[23] 投融界. 如何寻找创业资金？教你六大方法[EB/OL]. http://finance.eastmoney.com/news/1683,20150226480607057.html.

[24] 创业融资的好帮手——建设银行个人助业贷款[N]. 信阳日报，2012-06-19.

[25] 高利贷年息高达 180% 温州出手应对民企老板出逃[EB/OL]. http://finance.eastday.com/Business/m2/20110927/u1a6126599.html，2011-09-27.

[26] 干货分享：金融租赁与融资租赁的模式的区别所在[EB/OL]. https://www.yushangzixun.com/zixun/758.html.

[27] 华西都市报. 大学生把典当行当保险柜：21 元可保管一个月[EB/OL]. https://news.qq.com/a/20160118/004979.htm，2016-01-18.

[28] 网贷之家. 2018 年中国网络借贷行业年报[EB/OL]. https://www.wdzj.com/news/yc/3693772.html.

[29] 网贷之家. 2019 年中国网络借贷行业年报[EB/OL]. https://www.wdzj.com/news/yc/5568513.html.

[30] 陈瑜. 非法校园贷的防范对策[J].法制博览，2020(21)：153-154.

[31] 何石焕，刘炳丽，等. 浅析大学生如何应对校园网络贷款[J]. 青年时代，2018(31)：155-156.

[32] 不用担保也无须抵押 江苏首笔网络信用贷款落户无锡[EB/OL]. https://club.1688.com/threadview/29718379.htm.

[33] 吕士伟. 大银行、小企业与网络联保[J]. 金融发展研究，2009(09)：24-27.

[34] 中国人民银行，华夏银行在武汉成功发放首笔"电商贷"[EB/OL]. http://wuhan.pbc.gov.cn/wuhan/123470/3157545/index.html.

[35] 中国人民银行、济南民生银行推出多种创新型产品服务小微企业[EB/OL]. http://jinan.pbc.gov.cn/jinan/120965/3449153/index.html.

[36] 大学班长以 28 名同学名义贷款 58 万 留遗言后跳楼[EB/OL]. http://news.sohu.com/20160317/n440704396.shtml.

[37] 南京"211"大学毕业生跳楼自杀 死前 1 年从 10 家持牌金融机构贷款 36 次[EB/OL]. http://finance.eastmoney.com/a/201910131259068767.html.

[38] 最高人民检察院工作报告(2019)[EB/OL]. http://www.china.com.cn/lianghui/news/2019-03-19/content_74589220.shtml.

[39] 教育部 财政部 中国人民银行 银保监会. 关于调整完善国家助学贷款有关政策的通知，教财〔2020〕4 号文.

[40] 教育部 财政部 中国人民银行 银监会. 关于完善国家助学贷款政策的若干意见，教财〔2015〕7 号文.

[41] "两延一减"助学贷款新政为高考生护航[EB/OL]. http://www.chinanews.com/gn/2020/08-05/9256661.shtml.

[42] 办理前移至乡镇助贷服务零距离 于都县生源地信用助学贷款全省率先开办乡镇办理工作纪实[EB/OL]. http://www.csa.cee.edu.cn/public/index.php/shows/62/3673.html.

[43] 大学生创业贷款[EB/OL].https://baike.baidu.com/item/大学生创业贷款/2452567.

[44] 大学生创业贷款担保费全免[EB/OL]. http://m.xinhuanet.com/hlj/2019-11-03/c_138524004.htm.

[45] "e 路通"助力大学生创业[EB/OL]. http://finance.china.com.cn/roll/20140915/2674028.shtml.

[46] 大学生创业融资不愁 义乌农商银行推出"大学生 e 路通"贷款[EB/OL]. http://zjnews.zjol.com.cn/system/2016/03/24/021079415.shtml.

[47] 刘华英. 营口市大学生创业融资方案研究[D]. 大连：大连理工大学，2019.

[48] 财政部 人力资源社会保障部 中国人民银行. 关于进一步加大创业担保贷款贴息力度 全力支持重点群体创业就业的通知，财金〔2020〕21 号.

[49] 韩文思，张海娟. 临沂市罗庄区：激发创业贷款活力 强化稳就业举措[J]. 山东人力资源和社会保障，2020(07)：52-53.

[50] 财政部有关负责人就加大创业担保贷款贴息政策支持力度答记者问[EB/OL]. http://jrs.mof.gov.cn/zhengcejiedu/202004/t20200416_3499466.htm.

[51] 东莞市财政局. 加大创业贷款贴息力度 为大众创业保驾护航[EB/OL]. http://czj.dg.gov.cn/czdt/content/post_3122633.html.

[52] 助力小微企业和个体工商户，"银税互动"贷款户数与额度大幅增加[EB/OL]. http://wenhui.whb.cn/third/baidu/202004/22/342482.html.

[53] 郑长灵，邱捷，兰琼. 邮储银行江西省分行 上半年小微企业贷款超 414 亿元[N]. 农村金融时报(强国号)，2020-08-20.

[54] 中小微企业获金融助力 创业者感慨："在北京，半天跑完 500 万贷款手续！"[EB/OL]. http://www.beijing.gov.cn/fuwu/lqfw/gggs/202004/t20200427_1884898.html.

[55] 上半年普惠型小微企业贷款增 28.4%[EB/OL]. http://news.cri.cn/20200825/77fa4ec7-baa3-d48d-762a-cc4172b6ddfd.html.

[56] Prowse S. Angel investors and the market for angel investments[J]. Journal of Banking & Finance, 1998, 22(6)：785-792.

[57] 龚进辉. 徐小平自曝最失败的三次投资经历，说多了都是泪[EB/OL]. http://www.sohu.com/a/279064618_116706.

[58] 天使投资人李晓光：ofo 小黄车启示录[EB/OL]. https://www.sohu.com/a/193602287_632581

[59] 王伟. 青岛企业开创轮胎新零售服务模式 获 510 万天使轮投资[N]. 青岛晚报，2020-06-01.

[60] 徐小平：我最大的败笔就是错过了他[EB/OL]. http://www.sohu.com/a/196114294_776937.

[61] 尹国俊. 创业资本产权缺损与制度创新研究[M]. 北京：兵器工业出版社，2012.

[62] 你知道自由女神像是靠众筹而建成的吗？[EB/OL]. https://www.sohu.com/a/25887085_175591.

[63] 2016 年中国众筹行业发展报告（简）[EB/OL]. https://wenku.baidu.com/view/28bdcd79b0717fd5370cdc19.html.

[64] 中国众筹行业发展报告 2018(上)[EB/OL]. https://www.zhongchoujia.com/data/31205.html.

[65] 陈勇. 中国互联网金融研究报告 2015[M]. 北京：中国经济出版社，2015.

[66] 万亚男. 2019 年中国众筹行业发展概况及市场趋势分析 运营中的平台仅有 100 余家[EB/OL]. https://www.qianzhan.com/analyst/detail/220/191211-b20362db.html.

[67] 浏阳田溪村：旅游扶贫的"众筹模式"[EB/OL]. http://news.changsha.cn/xctt/html/110187/20190816/52456.shtml.

[68] 张卫军. 浅析债权众筹与 P2P 的异同及其存在的风险[J]. 时代金融，2017 (08)：62-63.

[69] 乐钱第三期项目募集成功 支持非转基因粮油项目[EB/OL]. http://finance.china.com.cn/roll/20140508/2390736.shtml.

[70] 鼓励相关创新业务先行先试 股权众筹融资能否重新站上风口[EB/OL]. http://www.ce.cn/xwzx/gnsz/gdxw/201901/29/t20190129_31380390.shtml.

[71] 郑时雨. 股权众筹融资平台研究[J]. 甘肃金融，2017(05)：49-55.

[72] 众筹咖啡店，看上去很美却是个昙花一现的故事[EB/OL]. https://www.sohu.com/a/60326533_359038.

[73] 何鉴. 回报型众筹发起人的法律风险及防范研究[D]. 西南政法大学，2016.

[74] 特色农产品进军淘宝众筹实战案例分析. http://bbs.paidai.com/topic/417329.

[75] 张本照. 众筹学概论[M]. 北京：中国科学技术大学出版社，2016.

[76] 吕长青. 一本书读懂众筹[M]. 北京：北京工业大学出版社，2016.

[77] 中国众筹行业发展报告 2017(上) [EB/OL]. https://www.sohu.com/a/161883089_427460.

[78] 物权众筹模式怎样，有风险吗[EB/OL]. https://jingyan.baidu.com/article/fedf0737ba587d35ac89771b.html.

[79] 科技创新让众筹融入生活[EB/OL]. https://www.hybjf.com/.

[80] 陈丰. 互联网金融 创业、融资、理财实用手册[M]. 北京：经济管理出版社，2017.

[81] 国内股权众筹网站有哪些[EB/OL]. https://www.51rzy.com/xuetang/zhongchou_12/2170.html.

[82] 静然. 算的有多巧,融资就有多快 中小企业融资操作36式与精品案例解析[M]. 南昌：江西人民出版社，2015.

[83] 巩宇航. 中小企业融资实训教程[M]. 北京：中国金融出版社，2013.

[84] 国家中小企业发展基金首支实体基金落户深圳[EB/OL]. https://pe.pedaily.cn/201602/20160201393162.shtml.

[85] 国家中小企业发展基金设立和运营情况[EB/OL]. https://www.miit.gov.cn/n1146285/n1146352/n3054355/n3057527/n3057537/c5998543/content.html.

[86] 公司融资决策的原则有哪些[EB/OL]. http://www.66law.cn/laws/397585.aspx.

[87] 嵇建珍. 大学生创业实用教程[M]. 2 版. 南京：南京大学出版社，2016.

[88] 吴瑕. 融资有道:中国中小企业融资操作大全[M]. 北京：中国经济出版社，2007.

[89] 中国创业史上十大悲情案例：名噪一时却匆匆陨落，这些创业明星败给了谁？[EB/OL].https://news.pedaily.cn/201607/20160727400376.shtml.

[90] "中国大学生创业第一人"邱虹云东山再起[EB/OL]. http://zqb.cyol.com/html/2016-01/19/nw.D110000zgqnb_20160119_1-12.htm.

[91] 谷秀娟. 现代投融资 理论、工具与策略[M]. 上海：立信会计出版社，2007.

[92] 融资谈判中的六要和六不要[EB/OL]. https://beijing0690929.11467.com/news/127768.asp.

[93] 企业融资中需要走出的十大误区[EB/OL]. https://www.sohu.com/a/271540755_198170.

[94] 一个失败的团购创业项目分析[EB/OL]. https://www.xcrozz.com/hangye/96.html.

[95] 大学生风险投资创业第一人为何初战落败[EB/OL]. https://www.795.com.cn/ wz/20443.html.

[96] 刘珊珊，李依诺，孟婷. 大学生创业融资风险研究[J]. 现代商业，2015(12)：46-47.

[97] 赵素娥.大学生创业融资问题研究[J]. 时代金融，2016(32)：15+24.

[98] 在校大学生盲目创业失败 一元钱卖公司[EB/OL]. https://www.nijianzhi.com/News/info/id/6309.html.

[99] 重庆大学生因创业陷入套路贷：借 3000 元最终欠下 10 万元[EB/OL]. http://news.xmnn.cn/xmnn/2018/07/16/100394689.shtml.

[100] 噩梦！大学男老师一个疏忽，突然背上 350 万巨债！700 多万的别墅也赔进去了[EB/OL]. https://baijiahao.baidu.com/s?id=1651323015240999669.

[101] 融资诈骗的一般方式[EB/OL]. https:// www.lawtime.cn/ask/question_22024016.html.

[102] 徐州一学生手机 APP 借款 2000 元 1 年后催还 6800 多元[EB/OL]. https://jiangsu.sina.com.cn/news/s/2016-03-20/detail-ifxqnski7752206.shtml.

[103] 浦东新区对外经济贸易企业协会.如何调查客户背景[J]. 国际市场，2005(11)：79.

[104] "大学生创业贷款"网上也有骗局[EB/OL]. https://www.anhuinews.com/zhuyeguanli/system/2010/05/11/002912662.shtml.

[105] 怎样识破投资骗局融资骗局[EB/OL]. https://zhidao.baidu.com/question/877396449578483652.html.

[106] 苏庆朋.如何识破融资骗局和欺诈[J]. 企业科技与发展，2009(05)：46-47.

[107] "我真的遇到了假的投资人"一个创业者与一场投资骗局[EB/OL]. https://dy.163.com/article/DJB8J4R20511D4L4.html.

[108] 西安破新型传销案 传销改头换面变"资本运作"[EB/OL]. http://www.chinanews.com/fortune/2013/07-22/5066695.shtml.

[109] 理财公司崩盘现担保身影 自融自保风险甚于高利贷[EB/OL]. http://caijing.chinadaily. com.cn/2015-01/13/content_19301564.htm.

[110] 王永庆. 2020 年中国本科生就业报告[M]. 北京：社会科学文献出版社，2020.

[111] 四川省广汉市人民法院一审刑事判决书(2018)川 0681 刑初 8 号[EB/OL]. https://wenshu. court.gov.cn/website/wenshu/181107ANFZ0BXSK4/index.html?docId=46aa43ac484945f399fdac4f0 173e4a9.

[112] 四川省德阳市人民法院 二审刑事判决书(2020)川 06 刑终 94 号[EB/OL]. https://wenshu. court.gov.cn/website/wenshu/181107ANFZ0BXSK4/index.html?docId=8672c70903d9477e8477ac44 017dfb11.

[113] 国家中小企业发展基金有限公司正式成立[EB/OL]. https://baijiahao.baidu.com/s?id= 1670371808022512550.

[114] 外经贸专项资金网络管理系统——支持外贸中小企业开拓市场 [EB/OL]. https://smeimdf.mofcom.gov.cn/news/view.jsp?id=1111337970.

[115] 150 亿创投基金助力辽宁科技型中小企业[EB/OL]. http://www.stdaily.com/index/ kejixinwen/2020-04/17/content_923577.shtml.

[116] 2016 年清洁生产专项资金绩效报告[EB/OL]. http://www.qingdao.gov.cn/n172/n24624151/ n24625275/n24625289/n24625345/170713095530888163.html.

[117] 上海市经济信息化委、市财政局关于印发《上海市中小企业发展专项资金管理办法》 的通知[EB/OL]. http://www.sheitc.sh.gov.cn/sjxwxgwj/20190929/0020-683972.html.

[118] 河北省农业科技成果转化项目将享受 30 万元扶持[EB/OL]. http://www.he.xinhuanet. com/xinwen/2019-12/30/c_1125402295.htm.

[119] 财政部关于印发《中央补助地方中小企业平台式服务体系建设专项资金使用管理办法》的通知 [EB/OL]. http://www.mof.gov.cn/zhengwuxinxi/zhengcefabu/2004zcfb/200805/ t20080519_20878.htm.

[120] 关于印发《中小企业信用担保资金管理办法》的通知[EB/OL]. http://www.gov.cn/zwgk/ 2012-06/14/content_2160609.htm.